Korsika Sardinien

Johannes Kautzky

Die Deutsche Bibliothek – CIP-Einheitsaufnahme

terra NaturReiseführer Korsika, Sardinien
Dr. Johannes Kautzky
Steinfurt, Tecklenborg Verlag, 2007
ISBN 3-934427-74-X
NE: Kautzky, Johannes

Die Zusammenstellung der praktischen Reiseinformationen und die Beschreibung der Touren in diesem Führer erfolgten mit größtmöglicher Sorgfalt und mit Rücksicht auf die Natur. Bitte verhalten auch Sie sich entsprechend und beachten Sie im Interesse Ihrer eigenen Sicherheit die Hinweise des Autors, z. B. zu gefährlichen Wegstrecken. Ob eine Route gefährlich ist, hängt neben den Wetterverhältnissen auch von der persönlichen Konstitution des Reisenden ab. Befragen Sie im Zweifelsfall vor einer Reise ihren Hausarzt.
Bitte haben Sie Verständnis dafür, daß sich nach Erscheinen des Buches Wegführungen, Anschriften, Telefonnummern oder Internet-Adressen ändern können. Korrekturhinweise werden Autor und Verlag gerne aufgreifen:

Tecklenborg Verlag
Siemensstraße 4
48565 Steinfurt

Lektorat: Diana Kirstein
Karten: Viertaler + Braun, Grafik + DTP, München
Karte vordere Umschlagklappe:
Angelika Thieme / mapdesign@arcor.de
Gesamtherstellung:
Druckhaus Tecklenborg, Steinfurt

Printed in Germany
ISBN 3-934427-74-X

Einführung

Essays

Inhalt

Hauptreiseziele

Korsika

Sardinien

Nebenreiseziele

Korsika

Sardinien

Reiseplanung

Anhang

Zum Geleit

terra NaturReiseführer – eine Chance für den sanften Tourismus?

Dem Massentourismus ist sehr viel Natur zum Opfer gefallen. Der Versuch, den Ballungsräumen in eine »intakte Natur« für die kostbaren Wochen des Jahres zu entfliehen, mißlang. Denn der Ruhe und Naturgenuß suchende Mensch wurde im Touristikboom schnell wieder in die Massen einbezogen. Der Massentourismus wälzte sich, da er fortlaufend seine eigenen Existenzgrundlagen zerstört, bis in die letzten Winkel der Erde. Mit größter Sorge betrachten Naturschützer in aller Welt diese Entwicklung.
So wurde der Tourismus als nicht natur- und umweltverträglich gebrandmarkt. Nicht ganz zu Recht! Denn nicht wenige der unersetzlichen Naturreservate der Welt konnten gerade wegen des Tourismus gesichert werden, der manchen Staaten mehr harte Währung einbringt als eine Umwidmung dieser Flächen zu anderen Formen der Nutzung. Durch gezielte Lenkung des Besucherstromes ist es möglich, die Schäden gering zu halten, aber großen Nutzen zu bewirken. In Afrika und in Südostasien gelingt es offenbar besser, Naturreservate zu erhalten als in Mitteleuropa. Es fehlt aber an Information und an Personal, das die Schutzgebiete überwacht, Besucher betreut und für die Erhaltung der Natur wie für die Einhaltung der Schutzbestimmungen sorgt, den Besucherstrom also sinnvoll lenkt.
So bleibt der Naturfreund auf sich allein gestellt, wenn er Natur erleben will, ohne sie zu zerstören.
Die Serie »terra NaturReiseführer« will Naturfreunden helfen, sich schöne Landschaften mit einem reichhaltigen oder einzigartigen Tier- und Pflanzenleben auf eine »umweltverträgliche« Art zu erschließen. Ein Tourismus, der auf Information aufbaut und dessen Ziel die Sicherung der Naturschönheiten ist, wird vielleicht eine Wende zu ihrem wirklich nachhaltigen Erhalt bringen. Unberührte Natur, naturnahe Landschaften und freilebende Tiere und Pflanzen haben ihren besonderen Wert. Aber er wird nicht zum Nulltarif auf Dauer zu erhalten sein.

Dr. Einhard Bezzel
Prof. Dr. Josef H. Reichholf

Das Braunkehlchen ist ein Bewohner von Macchie und Buschlandschaften, allerdings nur auf Korsika Brutvogel.

Vorwort

Der Mittelmeerraum zählt zu den beliebtesten und meistbesuchten Reisezielen der Welt. Sonne, Strand, das »gewisse Lebensgefühl« und bemerkenswerte Sehenswürdigkeiten ziehen die Besucherscharen an, und zu den Hauptreisezeiten ist manches Gebiet mehr als nur überlaufen. Auch Korsika und Sardinien sind dann keine »Inseln der Seligen« mehr. Dennoch werden sie aber völlig zu Recht als abwechlungsreiche Reiseziele immer beliebter und erhalten zunehmend einen Ruf als lohnende Ziele für Naturfreunde.
Korsika verdankt dies seinem mächtigen, naturnahen Gebirge und der Möglichkeit, Berge und Meer unmittelbar miteinander zu vereinen. Mit gut erschlossenen Wanderwegen, malerischen Schluchten, Wasserfällen, Bergseen und dichten Wäldern ist es ein kleines »Paradies im Mittelmeer«. Die hohen Berge ermöglichen selbst im Sommer, wenn in den Tieflagen die Hitze flirrt, ergiebige Naturerlebnisse, und das Meer bietet dann den Schnorchlern »etwas fürs Auge« und den Surfern guten Wind.
Das Idyll vervollständigen die malerischen Dörfchen aus alten Bruchsteinhäusern, die sich eng an den Hängen drängen, sowie eingestreute romanische Landkirchlein und die Überreste seltsamer prähistorischer Kulturen. Neben den landschaftlichen Höhepunkten Calanche und Bavella gibt es an beinahe jeder Ecke etwas zu entdecken, und wer die Gelegenheit hat, an einem der großen Volksfeste teilzunehmen, sollte das in Korsika ebensowenig versäumen wie in Sardinien.
Dieses lockt mit einer Unzahl ungewöhnlicher Landschaften und Verwitterungsformen, die man im übrigen Europa selten bis gar nicht findet, mit riesigen Dünen, reicher Vogelwelt in den Feuchtgebieten, und ist durch seine aufgelassenen Bergwerke eine Fundgrube für Mineralienfreunde. Ein abendliches Picknick im »Bauch« des Bären am Capo d'Orso, ein Sonnenuntergang am Capo Testa, Schluchtwandern, Höhlen besichtigen oder die Flamingos beobachten – nur eine Auswahl aus einer Reihe an »Höhepunkten«. Sehenswert sind auch die beiden Museen in Cagliari und Sassari, war doch Sardinien zur Bronzezeit das Zentrum bemerkenswerter Hochkulturen. In jenem Abschnitt besonders milden und angenehmen Klimas ca. 2500-1200 v. Chr., der in vielen Legenden als »goldenes Zeitalter« erhalten ist. Dieser Führer möchte dem Reisenden eine Einführung in die Naturräume und Ökosysteme der beiden Inseln vermitteln. Warum sieht die Landschaft so aus, was lebt darin, und wie passen sich die Lebewesen an ihre Umwelt an; der Naturfreund soll einen Leitfaden zum Erkennen der Natur erhalten. Ein Naturführer wie dieser lebt von der Unterstützung und Information vieler, und mein Dank richtet sich an alle, die dabei geholfen haben; etwa mit speziellen Artikeln, Korrekturen oder bei botanischen Bestimmungsfragen; die so manche Reise begleiteten und sich gar tapfer zu Fuß über ungezählte Hindernisse quer durch Sardinien schlugen. Wichtige Hinweise stammen von »vor Ort« forschenden oder im Land lebenden Biologen, die sardischen Beobachtungslisten für die Vogelwelt sind eine Auswahl aus den Aufstellungen des italienischen Verbandes für Vogelschutz (LIPU). Zum Abschluß möchte ich an den Grundsatz für alle Naturfreunde erinnern: Nimm nichts mit außer Eindrücken! Laß nichts zurück außer Fußspuren! Schädige nichts durch dein Verhalten!

Dr. Johannes Kautzky

Zur Benutzung des Buches

Dieser Führer soll es dem Leser ermöglichen, die Natur Korsikas und Sardiniens, ihre vielfältigen Landschaftsformen sowie ihre Tier- und Pflanzenwelt kennenzulernen und grundlegende ökologische Zusammenhänge zu verstehen. Um diese Informationen umfassend nutzen zu können, enthält diese Einführung einen kurzen Überblick über die Gliederung des Buches: Die **»Kleine Landeskunde«** gibt grundlegende geographische Informationen über die beiden Inseln, wie Lage oder Klima. Schwerpunkt sind die Landschaftsformen und deren Entstehung, vor allem Sardiniens, das teilweise einem erdgeschichtlichen Freilichtmuseum gleicht. Die reizvolle Geomorphologie zieht immer mehr Besucher an, und auch die Mineralienfreunde kommen in den aufgelassenen Bergwerken Sardiniens auf ihre Rechnung. Ein Überblick erklärt häufig zu sehende besondere Verwitterungs- und Landschaftsformen.

»Pflanzen- und Tierweit« stellt zunächst den von den meisten Mittelmeerbesuchern aufgesuchten und bei Inseln besonders wichtigen Lebensraum an den Küsten vor, sowohl unter wie über dem Wasser. Das Kapitel über die Pflanzenwelt erklärt die wichtigsten Grundlagen über die Mittelmeervegetation, es folgt eine Übersicht über die Tierwelt und schließlich über den Einfluß des Menschen von seinen Kulturpflanzen bis zur Naturschutzproblematik. Diese Angaben dienen als Fundament und als Basisinformation für die einzelnen Reiseziele.

Den Hauptteil des Buches macht die Beschreibung der einzelnen Reiseziele aus, aufgeteilt in 15 Haupt- und 18 Nebenziele. In der Umschlagskarte hinten sind sie eingezeichnet und numeriert. Die **Hauptreiseziele** sind die schönsten und für das Verständnis der Naturgeschichte wichtigsten Gebiete der beiden Inseln, mit sehenswerten Landschaften und geologischen Formationen sowie einer naturnahen Tier- und Pflanzenwelt. Sie werden beispielhaft beschrieben, jeweils auf der Grundlage der »kleinen Landeskunde«. Am Beginn der Beschreibung stehen Charakteristik, Entstehung und Besonderheiten. Die Vorstellung der Pflanzen- und Tierwelt weist auf Lebensgemeinschaften hin, wo sie noch zu erkennen sind auf typische Vegetationszonen, und konzentriert sich vor allem neben einigen Besonderheiten auf die für das Land charakteristischen und auffälligen Arten.

Die Fotos helfen beim Erkennen wichtiger und interessanter Arten, für weitere Bestimmungen ist aber die Hilfe von Feldführern und Bestimmungsbüchern unumgänglich (s. Literaturverzeichnis). Verweise auf erwähnte Arten, die in einem anderen Kapitel abgebildet sind, erfolgen durch »S ... «, Textstellenverweise durch »s.S ... «. Kurze Abhandlungen (Essays), durch beige Unterlegung gekennzeichnet, geben zu einigen Themen weitere Hintergrundinformationen. Wo immer es möglich war, wurden deutsche Artnamen verwendet; sind für eine Art mehrere Namen gebräuchlich (z.B. Pankrazlilie, Felsen-Trichternarzisse, Steinhyazinthe), sind diese im Wörterbuch berücksichtigt und im Text bei der ersten Erwähnung in Klammer gesetzt. Für Wirbellose oder Pflanzen ohne deutschen Namen wurde zumindest eine deutsche Gattungsbezeichnung angegeben (z.B. » ... die Glockenblume xy«).

Zu jedem Hauptreiseziel gibt es den Abschnitt **»Im Gebiet unterwegs«** und eine Übersichtskarte. Querverweise zwischen Karte und Text (Zahlen im Kreis) sollen eine rasche Orientierung ermöglichen. Bei einigen Gebieten ist zusätzlich noch auf spezielle Wandermöglichkeiten verwiesen. Ziel des

Kapitels ist es, die Orientierung zu erleichtern, auf interessante oder schöne Gebiete hinzuweisen und Wege zu zeigen, wie man das Typische sowie Besondere eines Gebietes erleben kann, ohne auf die Tier- und Pflanzenwelt störend zu wirken.

Die **»Praktischen Tips«** enthalten Genaueres über Anreise, Klima und Reisezeit sowie Informations- und Unterkunftsmöglichkeiten. Da beide Inseln beliebte Ferienziele mit entsprechender Infrastruktur sind, gibt es üblicherweise reichlich Quartiere aller Art, so daß sich spezielle Hinweise meist erübrigen. Adressen und Telefonnummern können sich bekanntlich rasch ändern, ebenso die Karten etwa durch Wegebau überholt werden.

Der **»Blick in die Umgebung«** nennt in der Nähe eines Hauptreiseziels gelegene weitere Ziele, die einen Abstecher lohnen. **Nebenreiseziele** sind meist kleinere Gebiete, die weitere interessante Einblicke in die Natur des Landes erlauben. Manche ähneln in ihrer Struktur den Hauptreisezielen, d.h. es kommen die dort beschriebenen Arten und Landschaftstypen vor, andere bieten spezifische Besonderheiten.

Das Kapitel **Reiseplanung** enthält Hinweise zur Vorbereitung bzw. nützliche Tips bei der Durchführung einer Reise, etwa zu Reisezeit, Landschaftsbezeichnungen und dem in Korsika immer beliebter werdenden Weitwandern.

Das **Literaturverzeichnis** im Anhang verweist auf Landkarten sowie weiterführende allgemein verständliche Darstellungen und Bestimmungsbücher.

Das **Register** ist in einen geographischen Teil (Orte, Landschaften, Begriffe) gegliedert sowie in ein Artenregister, in dem die im Text erwähnten Tiere und Pflanzen nachgeschlagen werden können. Zusätzlich wurde ein **Wörterbuch der Tier- und Pflanzennamen** aufgenommen, in dem die wissenschaftlichen Namen aller Tier- und Pflanzenarten zu finden sind.

Erklärung der Symbole in den Karten

Um die Übersichtlichkeit der Karten zu gewährleisten, wurden vor allem die für den Naturinteressierten wichtigen Informationen aufgenommen. Die verwendeten Symbole und Abkürzungen werden unten erklärt, seltene Sonderzeichen sind in der jeweiligen Karte erläutert.

Verwendete Kartensymbole

864 *Asphaltstraße mit Straßennummer*
Schotterpiste
Wanderweg
Fluß
temporär wasserführender Fluß
Abbruchkante, Schlucht
Meer, Lagune, See
Land
Sandstrand, Dünen
Röhricht
Laubwald
Nadelwald
größerer Ort, Stadt
Ort, Weiler
Forsthaus, Schutzhütte
Paß, Brücke
Höhle
Aussichtspunkt
Berg
Wasserfall
3 *Besuchspunkte (mit Querverweisen im Text)*

Kleine Landeskunde

Lage und Größe

Korsika (französisch) und Sardinien (italienisch) liegen im Tyrrhenischen Meer, dem westlichen Abschnitt des Mittelmeeres, zwischen 43° und 38° nördlicher Breite auf etwa 8-10° östlicher Länge. Sie sind durch die nur 12 km breite Straße von Bonifacio voneinander getrennt und geologisch eng miteinander verwandt. Korsika ist mit 8722 km² etwas kleiner als Kärnten und knapp vor Kreta die viertgrößte Insel im Mittelmeer. Mit dem 40 km weit vorragenden Cap Corse ist Korsika 183 km lang und 84 km breit. Sardinien, nach Sizilien die zweitgrößte Insel des Mittelmeers, mißt samt den vorgelagerten Inseln 24.089 km²; es ist etwa 270 km lang und 140 km breit. Das Cap Corse ist nur 83 km von der Toscana entfernt, zwischen Calvi und der Cote d'Azur liegen dagegen 175 km. Sardinien liegt sogar näher an Afrika (175 km) als an Italien (etwa 190 km). Von den etwa 270.000 Einwohnern Korsikas lebt fast die Hälfte in den beiden Städten Bastia und Ajaccio sowie deren Umgebung. Alle anderen Städte sind klein, große Gebiete im gebirgigen Inland sind nahezu unbesiedelt. Sardinien hat etwa 1,7 Mio. Einwohner, von denen sich 400.000 in und um Cagliari konzentrieren; die zweitgrößte Stadt ist Sassari im Norden der Insel mit etwa 120.000 Einwohnern. Landwirtschaftliche Gunsträume in Sardinien sind zwar dicht besiedelt, aber auch auf dieser Insel sind große Gebiete beinahe unbewohnt.

Das obere Restonica-Tal ist ein von eiszeitlichen Gletschern ausgehobeltes Trogtal (Reiseziel 6).

Entstehung und Landschaftsformen Korsika

Korsika

»Gebirge im Meer« lautet eine Kurzcharakteristik Korsikas, die den Nagel ziemlich genau auf den Kopf trifft. Es gibt Küstenebenen im Osten und an der Südspitze, sonst geht es überall auf der Insel rasch aufwärts, und die Westseite Korsikas, wo die Berge bis zur Küste reichen, ist eine unruhige, durch vier Golfe gegliederte Steilküste. Mit ihren großen Höhenunterschieden, einer mittleren Höhe von 568 m und Gipfelhöhen bis 2706 m (Monte Cinto) ist Korsika die gebirgigste Insel des Mittelmeeres.

Das gesamte Hauptgebirge Korsikas – und damit 2/3 der Insel – besteht im wesentlichen aus Graniten und wurde bereits im Zuge der variszischen Gebirgsbildung vor 300 Mio. Jahren im Karbon gehoben. Dabei entstand ein riesiger Plutonit (unterirdisch erstarrtes Magma), der sich in Nordsardinien fortsetzt. Die Hauptbestandteile des Granits sind mit der Eselsbrücke »Feldspat, Quarz und Glimmer, die drei vergeß ich nimmer« leicht zu merken. Je nach der Mischung von Feldspäten (gelb, rötlich), Quarz (gläsern-weiß), Hornblenden (grünlich), Biotit (dunkler Glimmer – schwarz), Muskovit (heller Glimmer – weiß) und der Beimengung weiterer Tiefengesteine wie Diorit und Gabbro wechseln die Farben der Felsen. Die auffallend rötlichen Gipfel und

Die Rocca Doria mit dem Dörfchen Monteleone (Reiseziel 10). Tafelberge sind typische Landschaftsformen Sardiniens.

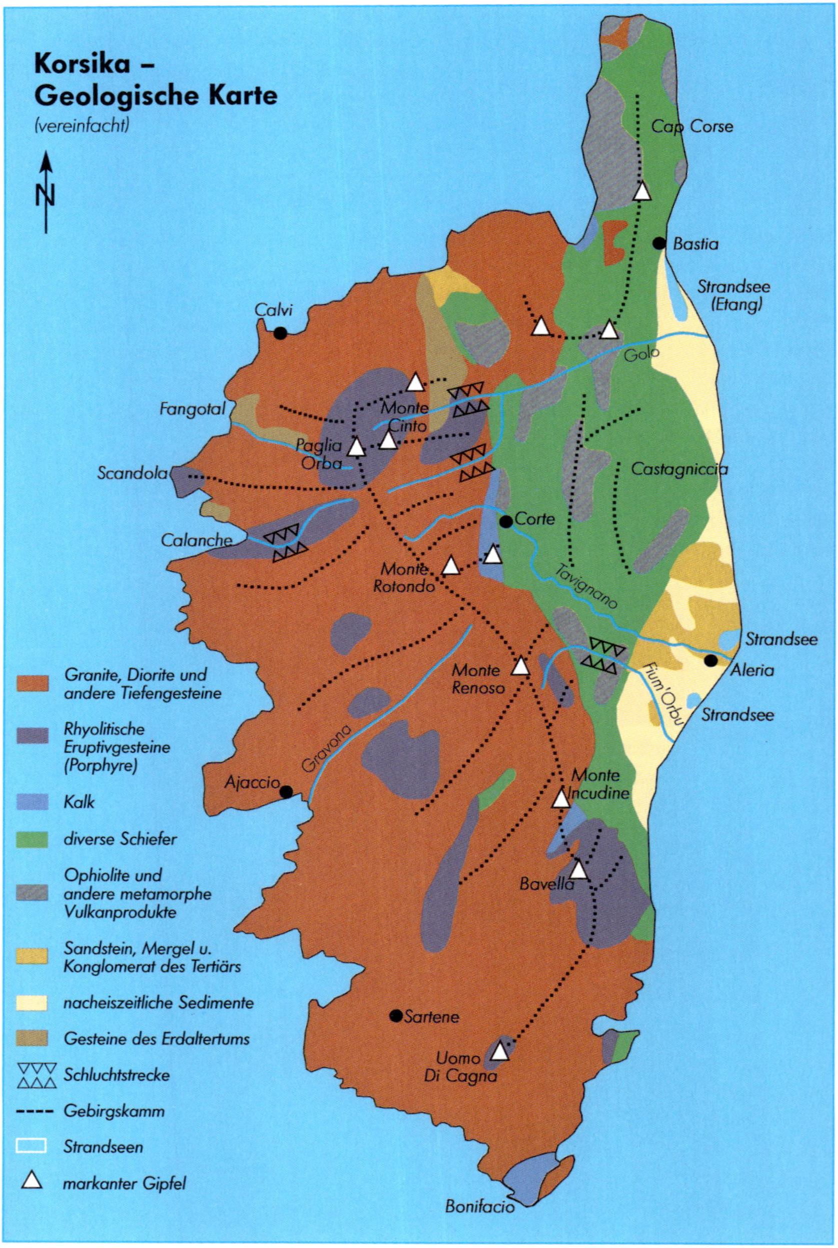
Korsika –
Geologische Karte
(vereinfacht)
N
Cap Corse
Bastia
Strandsee (Etang)
Calvi
Golo
Fangotal
Monte Cinto
Paglia Orba
Scandola
Castagniccia
Corte
Calanche
Monte Rotondo
Tavignano
Strandsee
Aleria
Monte Renoso
Fium'Orbu
Strandsee
Gravona
Ajaccio
Monte Incudine
Bavella
Sartene
Uomo Di Cagna
Bonifacio
Granite, Diorite und andere Tiefengesteine
Rhyolitische Eruptivgesteine (Porphyre)
Kalk
diverse Schiefer
Ophiolite und andere metamorphe Vulkanprodukte
Sandstein, Mergel u. Konglomerat des Tertiärs
nacheiszeitliche Sedimente
Gesteine des Erdaltertums
Schluchtstrecke
Gebirgskamm
Strandseen
markanter Gipfel

Felsen von Calanche, Scandola, Monte Cinto und Bavella verdanken ihre Farben aber nicht Graniten, sondern rhyolithischen Ergußgesteinen. Rhyolithe enthalten wie Granit viel Quarz und Feldspat und wurden früher auch Quarzporphyr genannt. Sie sind in aufgeplatzten Spalten nach oben gestiegen und haben sich als Lava über die Landschaft ergossen, wo sie rasch abkühlten und nicht so kompakt auskristallisierten wie Granit. Die feinkörnigen Rhyolithe verwittern daher leichter, oft zu bizarren Formen.

Ein mächtiger Bergrücken, der sich von Nordwest nach Südost zieht und nur auf wenigen Pässen passierbar ist, bildet die Hauptwasserscheide und teilt die Insel in zwei Hälften. Von diesem Rückgrat zweigen Seitenkämme ab, wodurch das Land stark gekammert wird und die einzelnen Täler als abgeschlossene Lebensräume nur wenig Kontakt miteinander hatten. Im Osten der Senke von Corte (einem tektonischen Grabenbruch) erhebt sich ein zweites, niedrigeres Bergland (bis 1767 m), die Castagniccia, das sich ins Cap Corse hinein fortsetzt. Dieses nordöstliche Drittel Korsikas (Cap Corse und Castagniccia) wurde in Zuge der alpinen Gebirgsbildung auf den alten Sockel aufgeschoben. Zum Großteil besteht es aus Schiefern, die leicht verwittern und daher runde Bergkuppen bilden. Dieses Aufeinandertreffen von europäischer und afrikanischer Platte hat mehrere Schichten übereinandergeschoben: eine untere, stärker metamorphe mit Glanzschiefern (aus Phylliten und Marmor) sowie eine obere, weniger metamorphe mit Grünschiefern (aus Prasinit, Kalk und Konglomeraten). Der oft dekorativ-grüne Prasinit wird gerne als Dekorstein verwendet. Entlang der Westseite des Cap Corse findet man außerdem Ophiolithe (basaltische Kissenlava und basische Tiefengesteine), die etwa jene Linie kennzeichnen, entlang der die Kontinente sowie von ihnen abgetrennte Bruchstücke (Mikroplatten) – wie jenes mit Korsika und Sardinien – aufeinanderstießen. Schließlich hinterließ auch die »geologische Neuzeit« ihre Spuren. Aus dem Miozän stammen die etwa 20 Mio. Jahre alten Kalkplateaus von Bonifacio und St. Florent, sowie Teile der Küstenebene um Aleria. Der Rest der Küstenebenen und die Flußschotter sind am jüngsten und zum Teil nacheiszeitlich entstanden.

Die Berge Korsikas sind hoch genug, daß die Eiszeit ihre Spuren hinterlassen konnte: Von den Gipfeln krochen Gletscherzungen bis weit in die Täler, hobelten diese aus, schufen Terrassen und Kare, die sich nach dem Abschmelzen der Gletscher mit

Ungefährer Beginn der geologischen Erdzeitalter in Mio. Jahren vor heute

Erdaltertum (Paläozoikum)

Kambrium	545
Ordovizium	490
Silur	440
Devon	410
Karbon	350
Perm	295

Erdmittelalter (Mesozoikum)

Trias	250
Jura	200
Kreide	140

Erdneuzeit (Känozoikum)

Tertiär	
Paleozän	65
Eozän	54
Oligozän	38
Miozän	23
Pliozän	7
Quartär	
Pleistozän	1,8

Sardinien –
Geologische Karte
(vereinfacht)
N
Granit, Tonalit, Gabbro aus der variszischen Gebirgsbildung
Gneise, Migmatite und Glanzschiefer (Erdaltertum)
Schiefer (Phyllit) und metamorpher Sandstein des Erdaltertums
Abwechselnde Lagen Sandstein und Phyllite (Kambrium – Silur)
Gesteinslagen Ordovizium – Devon (Schiefer, Quarzit, Vulkanite, Kalk gemischt)
Gesteinslagen des Erdaltertums (Schiefer, Sandstein, Kalk gemischt)
Vulkanite aus dem Ordovizium
Kalk und Dolomit (Erdaltertum)
Kalk (Erdmittelalter)
Rhyolitische und andesitische Vulkangesteine (Oligozän, Miozän)
junge basaltische Vulkangesteine (Pliozän, Pleistozän)
Sedimente des Tertiärs (Eozän – Miozän): Mergel, Sandstein, Konglomerat
junge Sedimente
auffallende Bergkette
markanter Gipfel
Capo Testa
Gallura
Monte Pulchiana
Olbia
Monte Limbara
Capo Falcone
Porto Torres
Anglona (Tafelland)
Sassari
Logudoro
Capo Caccia
Alghero
Vulkanisches Berg- und Hügelland
Monte Albo
Marghine Goceano
Hochebene Campeda
Nuoro
Bosa
Hochebene Abbasanta
Supramonte
Monte Ferru
Gennargentu-Bergland
Halbinsel Sinis
Ogliastra
Tacchi und Tonneri
Oristano
Strandseen
Monte Arci
Basalt-Tafelberge
Marmilla-Hügelland
Campidano-Graben
Monte Arcuentu
Gerrei-Bergland
Oridda-Bergland
Monte Linas
Cixerri-Graben
Cagliari
Sette Fratelli
San Pietro
Monte Arcosu
Strandseen (Stagni)
San Antioco

Die Überreste versteinerter Palmen aus dem Miozän bei Martis östlich von Sassari.

kleinen Bergseen füllten. Daher wirkt das Innere Korsikas heute verhältnismäßig alpin, während die nicht mehr von der Vereisung betroffenen südlichen Berge (Bavella) und die niedrigeren Lagen eine Fülle von altertümlichen Granit-Verwitterungsformen ausbildeten, die Korsika ebenso wie Sardinien ein in Europa seltenes und außergewöhnliches Landschaftsgepräge geben.

Sardinien

Noch mehr als in Korsika weicht das Landschaftsbild Sardiniens vom gewohnten Bild mitteleuropäischer Landschaften ab, denn die Insel verhielt sich im Verlauf der Erdgeschichte als »Kraton«, das heißt sie war Festland oder nur von seichten Meeren überflutet, und eine eiszeitliche Vergletscherung fehlte. Mit Korsika bildete Sardinien den Rand des europäischen Urkontinents; erst als sich im Tertiär die wie ein Rammbock auf der nach Norden wandernden afrikanischen Platte aufsitzende kleine adriatische Platte Richtung Nordwesten in Europa hineinbohrte und dabei den Alpenbogen auffaltete, wurden die beiden Inseln vom Festland getrennt und in ihre heutige Position gedreht. Inzwischen hat man in Südfrankreich auch die »Anschlußstücke« von Sardinien entdeckt.

Vor allem seinen vielen und zum Teil ungewöhnlichen geologischen Formen verdankt Sardinien den Spitznamen »kleiner Kontinent«. Alpine Gipfelformen wie in Korsika fehlen, stattdessen gibt es ausgedehnte Hochebenen (»altopiani«), Gebirgstreppen- und Stufenlandschaften, Tafelberge, riesige fossile Dünen und auffallende Verwitterungsformen, Tafoni, Tacchi und Tonneri genannt.

Die Entstehung der Insel läßt sich über eine halbe Milliarde Jahre zurückverfolgen, so daß der Besucher Sardiniens jeweils eine Reise durch die Erdgeschichte unternimmt. Das »älteste« Sardinien findet man im Südwesten der Insel, im Iglesiente (Reiseziel 14). Zu Beginn der kaledonischen Gebirgsbildung, die anschließend auch Schottland und Skandinavien faltete, wurden vor 500 Mio. Jahren kambrische Gesteine gehoben, meist verschiedene Sedimente (Sandstein, Kalk, Ton- und Glimmerschiefer) und etwas Vulkanite. Wie das für Kalkgebirge typisch ist, begann der an die Oberfläche beförderte Kalk zu verkarsten, und in den dabei entstandenen Fluß- und Höhlensystemen konnten sich bei späteren Auf- und Abbewegungen wiederum Sedimente ablagern, vor allem aber Mineralien wie Bleiglanz, Zinkblende, Pyrit und Baryt anreichern, seit der Bronzezeit begehrte Abbauprodukte.

Außer im Iglesiente sieht man Schiefer aus Kambrium und Ordovizium auch in Ostsardinien, wo sie Teile des Gennargentu aufbauen (Reiseziel 12), und am Capo Falcone (N 7).

In den folgenden Abschnitten des Erdaltertums, Silur und Devon, war Sardinien zum Großteil überflutet. Im Silur bildeten sich vor allem die für jenes Zeitalter typischen Schwarzschiefer mit Graptolithenfossilien (das waren epiplanktonische, kolonienbildende Meerestiere, deren verwandtschaftliche Zuordnung nicht geklärt ist), gefolgt von Kieselschiefern und Vulkaniten. Das Devon brachte tonige und sandige Sedimente sowie Kalkschichten. Die Schwarzschiefer sieht man heute in Südost- und Zentralsardinien (z.B. um Laconi und im Goceano).

Ab dem Übergang vom Devon zum Karbon, vor etwa 350 Mio. Jahren, ging es mit ganz Sardinien »aufwärts«: Die variszische Gebirgsbildung hob im Laufe des Karbon Ur-Europa vom Erzgebirge über Mitteldeutschland bis zu den Cevennen, deren Verlängerung damals Korsika und Sardinien bildeten. Die alten kaledonischen Formationen wurden samt den auf ihnen gebildeten Ablagerungen zu einem Faltengebirge gepreßt, das den heutigen Alpen kaum nachgestanden haben dürfte. Dabei konnte Magma großflächig in die Erdkruste eindringen und kristallisierte dort vor allem zu Graniten – jenen Graniten, die heute den Großteil Korsikas und den Nordwesten Sardiniens aufbauen. Auch in Südost-Sardinien (Sette Fratelli, N 14) und im Südwesten (Monte Arcosu, N 15) sind sie zu finden. Ans Tageslicht brachte sie jedoch erst die Erosion – ursprünglich lagen sie unter dem variszischen Gebirge verborgen.

Das Erdmittelalter verlief relativ ruhig in Sardinien. Die europäisch-asiatische Platte (Laurasien genannt) trennte sich vom Urkontinent Pangaea, und das Ur-Mittelmeer, die Tethys, bildete sich. Zur Zeit der Dinosaurier war das langsam absinkende Sardinien am Rande der Tethys teilweise überflutet, und mächtige Flachwassersedimente aus Kalken lagerten sich auf dem untergegangenen Land ab. Viele davon hat die Erosion im Tertiär wieder abgetragen, nur in Ostsardinien und im Nordwesten sind größere Teile erhalten geblieben. Nach einigen Hebungen und Senkungen am Ende der Kreidezeit und im Alttertiär gerieten Sardinien und Korsika vor etwa 40 Mio. Jahren in den Sog der heftig einsetzenden alpinen Gebirgsbildung. Alpen, Apennin und Pyrenäen begannen sich aufzufalten, und der korsardinische Block wurde vom Festland abgetrennt und rotierte langsam im Gegenuhrzeigersinn nach Osten. Diese Verschubbewegungen liefen nicht immer wie »geschmiert«; Sardinien wurde gedehnt und gezerrt, die Oberfläche zerbrach in einzelne Schollen, und aus aufgerissenen Spalten ergossen sich in Oligozän und Miozän Lavaströme über das Land. Ein Besucher hätte sich damals ver-

Eine der kuriosen Tafoni-Verwitterungen (S. 18) Sardiniens, der Elefant bei Castelsardo, besteht aus vulkanischem Trachyt.

mutlich wie auf Hawaii gefühlt. Betroffen war vor allem die westliche Inselhälfte, da hier ein großer Graben in Fortsetzung des Rhonetals entstanden war. Von der Anglona bei Sassari bis nach Oristano ist ein Drittel Sardiniens von riesigen, übereinanderliegenden Lava- und Tuffdecken bedeckt. Sie bauen weitläufige Hochebenen auf, und schaffen eine malerische Schichtstufenlandschaft an der Westküste zwischen Bosa und Alghero (Reiseziel 10). Die größten Vulkane waren der Monte Ferru (Reiseziel 10) und der Monte Arci (N 10) nördlich und südlich von Oristano. Vulkanische Erscheinungen im Südwesten sind der Monte Arcuentu (N 12), die Inseln S. Antioco und S. Pietro (N 18) sowie die Andesitkuppel des Burgfelsens von Aquafredda (Reiseziel 14).

Landwirtschaftlich sind die meist sauren Vulkanböden nur wenig ergiebig und eignen sich wie die kargen Granitböden des Nordwestens selten zu mehr als Weideland (nicht jedes ehemalige Vulkangebiet ist besonders fruchtbar, sondern vor allem solche mit leicht verwitternden Tuffböden, wie z.B. am Vesuv und am Ätna).

In der Osthälfte Sardiniens spielt Vulkanismus nur kleinräumig eine Rolle. Durch die tektonischen Spannungen zerbrachen die großen Kalkplatten in Einzelteile, die teilweise gekippt wurden und aus denen die Erosion Kuppen und Türme formte, die Tonneri und Tacchi (Reiseziel 12).

Im späteren Miozän sank das Land wieder, und das Meer konnte die Tiefländer überfluten. Um Sassari im Norden und von Oristano (Capo Mannu, Reiseziel 13) bis Cagliari im Süden lagerte es bunte Mergel- und Sandsteinschichten ab, die leicht verwittern und heute z.B. das fruchtbare Hügelland der Marmilla und Trexenta aufbauen. Dies war die Zeit der »versteinerten« Wälder; solch verkieselte Pflanzenreste findet man bei Perfugas und Martis

östlich von Sassari und in Zuri am Lago Omodeo im Tirso-Tal. Einige der Pflanzenreste, etwa Palmen, gibt es als gleichaltrige Fossilien in der Sahara.
Im Pliozän folgte eine zweite, kleinere vulkanische Phase. Deren harte Basaltdecken schützen vor Erosion, und so bildeten sich Tafelberge heraus, die inzwischen ihre Umgebung um bis zu 300 m überragen. Ihr größter ist die Giara die Gesturi (N 11) in der Marmilla. Kleine, junge Vulkankegel sind im Meilogu um Thiesi neben Tafelbergen zu sehen (sardische Auvergne). Die Vergletscherungen der Eiszeiten haben Sardinien nicht mehr erreicht. Da es in den Kaltphasen aber kühl und feucht war, konnten sich Flüsse tief ins Gelände einsägen, Schluchten ausformen und weichere Schieferlandschaften wie den Süden des Gennargentu (Reiseziel 12) in ein Gewirr tiefer Täler zerschneiden. Sardinien erhielt seine heutigen Küstenlinien, und die Westwinde häuften an den Küsten riesige Dünen aus pliozänen Sandablagerungen auf (z.B. Costa Verde, N 12). Während in Italien immer wieder die Erde bebt und dampft und Vulkane Feuer speien, sind Sardinien und Korsika bemerkenswert konsolidiert. Selbst Restvulkanismus in Form heißer Quellen gibt es kaum und nur sehr selten milde Erdstöße. Als Ergebnis dieser langen Entstehungsgeschichte sind in Sardinien drei Zonen zu erkennen: die östliche, im wesentlichen altkristalline Hochzone, von der Gallura im Norden bis zu den Sette Fratelli im Süden; die zentrale Grabenzone zwischen den Golfen von Asinara und Cagliari, deren nördliche Hälfte von den Vulkanen aufgefüllt wurde; und die westliche Hochzone aus dem Erdaltertum mit dem Iglesiente-Bergland. Zu dieser gehört auch die nordwestliche Ecke Sardiniens vom Capo Caccia zur Halbinsel Stintino.

Der Calanova-Strand bei Propriano (Co) zeigt die Tendenz des Granits zur Wollsackverwitterung.

Besondere Verwitterungsformen

Tafoni (von korsisch »tafonare« = durchlöchern, »tafone« = Fenster) sind halbkugelige Aushöhlungen in Gesteinen, die so groß werden können, daß sie Hirten als Unterschlupf dienen. Sie kommen vor allem in massigen Gesteinen vor und sind in Granit besonders gut ausgebildet, wobei sie aus dem Fels die bizarrsten Formen bilden können (z.B. das Capo Testa (S. 89) und den »Bär« (S. 94) an der Gallura-Küste bzw. die Felsen der Calanche (S. 61), Reiseziele 4 und 9)). Die Tafonibildung ist eine Kombination aus chemischer und physikalischer Verwitterung: Im Gestein steigen durch den Wechsel von kühlem Nachttau und Erwärmung durch Sonnenschein feinste Kapillarströme aus Sickerwasser, angereichert mit mineralischen Lösungen auf, die an der Oberfläche verdunsten und dabei Krusten (Verwitterungsrinden) abscheiden. Solche Eisen- oder Manganoxidkrusten machen die Oberfläche sehr hart, das darunter liegende Gestein wird dagegen von dieser chemischen Verwitterung zermürbt (Kernver-

Der Monte Pulchiana in der sardischen Gallura (Sa), ein Beispiel für einen Glockenberg (S. 20).

witterung). Wird die Rinde stellenweise zerstört, können Wasser und Wind das weichere Innere wie bei einem Ei, dem der Kopf abgeschlagen ist, herausfressen. Tafoni bilden sich besonders auf sonnenabgewandten Schattseiten. Da sich hier die Feuchtigkeit länger hält und die Verdunstung schwächer ist, ist die Rinde nur sehr dünn, und die chemische Verwitterung kann auch von der Oberfläche her angreifen. Durch die Kombination aus Tau, Hitze, Wind, Feuchtigkeit und Salzsprengung findet man die auffälligsten Tafoni in Küstennähe, während sie im Inland seltener vorkommen. Die Tafoni-Bildung geht sehr langsam vor sich, und die Verwitterung der heute zu bewundernden Formen hat schon vor den Eiszeiten im Tertiär begonnen.

Schalenverwitterung (Abschuppung) ist eine Folge des Temperaturwechsels von starker Sonnenerhitzung und nächtlicher Abkühlung, der sich an der Gesteinsoberfläche viel stärker auswirkt als im Inneren, das wegen seiner schlechten Wärmeleitfähigkeit immer kühl bleibt. Durch die Hitzeausdehnung und nächtliche Kontraktion des Gesteins an der Oberfläche kommt es daher zu Spannungen mit dem darunterliegenden Material, wobei bei homogenen Gesteinen (z.B. Graniten, Basalten) feine Schichten zwiebelschalenartig von der Oberfläche abblättern.

Wollsackverwitterung: An der Erdoberfläche ist Granit ein hartes, kompaktes Gestein. Unter der Erde aber kann die mit Huminsäuren angereicherte Bodenfeuchtigkeit in das Netz feiner Klüfte und Haarrisse, das jedes Gestein durchzieht, einsickern und die Kluftflächen und -kanten anlösen. Ein-

Der heftige und langandauernde Westwind verbiegt die Bäume an exponierten Standorten zu gekrümmten Gebilden (S. 22).

mal im Freien, räumt die mechanische Erosion diese »angefaulten« Stellen bald ab, und es bleiben abgerundete, leichte Buckel übrig, wie man sie häufig sehen kann. Nach einer früher üblichen Verpackungsart von Wollballen mit Schnüren heißt diese Verwitterungsart Wollsackverwitterung.

Felsburgen (Tors) und **Blockmeere** sind ein Ergebnis der Wollsackverwitterung und ebenfalls unter der Erde entstanden. Wenn weiches Material der Oberfläche und lockerer Verwitterungsschotter abgetragen werden, bleiben die im Untergrund angewitterten Granitblöcke frei in der Landschaft stehen – es sind sozusagen »übereinandergestapelte« Wollsäcke. Prägnante Felsburgen sieht man im Südwesten Korsikas (Monte Milese und Scopeto, 20 bzw. 15 km vor Bonifacio).

Eine Sonderform sind **Wackelsteine**, große Blöcke, die bis auf eine kleine Auflagefläche frei am Felsen thronen und daher meist leicht in Schwingung versetzt werden können.

Ein **Glockenberg** (Domberg) ist ein kuppelförmiger Inselberg, der große Bruder der Felsburg. Wird Verwitterungsschutt regelmäßig fortgeblasen und fortgeschwemmt, bleibt eine rundliche Bergkuppe übrig. Ihre Oberfläche kann, aus der Ferne betrachtet, durch Abschuppungsprozesse sehr glatt wirken. Schöne Glockenberge stehen in der inneren Gallura und südlich der Bavella (Punta di u Diamante), Reiseziele 7 und 9.

Tacchi (Einzahl Takku, Taccu) sind markante Felstürme, die sich über einer gerundeten Schieferlandschaft erheben. Diese Überreste einer zerbrochenen, von Meeresüberflutungen im Erdmittelalter gebildeten und bis zu 150 m dicken Kalksteintafel sind besonders südlich des Gennargentu zu sehen (Reiseziel 12).

Tonneri sind größere, tafelbergartige Reste dieser Kalktafel. Die Kalkmassive brechen mit Steilwänden ab, in welche die Erosion Rinnen gefräst hat. Besonders typisch sind diese an der Nordwand des Monte Tonneri, nach dem solche Formationen allgemein als »Tonneri« bezeichnet werden (Reiseziel 12).

Eine **Giara** ist eine durch Basaltdecken vor Verwitterung geschützte Hochebene in Form eines Tafelberges.

Die Begriffe **Etang** und **Stagno** bedeuten Teich oder Weiher und bezeichnen eine Lagune, eine durch eine Nehrung abgeschnittene ehemalige Meeresbucht an einer Flachküste. Die Lagune kann mit dem Meer in Verbindung stehen oder als Strandsee völlig abgeschnitten sein. Das Wasser ist brackig, wobei der Salzgehalt je nach Jahreszeit (Regen im Winter, Verdunstung im Sommer) erheblich schwanken kann. Wo Bäche einmünden, können Stagni auch völlig aussüßen.

Pozzines sind kurzrasige Flachmoorwiesen, die sich um verlandende Karseen bilden, durchrieselt von Schmelzwasserrinnsalen und übersät mit kleinen Tümpeln. Den Begriff hat der Botaniker J. Briquet 1910 geprägt, indem er an das Wort »Pozzi« (Brunnen, Wasserlöcher) die Endung – ine (von »alpine«) hängte – »alpine Wasserlöcher« also. Solch anmoorige Wiesengründe entstehen auf wasserstauendem, granitischem Felsuntergrund, der, von der eiszeitlichen Vergletscherung zu Wannen gehobelt, viel Schmelzwasser aufnimmt.

Daher befinden sich die meisten Pozzines im einst vergletscherten Gebirge Korsikas, über 1600 m am Rand der kleinen Karseen.

Tropfsteinhöhlen: Zu den schönsten Formen der Natur gehören die Tropfsteinhöhlen mit ihren bizarren Sinterformen. Als Karsterscheinung beschränken sie sich auf jene Gebiete, die aus Kalk bestehen; in Sardinien gehören dazu Supramonte, Ogliastra, Capo Caccia und der Südwesten, in Korsika Bonifacio und ein schmaler Streifen im Zentrum. Ihre Entstehung verdanken sie, wie die anderen Karstphänomene (Dolinen, Karren), der Löslichkeit des Kalks im Wasser. Bereits Regenwasser enthält immer etwas CO_2, und im Bodenmilieu nimmt das Sickerwasser noch mehr davon auf. Es wird zu einer sehr schwachen Säure, die harten Kalk (Kalziumkarbonat) in wasserlösliches Kalziumhydrogenkarbonat wandelt. So können unterirdisch große Hohlräume entstehen. Die Bildung der Tropfsteine ist der umgekehrte Prozeß: Das Sickerwasser aus dem Boden gibt beim Eintritt in die Höhlenatmosphäre etwas von seinem CO_2 ab und kann daher nicht mehr so viel Kalk gelöst halten, der sich nun abscheidet – als Sinterfahne an der Wand, als Stalaktit (von der Decke) oder als Stalagmit (vom Boden hinauf), wenn das Wassertröpfchen von der Decke gefallen ist.

Einige der **Höhlen Sardiniens** sind als Schauhöhlen zu besichtigen:

- Im Supramonte: Grotta di Ispinigoli und Grotta di Bue Marino.
- In der Ogliastra: Grotta su Marmuri und Grotta de is Janas.
- Im Südwesten: Grotta is Zuddas, Grotta di Santa Barbara, Grotta su Mannau.
- Am Capo Caccia: Grotta di Nettuno.
- **Auf Korsika** bei Bonifacio: Meereshöhlen Sdragonato und Sainte Antoine.

Diese touristische Erschließung bringt natürlich Folgeerscheinungen mit sich: Die verbrauchte Atemluft der Besucherscharen stört das CO_2-Gleichgewicht, und rund um die stundenlang brennenden Lampen siedelt eine genügsame Flora aus Algen und Flechten, die weggeputzt oder mit UV-Licht bekämpft werden müssen. Blitzlicht dagegen ist zwar sehr hell, aber mit seiner Dauer von nur wenigen Millisekunden viel zu kurz, um irgendeinen merkbaren Einfluß zu erzielen. Trotzdem fürchten es seltsamerweise manche Schauhöhlenbetreiber wie der Teufel das Weihwasser.

Klima und Wasserhaushalt

Korsika und Sardinien liegen in der westmediterranen Klimazone, mit den dafür typischen trocken-heißen Sommern und Niederschlägen vom Spätherbst bis zum Frühjahr. Die doch beträchtliche Entfernung zwischen dem Norden Korsikas und dem Süden Sardiniens, aber vor allem die Berge beeinflussen das Lokalklima deutlich. Korsika ähnelt klimatisch Ligurien und der Provence, während der Süden Sardiniens bereits unter nordafrikanischem Einfluß steht. Die unteren Berglagen besitzen ein Klima wie der Apennin, während im Gebirge ein fast »alpines« mediterran-montanes Klima herrscht, mit kühlen Wintern und reichlich Schneefall. Hauptfeuchtigkeitsbringer sind die Westwinde, die an den westlichen Bergflanken Stauregen verursachen; die Ostseiten der Inseln liegen im Regenschatten und sind daher trockener. Die Jahresniederschläge sind in der Campidano-Ebene sowie im Südosten Sardiniens mit etwa 400 mm am geringsten, erreichen in den Bergen etwa 1500 mm und in Staulagen sogar noch mehr. Das Jahr beginnt oft mit den winterlichen Trockenwochen. Diese milde Schönwetterperiode ist besonders für Sardinien typisch und findet jeden Winter statt – nur der genaue Zeitraum ändert sich jährlich. Februar und März sind oftmals stürmisch, mit Unwettern und viel Schnee in den Bergen. Etwa ab April setzt das Frühjahr ein, der Mai ist oft schon recht heiter und warm. Durch die hohe Luftfeuchtigkeit und die bereits lange Sonnenscheindauer bilden sich über dem erwärmten Festland jedoch häufig Gewitter, und der »Fünf-Uhr-Tee« prasselt manchmal täglich. Die Berge betätigen sich im Frühjahr als fleißige Wolkenfänger, wodurch der Himmel oft bereits ab 10 Uhr vormittags völlig bedeckt ist; klares Wetter gibt es nur bei heftigem Wind. Beide Aspekte sind nicht eben das, was Wanderer übermäßig erfreut. Von Mitte Juni bis Mitte September dauert die sommerliche Trockenzeit, in der bis auf einige Gewitter in den Bergen kaum Regen fällt und in der es an windstillen Tagen unangenehm heiß werden kann – auf den sardischen Hochebenen, wo eine milde Seebrise fehlt, bis über 40°C. Ende September setzen zunehmend Regenfälle ein, feuchtigkeitsbeladene, ozeanische Genua-Tiefs ziehen von Nordwesten her über das Mittelmeer. Diese Genuazyklone entstehen dadurch, daß die das Rhonetal herabströmenden Kaltluftmassen auf warme Luft des Südens treffen. Im November und Dezember ist es dann ähnlich naß und stürmisch wie im Spätwinter.

Heftiger Wind ist eine der auffallendsten Wettererscheinungen der beiden Inseln. Am häufigsten bläst es aus West bis Nordwest, und von Herbst bis Frühjahr kann der Maestrale oft tagelang mit mehr als 100 km/h über die Inseln fegen. Vor allem die Ebenen und Hochflächen Sardiniens sind davon betroffen; unübersehbar zeigen die Bäume die vorherrschende Windrichtung an, werden zu bizarren, nach Osten hin gekrümmten Gebilden verbogen. Das Gebirge Korsikas hält die heftigsten Westböen ab, daher ist es an der Ostküste ruhiger. Sie ist dafür mehr dem feuchtheißen Südwind Scirocco ausgesetzt. An den Küsten sorgt außerdem das Temperaturgefälle zwischen Wasser und Land für ständige Luftbewegung – da sich das Land am Morgen rascher erwärmt sowie abends rascher auskühlt, weht tagsüber die See- und nachts die Landbrise.

Die Felsküste und das Leben im Meer

Inseln haben im Verhältnis zu ihrer Oberfläche sehr lange Küstenlinien, die daher besonders wichtige Lebensräume darstellen. Sie sind bewohnt von bemerkenswerten, an eine unruhige Umgebung angepaßten Organismen. Besonders die Felsküste mit ihren vielen Strukturen und vielen Möglichkeiten der Besiedlung bietet einen guten Einblick in das Leben im und am Ökosystem Meer. Typische Pflanzengemeinschaften in Meeresnähe ziehen sich beinahe wie ein Gürtel die gesamte Felsküste entlang (und sind im gesamten Mittelmeerraum grundsätzlich ähnlich). Charakteristische Leitarten sind die Herbstblüher Meerfenchel (S. 100) und Strandflieder, der eine Hundertschaft von lokalen Arten ausbildet. Dazu gesellen sich Weißblättriges Greiskraut, Korsischer Reiherschnabel (S. 88) und mehrere *Frankenia*-Arten. Die rosablühenden Frankeniengewächse haben sich auf salzhaltige Standorte an Küsten und Wüsten spezialisiert. Höher oben in den steinigen Gebieten sind die Pflanzen dem Sprühwasser der Brandungswellen bereits entzogen, können aber von der höheren Luftfeuchtigkeit profitieren. In Sardinien fällt die Baumförmige Wolfsmilch (S. 97) auf, die ihre Blätter vor der Sommerhitze »herbstlich« verfärbt und sie danach abwirft, um sich vor Austrocknung zu schützen. Sie ist wärmeliebend und im nördlicheren Korsika daher nur an geschützten Standorten zu finden. Polsterpflanzen nutzen ihren Gestaltvorteil, z.B. die Kleinblättrige Strohblume und die Pithyusen-Wolfsmilch. In kleinen feuchteren Mulden in Meeresnähe leben zwei Arten von Zwergedelweiß und an abschüssigen und windexponierten Stellen der Korsische Ginster (S. 65).

Natürliche Zonierung an Felsküsten

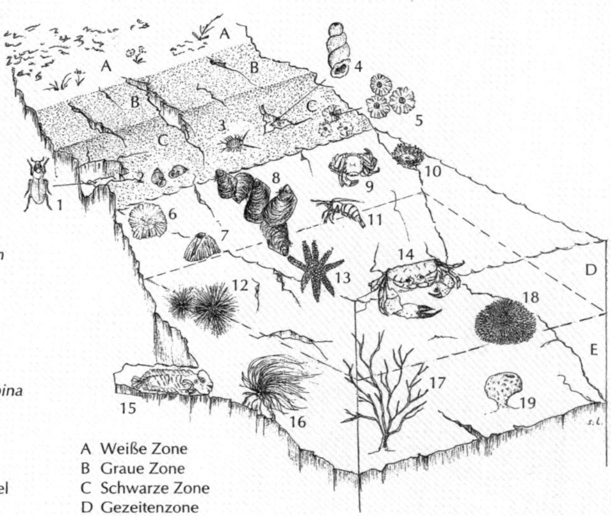

1 Wasserkäfer *Ochthebius sp.*
2 Zwergstrandschnecke
3 Klippassel
4 Schnecke *Truncatella subcylindrica*
5 Seepocke *Chthamalus stellatus*
6 Napfschnecke
7 Seepocke *Balanus tintinnabulum*
8 Miesmuschel
9 Felsenkrabbe
10 Purpurrose
11 Felsengarnele
12 Steinseeigel
13 Seestern *Coscinasterias tenuispina*
14 Taschenkrebs
15 Pfauenschleimfisch
16 Wachsrose
17 Gorgonien
18 Dunkelvioletter Seeigel
19 Schwamm *Petrosia ficiformis*

A Weiße Zone
B Graue Zone
C Schwarze Zone
D Gezeitenzone
E Sublitoral

Von den Küstenpflanzen hin zum Wasser liegt die unmittelbare Uferzone, das **Litoral**. Es ist ein äußerst lebensfeindlicher Bereich, denn die Organismen müssen mit der Wucht der Wellen, Schwankungen des Salzgehaltes, Trockenfallen bei Ebbe und starker Erwärmung durch die Sonne fertig werden.

Der oberste Streifen der Küstenlinie ist die **»weiße Zone«**: Die Felsen tragen kaum Vegetation, und das Spritzwasser der Winterstürme hat die Erde abgespült, wodurch der Untergrund sehr hell wirkt. Der nächste Abschnitt zum Wasser hin wird bereits regelmäßig benetzt, und der Fels erhält daher einen feinen Überzug aus Blaualgen (**»graue Zone«**). Kleine Zwergstrandschnecken weiden den Algenrasen ab. Im Bereich des Wellenschlags befindet sich schließlich die **»schwarze Zone«**. Sie ist dicht mit bohrenden Blaualgen besiedelt, die überall dort den Kalk zerlegen, wo sie am längsten benetzt bleiben (besonders in den Vertiefungen). Dadurch entsteht ein scharfkantiges, zerfurchtes Profil. Am Fels siedeln Seepockenkolonien, kleine, seßhafte Krebschen aus der Familie der Rankenfüßer. Sie haften sich mit einer Zementdrüse am Untergrund fest und strecken aus Schale und Deckel ihre Beine als Fangreusen für Plankton heraus. Fallen sie trocken, verschließen sie ihr Deckelchen und warten auf die nächste Welle. Klippenasseln huschen über die Felsen, in flachen Felstümpeln siedeln Algen, Schwämme, Ringelwürmer und Krabben.

Auch in der **Gezeitenzone**, dem Bereich zwischen Ebbe und Flut, müssen die Tiere mit der Gefahr des Austrocknens fertig werden. Häufig sind hier Napfschnecken, die von ihren Heimplätzen aus bei Flut Algen von den Steinen der Umgebung abschaben. Bei Ebbe kriechen sie zurück und haften sich wie ein Saugnapf an den Fels. Durch ihre flache Schale bieten sie der Brandung keine Angriffsfläche und können so auch bei stürmischem Meer aktiv bleiben. In Blockfeldern der Küste wohnen Strandkrabben, die als Sammler und Allesfresser auch über die Hochwasserlinie hinauswandern. Die Purpurrose (Pferdeaktinie) zieht bei Ebbe ihre Fangarme ein und füllt den Magen mit Wasser. So bleibt sie als rote Kugel am Felsen hängen, was ihr den Namen »Meerestomate« eingebracht hat.

Im ufernahen **Flachwasserbereich** kann der Schnorchler eine große Artenzahl von Algen und Tieren antreffen. Die Felsenwelt ist stark gegliedert und bietet daher verschiedenen Lebensgemeinschaften Raum und Versteckmöglichkeiten. Die drolligsten Bewohner sind die neugierigen Schleimfische, oft buntgefärbte, kleine Grundfische, die in Spalten oder leeren Bohrmuschellöchern leben und den Taucher aus ihren Kulleraugen anglotzen. Eine Filigranarbeit der Natur stellen die zierlichen, nahezu durchsichtigen Felsengarnelen dar, die gemeinsam mit Einsiedlerkrebsen und mehreren Krabbenarten das Lückensystem der Felsblöcke bewohnen. Manche der Krabben sind durch Far-

Der Eisstern, ein großer Seestern, ist vom Mittelmeer bis zur Nordsee verbreitet und kann mehr als 40 cm Durchmesser erreichen.

be und Form vortrefflich getarnt (etwa die bizarre Seespinne), so daß sie fast einem wandelnden Algenwald gleichen. Auf geschützten Felsen wuchern Kalkrotalgen in bunten, handförmigen Verkrustungen, und die kleinen Kreiselschnecken erreichen auf den Felsen des Flachwassers manchmal Massenvorkommen. Regelmäßig findet man auf Hartboden Leistenschnecken (zu denen etwa die berühmte Purpurschnecke gehört). Sie leben räuberisch oder von Aas und fressen z.B. gerne Napfschnecken. Unter Wasser beginnt das Reich der Fische, und hier ist um Korsika und Sardinien noch einiges zu sehen, vor allem seit dem Verbot der Harpunenjagd. Gerne in Ufernähe halten sich z. B. die wohlschmeckenden Meerbrassen, Lippfische und Meeräschen auf. Besonders bunt gezeichnet sind zwei unermüdliche Schwimmer, Meerjunker und Meerpfau (S. 27), die meist in der Nähe von Seegraswiesen patrouillieren. Um Seegras oder Algen ringelt das Seepferdchen seinen Schwanz, und die zur Klasse der Vielborster (Polychaeten) zählenden, schreckhaften Röhrenwürmer ziehen ihre zarten Tentakelkronen bei der leisesten Annäherung blitzartig ein. Sie besiedeln Sand ebenso wie Felsuntergrund und Steine. An vielen Küsten des Mittelmeeres haben sich die Seeigel zu einem ökologischen Problem entwickelt. Durch Nährstoffeintrag in Meere können sich die auf Tangen siedelnden kleinen Aufwuchsalgen massenhaft vermehren. Die Tange werfen ihre überwachsenen Äste, mit denen sie nicht mehr assimilieren können, ab, und der Algenwald wird zusehends lichter. Dieser »Wald« dient normalerweise als Hindernis für die schwerfälligen Seeigel. In die lichten Stellen fallen diese nun wie eine Armee ein und fressen alles kahl. Auf steiniger Unterlage sind die Stacheltiere nahezu unverwundbar, denn ihre Hauptfeinde, die großen Eis- und Kammseesterne, können sie nur im Algengestrüpp erbeuten, in dem sie nicht fest verankert sind. Zu trauriger Berühmheit sind zwei ehemals auffallende Meeresbewohner gelangt: die Mittelmeer-Mönchsrobbe und die Unechte Karettschildkröte. Den Meeresschildkröten sind nur noch wenige Strände zur Eiablage verblieben, die Robben wurden neben Störungen durch unzählige Badegäste und Folgen der Umweltverschmutzung vor allem durch die Nahrungsknappheit im überfischten Mittelmeer an den Rand des Aussterbens gebracht.

Ein Einsiedlerkrebs hat ein ins Wasser gefallenes Landschneckenhäuschen besiedelt, ein ungewöhnliches Bild.

Eine Kuriosität sollte man ebenfalls versuchen zu erleben: das nächtliche Meeresleuchten. Es tritt im Sommer auf, wenn sich das Meer erwärmt hat. Urheber ist das bis 2 mm große Geißeltierchen *Noctiluca miliaris*, das als Planktonbestandteil nahe

Die Seebälle sind aus den Fasern abgeworfener Neptunsgrasblätter gebildet, die die Brandung zerrissen hat. Das Neptunsgras ist in der Meeresökologie wichtig, als Unterwasserlunge ebenso wie als Kinderstube vieler Fischarten, deren Junge sich darin verstecken können. Vor allem durch schwere Schleppnetze ist der schützende Gürtel von Seegras vor den Küsten in den letzten Jahren jedoch stark zurückgegangen.

der Wasseroberfläche schwebt. Wird das Wasser bewegt und erreicht Luft den Organismus, leuchtet dieser einen Moment grünlich auf. Schwimmer oder Boote sind dann bei Massenvorkommen von einem hellen Schein umgeben.
Korsika und Sardinien zählen zu den lohnendsten Tauchzielen des Mittelmeers, vor allem da es in Korsika viele Tauchklubs gibt (s. auch S. 157). Einen Blick auf viele Arten bieten schließlich das Aquarium in Bonifacio und nicht zuletzt die Fischmärkte in Ajaccio und Alghero, wo der mit einem Bestimmungsbuch bewaffnete Fischadept reichhaltige Eindrücke sammeln kann.

Dünen am Sandstrand – Wüste im Kleinen

Dünen sind Sandformationen mit einem labilen Gleichgewicht. Sie entstehen in langen Zeitperioden, beeinflußt von vielen unterschiedlichen Faktoren. Die Kraft der Wellen wirbelt Sandkörner auf, die starke Winde vom Meer landeinwärts tragen. Sand ist der mobilste aller Sedimenttypen: Die Elemente bauen Sandküsten ständig um, und alle Bewohner dieses bewegten Lebensraumes haben sich auf Mobilität einzustellen. Die Sanddünen, die so am Strand entstehen, bilden eine einzigartige Miniaturwüste voll von Leben, denn ein paar robuste Pioniere haben sich dieses Terrain hartnäckig erkämpft. Diese Strandlebewesen entwickelten raffinierte Strategien, um die vielen Schwierigkeiten des Lebens meistern zu können.
Im Mittelmeergebiet hat der **Sandstrand** lange Zeit zu den einsamsten Gebieten gezählt. Die Fischer gaben den Felsküsten den Vorzug, denn nur dort ließen sich ohne allzu großen Aufwand stabile Häfen errichten. In den letzten 40 Jahren ist allerdings eine Invasion über die einsamen Sandküsten hereingebrochen, die die Welt des Sandes vielerorts bereits an den Rand des Untergangs gebracht hat. Menschen haben sich, bewaffnet mit Liegestuhl und Sonnenschirm, einen weiteren Lebensraum erobert, der zunehmend mittels Schubraupen zu ebenen Liegeflächen plattgewalzt wird. Die Küsten Sardiniens sind von den ärgsten Auswüchsen noch verschont geblieben, und abends, wenn Schirme und Picknickkörbe wieder verschwunden sind, gehört der Sand seinen eigentlichen Bewohnern.
Ununterbrochen rollen die Wellen die flache Küste hinauf und spülen dabei den Strand durch. Dieser Wasserdurchsatz ist für die Sauerstoffversorgung des Sandkörpers erforderlich und fördert zugleich die Ernährung einer Vielzahl mikroskopisch kleiner Bewohner, die das Lückensystem zwischen den Sandkörnern bevölkern. Die Nahrung für diese Tierchen ist der Meerschaum, der aus gelösten organischen Molekülen gebildet wird, weiche die Organismen aus dem Wasser herausfiltern.

Der bunte Meerpfau patroulliert über Seegraswiesen – kann aber auch im Aquarium von Bonifacio bewundert werden.

Mit den Wellen wird aber noch allerlei anderes antransportiert, der sogenannte Strandanwurf. Normalerweise besteht er aus Algenresten, Muschelschalen und Seegrasblättern. Letztere können meterdicke Bänke bilden. Leider sind es inzwischen immer häufiger Plastiksäckchen und -flaschen, Teer und andere Abfälle, die angeschwemmt werden. Strandflöhe, Strandasseln und Kurzflügler fressen von den Algen und finden Deckung darin. Abends kommen die Strandkäfer aus ihren Sandhöhlen hervor und verzehren ebenfalls alles, was nur irgendwie genießbar erscheint. Mit zunehmender Dunkelheit werden die Strandgrillen aktiv und krabbeln aus ihren Löchern. Sie bevölkern beinahe die gesamte Mittelmeerküste und erfüllen die Nacht mit der Einladungshymne an das weibliche Geschlecht. Nachdem die Paarung vollzogen ist, sperrt das Männchen das Weibchen aus der Haupthöhle in einen Nebenraum und kehrt an die Oberfläche zurück, wo es erneut versuchen wird, mit seinem Gesang weitere Weibchen zu »bezirpen« – normalerweise 2 oder 3 pro Nacht.

Mit der Morgensonne öffnen die Pflanzen ihre Blütenkelche. Vom Frühjahr bis in den Herbst blühen immer neue Arten. Bereits knapp oberhalb der Hochwasserlinie begegnet man den ersten, noch schmächtigen Kräutern. Hier benetzt die Salzgischt den Boden, so daß nur besonders salzvertragende Arten (Halophyten) überleben können. Zusätzlich machen Sandverwehungen den Pionieren zu schaffen. Die meisten der Sandbewohner besitzen fleischige Blätter oder Stengel, einen dicken Wachsüberzug und ein Haarkleid sowie ein besonders tief dringendes Wurzelwerk. Nur eine verminderte Verdunstung und die

Die sardische Westküste beherbergt an der Costa Verde und bei Torre dei Corsari die größten Dünen am Mittelmeer.

Bei der Strandlevkoje vermindern Wachsüberzug und Haare auf den Blättern die Verdunstung.

Die Strandwolfsmilch hat wie viele der Strandpflanzen einen Wachsüberzug als Verdungstungsschutz.

Die Stranddistel ist ein mit dem Mannstreu verwandter Doldenblütler, der sich als Distel »tarnt«.

Die Tazette besiedelt bevorzugt küstennahe Standorte auf felsig-erdigem Untergrund.

Der Sandstern kommt in Erdansammlungen zwischen Steinen vor.

Die Strandwinde kriecht flach am Sandboden entlang.

Das Korsische Leimkraut speichert Wasser durch Sukkulenz mit verdickten, fleischigen Blättern.

Möglichkeit, Wasser zu speichern, erlauben ein Gedeihen an solch windreichen Standorten mit hoher Sonneneinstrahlung und mit einem Boden, der Feuchtigkeit sofort versickern läßt.

Der häufigste unter den vorgeschobenen Spezialisten ist der Meersenf mit seinen wohlriechenden lila Blüten. Seine vielen Ästchen wirken dünenbildend, da sich in ihrem Windschatten Sand ansammeln kann. Einer der reizvollsten Strandbesiedler ist die Strandwinde, die mit langen Ausläufern den Boden entlangkriecht und den Betrachter mit zartrosa Trichterblüten erfreut. Zwei dornige Doldenblütler sind für alle barfuß gehenden Strandwanderer besonders »eindrucksvoll«: die Starre Stacheldolde und die bizarre, stahlblaue Stranddistel. Letztere ist eigentlich gar keine Distel, sondern eine Verwandte des Feldmannstreus. Doch jeder, der einmal auf der Halbinsel Sinis durch die Dünen von Su Pallosu spaziert ist, weiß, warum dieser Doldenblütler im Distelkleid seinen Namen trägt. Bereits die winzigsten Blättchen einer Jungpflanze, die kaum aus dem Sand ragt, sind mit nadelspitzen Stacheln besetzt. Einen Kontrast zu diesem »bewaffneten« Vertreter der Pflanzenwelt bilden die Schneeweiße Strandfilzblume, deren wie eingepudert wirkende Blätter regelrecht weiße Rasen bilden können, und der gelbe Strand-Schneckenklee, benannt nach seinen gewundenen Früchten.

Hinter den Pionierpflanzen lagert der landeinwärts blasende Wind Sand ab, und es bilden sich lockere **Vordünen**. Vor allem ausdauernde Gräser wie der Strandhafer festigen und binden den Sand. Je mehr Vegetation sich ansiedelt, desto höher wölbt sich die Düne empor. Bis hierher dringt vom Landesinneren süßes

Grundwasser vor, welches das Salzwasser überlagert. Es entsteht eine Küstendüne (**Weiße Düne**). Eine Zierde solcher Dünenlandschaften mit Hügeln und Tälern sind die großen, weißen Blüten der Strandlilie (Dünen-Trichternarzisse) und die kleinen Sterne der Dünenkamille. Landeinwärts ist das Hasenschwänzchen zu Hause, ein zartes Gras mit samtigen Ährenrispen. Die ersten Holzgewächse stellen sich ein, Zistrosen (S. 32) oder der Sodomsapfel. An diesem stacheligen Nachtschattengewächs erscheinen im Mai, während die Zweige noch die gelben, durch Solanin giftigen Früchte des Vorjahres tragen, die violetten unverkennbaren »Kartoffelblüten«. Stellenweise bildet der Großfrüchtige Stechwacholder einen dichten Strauchbestand, ein schönes Beispiel dafür bieten die riesigen Dünen der Costa Verde im Westen Sardiniens. Gefördert durch die Biomasseproduktion der Pflanzen verwittern die ältesten der Weißen Dünen zu **Graudünen**, auf denen Gebüsch und Dünenwälder Fuß fassen können, die dann den Endzustand der Dünenentwicklung, die **Braune Düne**, herbeiführen.

Früh am Morgen sind die Kaninchen unterwegs, von denen offenbar immer einige die Jagdleidenschaft der Italiener überleben. Jetzt, wenn es noch nicht so warm ist, kann man auch die Gelbgrüne Zornnatter (S. 39) beim Sonnen beobachten. Entsprechend »aufgewärmt«, ist diese schwarzgelbe Schlange sehr schnell und wendig, sie flüchtet sofort. Wie alle europäischen Nattern ist sie ungiftig; sie klettert ausgezeichnet und bevorzugt trockene Lebensräume. Diese Vorliebe wird ihr oft zum Verhängnis, da sie sich gerne auf Schotterstraßen aufhält und zu spät vor den herannahenden Fahrzeugen davonkriecht. Wenn die Sonne höher steigt, erscheinen jene Insekten, die es gelernt haben, den Angriffen von Sonne, Wind und heißem Sand zu trotzen. Für den Ameisenlöwen, die Larve der Ameisenjungfer, beginnt die Jagd. Mit Sorgfalt gräbt dieser winzige Jäger seine tödlichen Fallen, Trichter mit einem Durchmesser bis 8 cm. Er versteckt sich in der Mitte des Trichters und bedeckt sich mit Sand, nur seine kräftigen Scheren ragen aus dem Boden. Geduldig wartet das Insekt. Es genügt, wenn eine Ameise nur den Rand des Trichters zu berühren wagt. Der Ameisenlöwe benützt seinen Kopf wie eine Schaufel, um Sand auf sein zukünftiges Opfer zu werfen. Dieses stürzt ab und wird gepackt. Nach Beendigung der Mahlzeit wirft der Räuber die leere Hülle aus der Falle und harrt erneut der Dinge, die da kommen.

Fliegen dagegen sind die Lieblingsbeute des hübsch gezeichneten Dünen-Sandlaufkäfers. Er hat einen großen Kopf, hervortretende Augen, scharfe Kiefer und lange Beine, die seinen Körper hoch über dem heißen Sand halten und ihn zu einem geschickten Läufer machen. Die Laufkäfer erbeuten ihre Opfer mit Überraschungsangriffen. Wie unangenehm heiß der Sandboden werden kann, hat sicher jeder schon einmal am mittäglichen Strand erlebt. Nur 5 Millimeter höher ist es bereits um 10 °C kühler als direkt am Boden. Es lohnt sich also auch für kleine Tiere, sich ein wenig in die Höhe zu recken.

Sandwespen sind große Insekten mit dünnem Hinterleib, die in den Dünen ihre Nester anlegen. Dorthin bringen sie eine gelähmte Raupe oder Heuschrecke als Nahrungsvorrat für ihre Larven. Dabei legen sie vor der Bruthöhle jeweils ihre Last ab, sehen nach, ob die Luft rein ist, und ziehen ihre Beute erst dann ins Nest hinein. Daß es sich dabei um keine bewußte, sondern eine reine Instinkthandlung handelt, kann der »gehässige« Beobachter leicht aus-

Die Schmalblättrige Zistrose, Charakterelement und Namensgeberin der korsischen Macchie.

Der Gelbe (Nickende) Sauerklee, ein Einwanderer aus Südafrika, ist im mediterranen Kulturland überall verbreitet.

Die Früchte des Erdbeerbaums schmecken ziemlich fad.

Die Steineiche, einst der dominierende Baum am Mittelmeer.

Die Sternhaarige Zistrose ist eine von mehreren Arten mit etwas knittrigen, rosa Blüten.

Das Harz des Mastixstrauchs, einer Pistazienart, war vor dem Kaugummi ein beliebtes Kaumaterial im Orient.

probieren: Rückt er das Vorratstier nämlich während des »Kontrollgangs« der Wespe ein wenig zur Seite, so findet es diese zwar rasch wieder, schleppt es aber nun nicht sofort in die Nesthöhle, sondern legt es am Eingang wieder ab und sieht wiederum im Nest nach (obwohl sie erst vor wenigen Sekunden drinnen war). Ist das Vorratstier nun zum 2. Mal weggerückt, wird die Wespe eine 3. Kontrolle machen usw. Hier läuft stur das Programm »vor dem Nest Beute ablegen und nachschauen« ab.

Neben all den Jägern und Gräbern bevölkern natürlich auch Mist und Aas verwertende Spezialisten die Dünen. In diesem Lebensraum, der arm an natürlichen Ressourcen ist, geht nichts verloren. Einer der besten Sammler von Abfällen aller Art ist die *Pimelia* aus der Familie der Schwarzkäfer. Wenn die Sonne untergeht, beginnt die Käferpatrouille auf der Suche nach etwas Verwertbarem große Gebiete des Strandes abzusuchen. Ein Tageskreislauf hat sich abermals geschlossen.

Vegetation

Mehr als 2500 Blütenpflanzenarten sind aus Korsika und Sardinien bekannt, wovon etwa 350 endemisch sind. **Endemiten** sind Arten oder Unterarten, die nur in einem eng begrenzten Raum vorkommen; Inseln und hohe Berge neigen durch ihre Isolierung grundsätzlich dazu, viele solcher Sonderformen auszubilden. Die meisten dieser Endemiten sind in Sardinien und Korsika heimisch, manche beschränken sich aber auf nur eine der Inseln oder ein noch kleineres Areal. Wegen dieser Eigentümlichkeit bilden Korsika und Sardinien eine eigene »korsardische« oder »cyrnosardische« Florenprovinz. Endemiten müssen durchaus nicht selten sein, manchen auffallenden von ihnen begegnet man im geeigneten Lebensraum an »jeder

Ecke«, z.B. der Korsischen Nieswurz (S. 62), dem Korsischen Ginster (S. 65), der Pankrazlilie (Felsen-Trichternarzisse, Steinhyazinthe S. 114) oder dem Klebrigen Ziest (S. 71). Bis auf die Berglagen gehören beide Inseln zur mediterranen Vegetationszone. Sommertrockenheit, hohe Sonneneinstrahlung und milde, feuchte Winter sind wichtige klimatische Gegebenheiten, an welche sich die Pflanzen im Mittelmeerraum anpassen müssen. Grundsätzlich ist diese Situation für sie ungünstig, da Feuchte und Temperaturoptimum zu verschiedenen Jahreszeiten auftreten. Die Antwort vieler Gewächse darauf sind immergrüne, ledrigderbe Blätter, die in der Lage sind, jede kurzzeitig günstige Situation zum Wachstum zu nutzen und bei Hitze die Wasserabgabe einzuschränken. Außerdem sind die Spaltöffnungen in das Blatt eingesenkt, verdickte Wände, Wachsüberzüge und Behaarung verhindern die Transpiration über die Oberfläche. Ein Einrollen der Blätter (Erika, Rosmarin) schafft einen für Wind und Verdunstung schwer zugänglichen Raum. Rutensträucher wie die Ginster haben stark rückgebildete Blätter, ihre Stengel enthalten Chlorophyll und dienen der Photosynthese. Wechseln die Hartlaubgehölze ihre Blätter in 2- bis 4-jährigem Rhythmus, haben sich weichblättrige Arten auf eine Sommerruhe eingestellt und werfen bei zunehmender Dürre ihre Blätter ab. Viele Pflanzen weichen der Dürrezeit völlig aus. Einjährige Kräuter überdauern als Samen und schließen ihren Vegetationszyklus oft in nur wenigen Wochen ab. Die mehrjährigen sind meist Zwiebel- oder Knollengewächse und überdauern den Sommer unterirdisch in dieser besonderen Form der Sproßachse. Die meisten von ihnen öffnen ihre farbenprächtigen Blüten im zeitigen Frühjahr (z.B. Orchideen, Schwertlilien, Schachblumen und andere Liliengewächse).

Der Herbst gibt das Startsignal für die Blühperiode im Tief- und Hügelland. Zwiebelgewächse wie Herbstzeitlose und Meerzwiebel (S. 133), Neapolitanisches Alpenveilchen, manche Aronstabgewächse und einige Bäume blühen im Oktober, der Großteil der Pflanzen aber im Frühjahr.

Im Küstengebiet ist die Hauptblühzeit vorwiegend der April, im Hügelland der Mai und im Gebirge der Juni.

An und für sich besitzt der mediterrane Wuchsbezirk kein ausgesprochenes Waldklima, die Bäume stehen lichter und lokkerer als in anderen Vegetationszonen und zeigen die auffällige Neigung zu verbuschen. Charakteristisch für die immergrünen Wälder sind Stein- und Korkeiche (S. 92). Heute sind ihre verbliebenen Reste nur noch selten in einem Zustand, der den Namen Wald rechtfertigt. Meist handelt es sich um Büsche, die mit allerlei anderem Strauchwerk eine dichte, undurchdringliche Lebensgemeinschaft bilden, die **Macchie**. Sie ist ein Buschwerk von 1,5-5 m Höhe, zeigt fast ununterbrochene Vegetationstätigkeit und überzieht die Landschaft wie ein grüner Pelz. Ursprünglich waren diese Macchien vor allem in Küstennähe verbreitet, zum Großteil sind sie inzwischen die Reste der ehemaligen Wälder. Trotz der Anpassung der meisten Gewächse an sommerliche Trockenheit liebt auch die Macchiengesellschaft nach Möglichkeit feuchtere Standorte. Je trockener es ist, desto lichter und schütterer wird das Gebüsch. Hauptbestandteil der Macchie sind immergrüne Sträucher mit steifen (sklerophyllen) Blättern. Diese Hartlaubvegetation ist keine Erfindung des Mittelmeerraumes, sondern kommt auch in anderen Winterregengebieten (Kalifornien, Südafrika usw.) vor. Im feucht-warmen Tertiär waren diese Pflanzen bereits vorhanden, spielten aber nur eine Nebenrolle an trockenen Standorten. Erst das sommertrockene Klima mit kurzzeitigen Frösten im Winter, das sich im Pliozän entwickelte, führte zur Dominanz der an solche Bedingungen bereits angepaßten Gewächse.

Eine besondere Rolle spielte in Korsika die Baumheide. Dieser häufige besenartige Macchiestrauch, der Silikatboden bevorzugt, bildete laut Pollenanalysen nach der letzten Eiszeit ausgedehnte Wälder, bis ihn

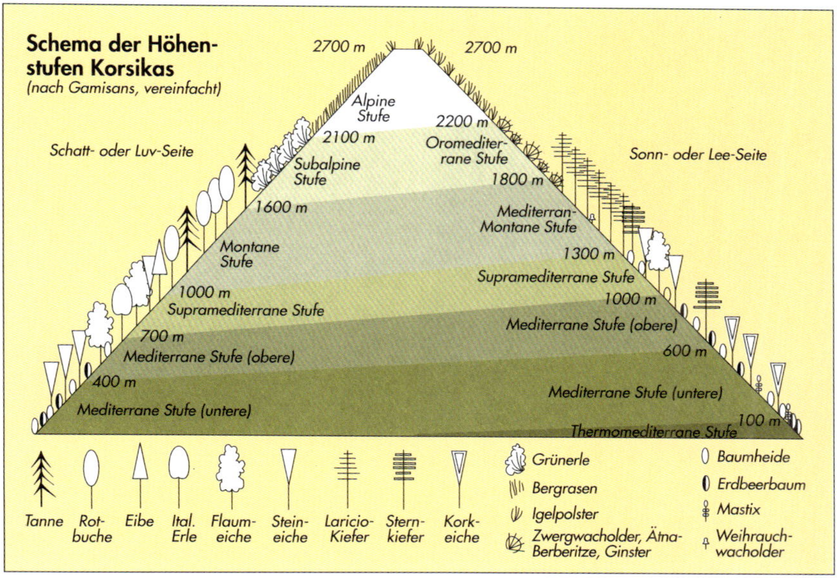

die Steineiche ablöste. Nahe den Calanche stehen noch einige dieser Baumheide-Bäume. Der Mensch nutzt das Wurzelholz der Baumheide zum Schnitzen von exquisiten Bruyère-Pfeifenköpfen, da es schön gemasert und wegen seines hohen Kieselsäuregehaltes schwer brennbar ist.

Bei ungünstigen Bedingungen erreichen die Büsche nur mehr 1,5-2 m, man spricht von der »niederen Macchie«. Häufig sind hier mehrere Ginster- und Zistrosenarten. Der Ausdruck »Macchie« stammt möglicherweise vom korsischen Namen für die Zistrose, »Mucchiu«. Manchmal ist ein »Trittbrettfahrer» zugestiegen, der Zistrosenschmarotzer. Dieser Wurzelparasit fällt durch seine gelben Blüten und roten Schuppenblätter auf, denn Blattgrün benötigt er wie alle Vollschmarotzer keines – er sitzt ja sozusagen am »gedeckten Tisch«. Ist die Macchie durch ihren Strauchwuchs an sich schon sehr dicht, so machen bestachelte und bedornte Lianen wie die Stechwinde diesen Lebensraum vollends unzugänglich.

Werden menschliche Einflüsse, wie etwa die Beweidung, stärker oder ist der Boden felsig und trocken, weicht die Macchie einer Zwergstrauchgesellschaft, der **Garrigue**. Sie zählt durch die raubwirtschaftliche Nutzung der Wald- und Macchienbestände heute zu den kennzeichnendsten Vegetationsformen im Mittelmeerraum. An ihrem Aufbau beteiligen sich kümmerliche Macchiesträucher, aromatische Gewürzkräuter wie Thymian, Lavendel und Rosmarin sowie zahlreiche Zwiebel- und Knollenpflanzen (Geophyten) als farbenprächtiger Aufputz.

Die Vegetation im Gebirge

In Gebirgen verändern sich mit zunehmender Höhe die klimatischen Bedingungen und damit die Pflanzenwelt, die so eine Abfolge von Höhenstufen bildet. Mit zunehmender Höhe verbessert sich die Wasserversorgung der Pflanzen im Sommer,

Die wildlebenden Hausschweine erhoffen zutraulich ein paar Reste aus den Brotzeitsäkkchen der Touristen.

und im Winter wird es kälter. Die mediterrane Flora endet daher, je nach Sonneneinstrahlung am Nord- oder Südhang, etwa zwischen 600-900 m und wird von den Gewächsen der **supra- (oder sub-)mediterranen Höhenzone** abgelöst. Typisch sind laubwerfende, winterkahle Bäume wie Flaumeiche und Manna-Esche (S. 62), dazu gesellen sich die vor allem in der korsischen Castagniccia als Kulturbaum weitverbreitete Eßkastanie und als Nadelbäume Stern- und Schwarzkiefer (s.S. 82). Im stark entwaldeten Sardinien sind diese Wälder bis auf wenige Relikte verschwunden, Korsika gilt dagegen als – für mediterrane Begriffe – Waldparadies. Bevorzugt durch seine unzugängliche Gebirgsstruktur, blieb in keinem anderen Land am Mittelmeer so viel Wald erhalten wie in Korsika.
Oberhalb der supramediterranen folgt die montane **Gebirgswaldzone**. In schattigen Lagen wachsen dort Buche und Tanne, der dominante Baum dieser Zone aber ist die Korsische Schwarzkiefer, die in Korsika einige prächtige Wälder bildet. In Sardinien hingegen fehlen natürliche montane Gebirgswälder, Buche und Schwarzkiefer haben die Insel nicht mehr erreicht. Über der Waldgrenze liegt wie in den Alpen die Region der **Zwergsträucher**. An feuchten Stellen bilden Grünerlen dichtes Buschwerk, an Sonnenhängen wächst stacheliges Gestrüpp wie Ginster und die endemische Ätna-Berberitze (S. 69). Das Überhandnehmen bedornter, stechender Arten ist eine Folge der seit Jahrtausenden erfolgenden almwirtschaftlichen Beweidung, durch die wohlschmeckend-zarte Arten schneller weggefressen werden. Die Gipfelhänge schließlich sind meist mit **Polstern** und dornigen Kugelbüschen bewachsen, in geschützten Lagen mit **Bergwiesen**. Der polsterartige Wuchs ist ein wirksamer Schutz gegen die extremen Witterungen auf den Bergen; die Pflanze schafft sich ihr eigenes Mikroklima und wird durch den ständigen Wind nicht so stark ausgetrocknet. Kleine Kräuter (z.B. Veilchen) profitieren ebenfalls von diesem Schutz und strecken ihre Blüten zwischen den Polstern hervor. Diese Anpassung an Austrocknung, Wind und Wetter erlaubte den Dornkugelpolstern die Besiedlung eines weiteren unwirtlichen Lebensraums, die Küstenfelsen. Diese Igelpolsterfluren auf den umtosten Felskaps der Mittelmeerküsten (z.B. Bonifacio, Capo Caccia) sind weltweit einmalig.

Fauna

Säugetiere

Korsika und Sardinien sind, wie lange vom Festland getrennte Inseln allgemein, deutlich artenärmer als Italien oder Frankreich. Hier fehlt etwa die Hälfte der europäischen Säugerarten, z.B. Eichhörnchen, Maulwurf, Fischotter, Dachs, Bär und Wolf. Von den vorhandenen hat der Mensch die größeren stark dezimiert oder gar ausgerottet. Zu sehen bekommt man daher vor allem Haustiere (Schafe, Ziegen) und die frei durch die Wälder streifenden Hausschweine. Alle

Wildtiere sind dagegen selten und scheu. Im Dickicht von Macchie und Laubwäldern verbergen sich die Lieblinge der Jäger seit Obelix' Zeiten, die Wildschweine (S. 114), von denen aber nur noch wenige Exemplare ihr Maximalgewicht von etwa 100 kg erreichen. Sie kreuzen sich immer wieder mit den freilebenden Hausschweinen, die so eine bunte Palette an Farben und Borstenlängen aufweisen.

Zahlreiche Tierarten bildeten eigene Inselrassen oder Unterarten aus, die meist etwas kleiner sind als ihre festländischen Verwandten. Unter den Säugetieren ist dies bei Wildkatze, Fuchs, Wiesel und Siebenschläfer der Fall. Außerdem beim korsischen Rothirsch, der nur in winzigen Rückzugsgebieten Sardiniens überlebte. Seit einigen Jahren wird er in geeigneten Biotopen wieder angesiedelt, ebenso wie der im 17. Jh. eingeführte und 1969 wieder ausgerottete Damhirsch. In unzugänglichen Gebirgsabschnitten konnte sich die westlichste Wildschaf-Unterart in die Gegenwart retten, der Mufflon (s.S. 65). Die inzwischen streng geschützten, eleganten Kletterkünstler bilden nun wieder einige große Rudel im Bergland der Inseln. »Streng geschützt« ist allerdings nur als relativer Begriff zu verstehen.

Vögel

Vögel haben im Gegensatz zu Bodentieren keine Probleme, Inseln zu besiedeln, und dementsprechend weisen Sardinien und Korsika eine reichhaltige Vogelwelt auf. Für den Besucher ist sehr attraktiv, daß Felsküsten, watvogelreiche Lagunen und Gebirge nah beisammen liegen, so daß in kurzer Distanz jeweils viele Arten zu sehen sind. Besonders das stark gegliederte Korsika bietet viele unterschiedliche Lebensräume, daher nisten 127 Arten auf der Insel. Im wesentlich größeren Sardinien sind es »nur« etwa 140 – hier fehlen vor allem die Gebirge. Etwa 15 Arten bilden eine eigene Rasse aus, darunter der Zitronengirlitz, dessen korsische Unterart auch als endemische Art wie der Korsenkleiber (s.S. 75) angesehen wird. Zusätzlich sind die Inseln wichtige Trittsteine für den Vogelzug. Korsika ist zum Frühjahrszug besonders interessant, da die schmale Halbinsel des Cap Corse die Schwärme kanalisiert, was für die Beringung genutzt wird. In Sardinien ist der Herbstzug bemerkenswerter. Die Eleonorenfalken (s.S. 106) nutzen den Umstand, daß ihnen das Futter sozusagen »ins Maul fliegt«, aus: Sie brüten im Hochsommer und füttern im Herbst die Jungen. Inseltypisch sind natürlich Seevögel von besonderem Interesse, da viele an den Küsten nisten oder über dem Meer gut zu beobachten sind. Der sommerliche Touristenansturm und die damit einhergehende Umgestaltung der Küsten zerstört allerdings manche Brutplätze. Zum Glück ist ein großer Teil unzugängliche Steilküste, so daß solche Brutplätze nicht gefährdet sind. Die Lagunen und Strandseen werden von einer Fülle von Watvögeln bevölkert und gehören daher zu den europaweit besonders schützenswerten Biotopen. Die bis heute erhaltenen Restbestände der

Gelbschnabel-Sturmtaucher.

Der Halbfingergecko flitzt mittels Haftlamellen und Krallen an den Hauswänden hinter kleinen Insekten her.

einst ausgedehnten Feuchtgebiete sind zwar nicht mehr von direkter Trockenlegung bedroht, stattdessen jedoch von Salinen, Industrieanlagen und wuchernden Städten. In der Summe macht das nicht allzuviel Unterschied. Da aber Strandseen überall seltener werden, und durch Schutzmaßnahmen einige Arten sogar zunehmen, sind die sardischen Seen fast das ganze Jahr über gut besucht. So überwintern etwa Flamingos (S. 132) nicht mehr nur wie früher, sondern leben seit 1993 ganzjährig an den Stagni. Eine zweite Besonderheit versteckt sich im Schilf der Strandseen: das Purpurhuhn (S. 136).

Sehr selten geworden sind die großen Greifvögel. Steinadler kreisen noch einige über den Bergen, aber Habichtsadler brüten nur noch wenige Paare. Gänsegeier (s.S. 98) halten sich in kleinen Kolonien in Westsardinien, während einige Bartgeier in den korsischen Bergen wiederangesiedelt wurden. Seeadler sieht man nur noch zur Zugzeit, während die Fischadler Nordwest-Korsikas ihre Gruppenzahl halten können. Intensive Betreuung ermöglicht also zumindest einigen der großen, majestätischen Greifvögel ein gedeihliches Auskommen.

Reptilien

Das warme Mittelmeergebiet mit seinen Buschlandschaften und guten Verstecken zwischen den vielen Steinen bietet Reptilien günstige Lebensmöglichkeiten, vor allem Eidechsen sind sehr häufig. Die Artenzahlen sind aber – wie bei den Säugern – wesentlich geringer als am Festland: 18 in Sardinien und 11 in Korsika. Groß dagegen ist der Endemitenreichtum, beinahe alle Arten bilden zumindest eine eigene Inselrasse aus.

Die Allerweltsechse Sardiniens ist die Ruineneidechse, in allen Lebensräumen zu Hause und mit einer Netzzeichnung ähnlich den Tieren Süditaliens. In Korsika beschränkt sie sich dagegen auf die Tieflagen. Als Kulturfolger nützt sie den Wohlstandsmüll als Lebensraum, und leere Konservendosen sind bei Gefahr willkommener Unterschlupf. Die häufigste Eidechse Korsikas ist die Tyrrhenische Mauereidechse (S. 65), ein Endemit der beiden Inseln. Sie lebt von der Küste bis in 1800 m Höhe in jedem Biotop und variiert erheblich in ihrer Färbung, von grün getupft bis gestreift. In den Bergen Korsikas, von 500 m aufwärts, lebt die Tyrrhenische Gebirgseidechse. Nur bei Porto und in SW-Korsika findet man sie auch auf Felsen in Meeresnähe. In Sardinien bildet sie 3 voneinander getrennte Unterarten im Tiefland der nördlichen Gallura, am Monte Limbara und im Gennargentu. Die kleine Zwerg-Kieleidechse ist kaum jemals zu entdecken und fast nur um Bonifacio und Bosa zu sehen. Ähnlich versteckt lebt der winzige Blattfingergecko. Der Europäische Halbfinger ist in Sardinien weitverbreitet und leicht zu beobachten, wenn er im Schein der Straßenlampen auf den Mauern umherklettert. Der Mauergecko beschränkt sich in beiden Inseln dagegen auf die unmittelbare Küstennähe.

Skinke gibt es nur in Sardinien; sowohl der kräftige Gefleckte Walzenskink als auch die schlanke, fußlose Erzschleiche (S. 104) leben in sonnigen, mit allerlei Gestrüpp bewachsenen Hainen und in verwildertem Kulturland. Die Europäische Sumpfschildkröte (S. 54) ist im Tiefland der Inseln an beinahe jedem noch halbwegs naturnahen Flüßchen zu finden, ebenso in den Süßwasserabschnitten der Strandseen. Die Griechische Landschildkröte (S. 127) würde in allen trockenen Biotopen vorkommen. In Korsika ist sie jedoch selten geworden und wird nun in einer Pflegestation im Asco-Tal aufgezogen und wieder ausgesetzt. Die Breitrandschildkröte hat dagegen irgendwann der Mensch mitgebracht, es gibt sie nur in der Gallura und am Capo Caccia.

Die häufigste Schlange der beiden Inseln ist die Gelbgrüne Zornnatter, eine flinke und aktive Jägerin, von der Küste bis in die Bergwälder zu Hause. Neben der gelb getupften Nominatform gibt es auch eine schwarze Unterart, die etwa im Süden Korsikas zu sehen ist. In der sommerlichen Trockenzeit findet man die Schlangen vermehrt in Wassernähe. Immer beim Wasser lebt dagegen die Korsische Ringelnatter, eine der 9 europäischen Ringelnatter-Unterarten. Sie ist dort vor allem hinter Scheibenzünglern und Laubfröschen her, die auch der Vipernatter schmecken. Diese in Korsika fehlende westeuropäische Schlange hält sich wie die osteuropäische Würfelnatter ebenfalls gerne beim und im Wasser auf. Ihre Rückenzeichnung ähnelt der Kreuzotter. Giftschlangen fehlen jedoch in Sardinien und Korsika. Nur noch die Äskulap- und die Hufeisennatter haben zwei kleine, gefährdete Vorkommen in Sardinien.

Amphibien

Die Amphibien beschränken sich in diesen sommertrockenen Ländern vor allem auf die verbliebenen Feuchtgebiete, nur wenige kommen auch in trockenem Gelände zurecht, wie etwa die Wechselkröte (S. 93), die aus der asiatischen Steppe stammt. Sie ist vermutlich vor 4-5 Mio. Jahren eingewandert, als das Mittelmeerbecken teilweise ausgetrocknet war, und lebt durch ihre hohe Salzverträglichkeit (auch des Laichs) sogar in Dünengebieten. In Sardinien und Korsika besiedelt sie außerdem die Lebensräume der dort fehlenden Erdkröte.

Da die Feuchtgebiete der Inseln schon lange von jenen des Festlands getrennt sind, haben sich eigene Arten herausgebildet. Bäche der höheren Lagen bewohnen Korsischer bzw. Sardischer Gebirgsmolch. Die an den Gewässern quakenden „Frösche“, sind oftmals keine, sondern mit den Unken verwandte Scheibenzüngler, die auf den ersten Blick aber fast wie »gewöhnliche« Grasfrösche aussehen. Diese recht ursprünglichen Lurche können ihre Zunge noch nicht vorschnellen lassen, daher ihr Name. Der Artstatus von Sardischem und Korsischem Scheibenzüngler sowie ihre Verwandschaft zum Gemalten Scheibenzüngler aus Spanien werden der-

Die Gelbgrüne Zornnatter, eine häufige und ungiftige Schlange der beiden Inseln.

Der blaue Schimmer des Blauschwarzen Eisvogels ist ein Effekt der Lichtbrechung.

zeit gerade untersucht. Der Korsische Scheibenzüngler scheint sich auf Korsika zu beschränken und lebt in turbulenten Bächen von 300-1900 m Höhe, wo er sich im Uferbereich unter Steinen und Holzstücken versteckt. Er ist akut bedroht, da immer weniger naturbelassene Bäche übrigbleiben. Der Sardische Scheibenzüngler kommt auf beiden Inseln von der Küste bis 1300 m vor.

Der Feuersalamander ist vermutlich vor 1 Mio. Jahre in Korsika eingewandert und besiedelt feuchtkühle, höhere Lagen (bis 1700 m). Auch er bildete eine eigene Rasse aus. Eine Rarität Sardiniens ist der Schleuderzungensalamander, ein lungenloser Lurch, der in kleinen Höhlen und feuchten Felsspalten lebt (s.S. 105). Seine wegen dieser Ansprüche sehr isolierten vier Populationen gelten seit einigen Jahren als jeweils eigene Art.

Wirbellose

Extensiv beweidete Flächen und Trockenwiesen sind von einer Fülle von Gliedertieren bewohnt, die eine wichtige Basis in der Funktion von Ökosystemen bilden. Auffallend sind vor allem die größeren Bewohner offener Biotope, wie Heuschrecken und Schmetterlinge. Besonders farbenprächtig sind der ab Sommer fliegende Erdbeerbaumfalter und die Schwalbenschwänze. In Sardinien und Korsika lebt, wo Rutenkraut (S. 47) wächst, neben dem Gewöhnlichen der endemische Korsische Schwalbenschwanz. Anspruchslose Kulturfolger sind Segelfalter und Blauschwarzer Eisvogel. Manche Arten können zur Plage werden, Schwammspinnerraupen z.B. ganze Korkeichen kahlfressen. Sowohl schöne als auch seltene Arten erhalten immer mehr Probleme mit der Jagd – nicht der mit dem Gewehr, sondern jener mit dem Sammelgefäß. Besonders in Sardinien hat Schmetterlingssammeln in den letzten Jahren bedrohliche Ausmaße angenommen.

Im Frühjahr brummt es um jeden Misthaufen: Pillendreher schwirren herbei, um sich eine Kugel als Vorrat für ihre Larven zu rollen, während Nashornkäfer und Stierkäfer ihre Brutkammern gleich unterm Mist anlegen und sich so von der Speisekammer gar nicht mehr entfernen. Viele Insekten bilden merkwürdige Formen aus, etwa die Nasen- oder Turmschrecke (S. 65) mit vorstehenden Fühlern und die Fangschrecke *Empusa* mit überlangem »Hals« (der aber ein Teil des Brustkorbs ist) und einer Art Helm am Kopf. Beutetiere halten diese Formen wohl für ein Stück Holz und nicht zu einem Lebewesen oder gar Räuber gehörend. Nach der Devise »tarnen und täuschen« leben auch die Gespenstschrecken, kleine Stabheuschrecken, die sich wie ein Ästchen geben und sich ruckartig (wie im Wind schaukelnd) fortbewegen; und selbst die lärmenden Zikaden, deren nervtötendes Zirpen im sommerlichen Olivenhain nicht zu überhören ist, folgen ihr: Rindenfarben graubraun, sind sie zwar sehr wohl zu hören, aber kaum zu entdecken.

Entwaldung

Überall, wo der Mensch seinen Fuß hinsetzte, veränderte er die natürliche Umgebung, und in einem 5000 Jahre alten Kulturraum wie rund um das Mittelmeer ist das besonders gut zu sehen. Bereits antiker Schiffsbau, Erzverhüttung der Bergwerke und Beweidung hinterließen ihre Spuren. Im gebirgigen Korsika blieben diese Auswirkungen aber auf die Tieflagen beschränkt, und in den Bergen ist noch einiger Wald erhalten. Sardinien dagegen wurde im späten 19. Jh. in wenigen Jahrzehnten hemmungslos entwaldet, als Unternehmen die ehemaligen Besitzungen spanischer Feudalherren billig aufkauften und ratzekahl abholzten. Die italienische Eisenbahn war ein Großabnehmer, ihre Schwellen verschlangen ungeheure Holzmengen. Der Rest der Wälder verschwand in Holzkohlemeilern. Was übrigblieb, waren einige Kastanien- bzw. Korkeichen- »Kulturwälder« und kümmerliche Reste an unzugänglichen Stellen. Davon hat sich das ausgeplünderte Land bis heute nicht erholt.

Feuer

Jedes Jahr berichten die Medien von Waldbränden, die in den trocken-heißen Sommern großen Schaden anrichten. An sich ist Feuer in allen mediterranen Klimazonen der Welt ein natürlicher ökologischer Faktor, und die vorherrschende Vegetation hat sich an zeitweilige Feuerkatastrophen angepaßt. Die meisten Macchiepflanzen können z.B. nach Bränden rasch wieder ausschlagen, und manche Arten brauchen sogar frische Brandflächen, um überhaupt keimen zu können. Diese natürlichen Brandereignisse hat jedoch der Mensch durch sein Eingreifen vervielfacht, aus Unachtsamkeit oder beabsichtigt, etwa zur Weidelandgewinnung und zur Bodenspekulation. Damit bilden Feuer und Siedlungsdruck nun eine Allianz, um die Vegetation zu zerstören. Aufforstungen mit schnellwüchsigen, für die Holzwirtschaft daher interessanten Kiefern, die aber viel leichter brennen als Eichenwälder, tragen auch nicht zur Feuereindämmung bei. Da nützen selbst die breiten Brandschutzstreifen, die sich als glattrasierte Schneisen über die Hänge ziehen, nur wenig.

Vom Menschen eingeführt

Vieles, was heute zum Flair des Mittelmeerraums gehört, war einst in dieser Landschaft nicht vorhanden. Ob hohe Palmen, leuchtende Bougainvilleen, gelbe Akazien, stachelige Opuntienhecken – sie alle hat erst der Mensch mitgebracht, auch wenn sie hier inzwischen seit Jahrhunderten heimisch sind. Selbst Orange und Zitrone sind nicht ursprünglich. Sie stammen aus Südostasien und kamen vermutlich unter Alexander dem Großen in den Westen, ebenso Reis und Baumwolle. Die einzige in Sardinien und Korsika heimische Palmenart ist die Zwergpalme (S. 124), alle andern sind importiert, besonders häufig die Kanarische Dattelpalme, da sie robuster als die echte Dattelpalme ist; ihre Früchte sind jedoch ungenießbar. Aus Amerika stammen Agave und Feigenkaktus (Opuntie), längst zu Unkräutern verwildert. Die Opuntien dienen oft als lebender Zaun und liefern im Herbst die beliebten Kaktusfeigen, vor deren Genuß aber eine ausgiebige Schälkur steht, um die nadelspitzen Hohlstacheln (Glochidien) zu entfernen.
Australien lieferte als botanische Neubürger die Akazien, deren gelbe Puderquastenblüten die Landschaft verschönern. Weniger harmlos sind die verschiedenen Eukalypten, von manchen gar als »ökologische Terroristen« beschimpft. Die Möglichkeit, das schnellwüchsige Holz einiger

Jeden Sommer dasselbe Desaster am Mittelmeer – Feuer. Hier abgebrannte Bäume im Foret d'Ospedale (Co).

Sorten bereits nach etwa 25 Jahren zu ernten, macht sie für die Holzverarbeitung sehr attraktiv. Sie laugen jedoch den Boden stark aus, und die ätherischen Öle der schwer zersetzbaren Blätter versauern zusätzlich den Untergrund. Dadurch werden viele heimische Mikroorganismen getötet, während Destruenten aus Australien, die mit diesem Abfallprodukt fertig würden, größtenteils fehlen.

Südafrika hat ebenfalls erfolgreiche Einwanderer gestellt: Der Gelbe Sauerklee (S. 32) hat sich als Kulturfolger in den Fußstapfen des Menschen überall breitgemacht, während die Mittagsblumen felsige Küstenstandorte besiedeln. Meist wegen ihrer dekorativen Blüten als Ziergewächs gepflanzt, sind sie durch ihre enorme Salztoleranz den einheimischen Strandpionieren überlegen.

Ein erhebliches Problem ist in den letzten Jahren unter Wasser aufgetaucht: Die giftige »Killeralge« *Caulerpa taxifolia*, in Monaco unabsichtlich ins Meer geschwemmt, wird durch Schiffsschrauben und Anker in die Yachthäfen des westlichen Mittelmeers verschleppt, von wo sie sich weiter ausbreiten kann. Durch ihr schnelles Wachstum und den Schutz giftiger Sekrete überwuchert sie rasch die wichtigen Seegraswiesen. Fische und Kleintiere müssen abwandern oder kommen um – ganze Ökosysteme sind so bereits zusammengebrochen.

Kulturpflanzen, Landwirtschaft

Weder Korsika noch Sardinien bieten viele Möglichkeiten intensiver Landwirtschaft. Die meist kleinen Betriebe produzieren in erster Linie für den lokalen Markt und müssen sich zusätzlich der Billigimporte von Großhandelsketten erwehren. Die meisten Kulturen Korsikas stehen auf dem fruchtbaren Schwemmland der Ostküste, Zitrusplantagen mit Orangen, Zitronen und Grapefruit sowie große Weingärten. Den landwirtschaftlichen Schwerpunkt Sardiniens bilden der Campidano-Graben zwischen Oristano und Cagliari mit seinem Schwemmlandboden, die anschließenden sanften Hügel von Trexenta und Marmilla (S. 146) – die Kornkammer der Insel (Mergelboden) – sowie die Halbinsel Sinis.

Der Export von frischem Gemüse und Obst leidet jedoch unter der Insellage; die Betriebe Korsikas und Sardiniens sind jenen auf dem Festland logistisch erheblich unterlegen.

Olivenöl wird vor allem im Norden Korsikas (Balagne) und im Süden Sardiniens gepreßt. Doch sind die Mengen nicht sehr groß, da die drei wichtigen Olivenstaaten Spanien, Italien und Griechenland Kontingente aufteilen und darüber wachen, daß der Nachbar nicht zuviel auf den Markt wirft.

Seit einigen Jahren versucht man, die einst üppigen Kastanienwälder der korsischen Castagniccia zu sanieren und wirtschaftlich rentabel zu machen, denn die haltbaren Mandeln, Nüsse und Maroni leiden unter dem Schiffstransport nicht. Das bedeutet aber einen Kampf gegen die »Kastanienpest«, einen 1940 aus Amerika eingeschleppten Rindenkrebs, ausgelöst vom Schlauchpilz *Endothia parasitica*. Überall strecken befallene Bäume ihre teilweise abgestorbenen, kahlen Äste in die Luft.

Die südafrikanischen Mittagsblumen überwuchern durch ihre hohe Salzverträglichkeit die einheimische Vegetation.

Aus den Blüten des Feigenkaktus entwickeln sich schmackhafte, aber nicht ganz einfach zu erntende Früchte.

An den Küsten der Südhälfte Sardiniens steht der wärmeliebende Johannisbrotbaum, der etwa 3 cm breite, 20 cm lange, eßbare Früchte liefert, die Karuben (Bockshörndl). Da die Samenkörner jeweils 190 – 200 Milligramm wiegen, benützte man sie früher als Gewichtseinheit für Gewürze und Gold, Karat genannt. Heute dienen die Früchte als Viehfutter und werden wegen ihrer Quellfähigkeit zu Johannisbrotkernmehl (E 410) verarbeitet, einem Dickungsmittel und Stabilisator.

Einen landwirtschaftlichen Schwerpunkt Sardiniens bilden die Korkeichen, die weite Teile des Landes bedecken (s.S. 90). In Korsika stehen sie in wesentlich bescheidenerem Ausmaß im Süden der Insel, vor allem um Porto Vecchio.

In Korsika hat die Nutzviehhaltung eine Renaissance erlebt; das Fleisch der halbwilden Schweine verkauft sich gut, und die Rinderhaltung wurde stark intensiviert. Sardinien gilt als das Land der Schaf- und Ziegenherden schlechthin.

Von Hirten und Herden – die Beweidung

Rund 3 Mio. Schafe, 2 Mio. Kühe und ein paar hunderttausend Ziegen bevölkern die weiten Hochflächen Sardiniens. Traditionell erfolgt dabei ein Wechsel von höhergelegenen Sommerweiden zu Winterweiden in den Tiefländern (Transhumanz). Die Moderne hat den einst harten Hirtenberuf inzwischen merklich erleichtert; die meisten Almen sind mit Fahrwegen erschlossen, der Viehtransport in die Berge erfolgt mittels LKW, und da Käse wie Lamm sich als begehrte Delikatessen gut verkaufen lassen, können die Hirten von ihren Herden durchaus leben – vor allem wenn diese groß sind. Durch Landwirtschaft und Großgrundbesitz sind die verbliebenen Flächen aber wie häufig im Mittelmeerraum zu klein geworden für die Anzahl der Tiere (z.B. halten die 1000 Einwohner des Bergdorfs Fonni etwa 80.000 Schafe), und die Spuren der Überweidung sind oft zu sehen. Besonders großen Einfluß haben darauf die Ziegen, da sie die jungen Triebe der Büsche abfressen und diese so auf mundgerechter »Krüppelhöhe« halten. Als Folge der Beweidung nehmen wehrhafte »Weideunkräuter« zu, Pflanzen mit Giftstoffen (z. B. Affodill), mit Dornen und Stacheln (z.B. Disteln) oder bitteren ätherischen Ölen.

Jagd

Etwa ab Mitte September schleichen tarnfarben gekleidete, oft martialisch bewaffnete Figuren durch die Macchie. Dabei handelt es sich keineswegs um Vertreter der »korsischen Befreiungsarmee«, sondern um eine andere Invasion, in der große Gruppen vom Festland von Einheimischen kräftig unterstützt werden: Die Jäger sind da, und den Wildschweinen geht es an den Kragen. Ein sardischer Biologe beklagte sich bitterlich:

»Die Horden von Jägern, die vom Festland hereinfallen, schießen völlig ohne Hirn und ohne Ethik auf alles, was sich bewegt. Auf 1 Fasan kommen 10 Jäger, einer erwischt ihn da sicher.« Kaum noch ein Wildschwein (S. 144) hat die Chance, bis zur vollen Größe zu überleben, selbst Mufflons (s.S. 69) und die wenigen Hirsche sind zur Jagdsaison ihres Lebens nicht mehr sicher, und wehe dem Vogel, der in den Bereich der Flinten gerät. »Massenwilderei« nennen verärgerte Naturschützer diesen Zustand, der sich aber so schnell wohl nicht ändern wird.

Naturparks und Umweltschutz

Als in den 60er Jahren der Tourismus in **Korsika** Fuß faßte, gab es bald hochfliegende Entwicklungspläne. An den Traumküsten sollte sich ein Hotel an das nächste reihen, Bettenburgen samt Zufahrten waren auch an den idyllischen Gebirgsseen geplant. Eine Spekulationswelle überrollte das Land, bis das System zusammenbrach. Erheblichen Anteil daran hatten aber auch die Korsen selbst, denn als sie bemerkten, daß vor allem festländische Investoren die Gewinne machten, verloren sie die Lust an dem Projekt, und eine entschlossene naturbewußte Bewegung bemühte sich um Unterschutzstellung großer Gebiete. Hinzu kam erhebliche Unsicherheit, nachdem die Extremisten der korsischen Befreiungsfront die Großbauprojekte als Ziel für Sprengstoffanschläge entdeckt hatten. Eine Welle der Betonlava, wie sie etwa die Riviera oder die spanische Mittelmerküste überschwemmt hatte, konnte in Korsika daher verhindert werden.

Das »Conservatoire du Littoral«, die Behörde zum Schutz der Küsten, erwarb daraufhin weite Küstenabschnitte, und im Inland wurde 1969 der »Parc Naturel de la Corse« geschaffen. Er vergrößert sich seither ständig und umfaßt inzwischen mit etwa 3000 km² rund ein Drittel der Insel. Zum Park gehören das gesamte Bergland und ein Teil der Castagniccia, 140 Gemeinden sind daran beteiligt. Er ist kein Nationalpark – spezielle Naturschutzgebiete sind eigens ausgewiesen (Halbinsel Scandola, manche der vorgelagerten Inselchen) –, sondern dient sowohl dem Natur-, Arten- und Landschaftsschutz als auch der Erhaltung von Kulturgütern, der Brandverhütung, der Förderung traditioneller landwirtschaftlicher Produkte und der Entwicklung eines sanften Tourismus. In der Saison betreibt die Parkverwaltung Informationsstellen in Corte, Calvi und am Beginn des Asco-Tals. Die Zentrale in Ajaccio verschickt und verteilt weitere Informationen, vornehmlich zu Wandermöglichkeiten:

- 2 rue Major Lambroschini BP 417
  20 184 Ajaccio CEDEX 1, Tel.: +33-(0)495-517910, Fax +33-(0)495-218817,
  E-Mail: infos@parc-naturel-corse.com,
  Internet: www.parc-naturel-corse.com

Sardinien ist von solch einem vorbildlichen System noch weit entfernt, obwohl sich auch hier Naturschutzbewegungen um Schutzgebiete bemühen. Zwar sind mehrere Regionen als Naturparks deklariert, was aber in der Praxis keine wesentlichen Konsequenzen hat – obwohl man bereits das Bemühen, dort Jagd und Fallenstellerei abzuschaffen, als Erfolg und erhebliche Wohltat für die Tierwelt werten muß. Wirkliche Schutzgebiete sind nur jene kleinen Zonen, um die sich eine verantwortliche Organisation intensiv kümmert. Dies betrifft in erster Linie die Revitalisierung des Stagnos von Molentargius in Cagliari und die WWF-Reservate auf der Sinis und am Monte Arcosu.

Schafzucht hat Tradition in Sardinien,
Fleisch und Käse sind begehrt, die Wolle hat dagegen kaum Wert.

1 Cap Corse

Gebirgige Halbinsel mit reizvoller Steilküsten-Landschaft und kleinen Bergdörfern; Sammelpunkt des Frühjahrsvogelzugs mit sehr vielen Arten

Cap Corse, jener Gebirgsfinger, den Korsika gegen Frankreich reckt, ist 40 km lang, etwa 15 km breit und bis zu 1307 m hoch – ein ebenso malerischer wie unzugänglicher Bergrücken direkt im Meer. Tektonisch gesehen ist die Halbinsel eine Antiklinale, das heißt ein im Zuge der alpinen Gebirgsbildung hinaufgehobener geologischer Sattel. Die dazugehörigen Mulden links und rechts sind bereits unter Wasser und daher nicht mehr zu sehen.

Aufgebaut ist das Kap aus einem bunten Schiefergemisch, von dem im Zuge der Auffaltung zwei Lagen übereinandergeschoben wurden. Unten findet man Glanz- und Grünschiefer, an vielen Stellen freiliegend, sowie Phyllite und Marmor, darüber vor allem Kalke und Konglomerate des Erdmittelalters. Durch das Überschieben ist die Ostseite des Kaps etwas sanfter geneigt und mit mehreren Quertälern versehen; die Dörfer liegen meist an den Hängen dieser Täler, während sich an der Küste früher nur die Häfen befanden. Mit dem Einzug des Tourismus und dem Ausflugsverkehr von Bastia hat sich jedoch die Bedeutung der Siedlungen, wie vielerorts am Mittelmeer, umgekehrt – der übliche Spagat zwischen Dörfersterben und Besucheransturm. Die Westseite ist eine viel stärker gegliederte Steilküste mit nur wenigen, abenteuerlich in den Steilhängen oder auf Felsspornen klebenden Dörfchen.

Wie ganz Korsika profitiert auch die Westküste des Kaps von den Staulagen der nahen Berge sowie dem Wasserspeichervermögen des Schiefers und ist daher selbst im Sommer recht feucht. Es gibt immer wieder Gewitter, und bei Nonza plätschern einige kleine Wasserfälle. Der Einfluß von Wind und Seeluft hat im Granit die übliche Tafonibildung (siehe Einleitung) zur Folge, daher sind einige bizarre Formen und Löcher in den Felsen zu bewundern. Der Prasinitfelsen 2 km südlich von Minervio z.B. ist regelrecht durchsiebt von Tafoni.

Die Genuesentürme entlang der Küsten der Inseln dienten einst als Wachtürme gegen Piraten.

Das Cap Corse ist ein Zentrum des Frühjahrsvogelzugs: Beinahe alles, was Namen und Flügel hat, kommt hier durch, da der schmale Finger die Zugrouten konzentriert und es von hier nur noch wenige Kilometer nach Italien sind, samt einigen dazwischenliegenden Inseln zum Rasten. Das nützen die Ornithologen aus, und jedes Jahr von Mitte April bis Mitte Mai ist die Beringertruppe bei Barcaggio ③ aktiv, um die Tiere zu vermessen und zu markieren.

Pflanzen und Tiere

225 Vogelarten sind am Acqua Tiguese ③ von Mitte April bis Mitte Mai zu beobachten, mehr als die Hälfte der gesamten europäischen Vogelwelt. Häufige interessante Durchzügler sind: Mittelmeer- und Gelbschnabelsturmtaucher (S. 37), Baßtölpel, Kormoran, Krähenscharbe, Rohr- und Zwergdommel, Seiden-, Rallen-, Grau-, Purpur- und Nachtreiher, Weißstorch, Schwarzstorch, Knäkente, Rohr-, Korn-, Wiesenweihe, Fischadler Rotfuß-, Baum- und Wanderfalke, Rothuhn, Stelzenläufer, Fluß-, Sand-, Seeregenpfeifer, Zwerg- und Sichelstrandläufer, Mittelmeer- und Korallenmöwe (s.S. 50), Ziegenmelker, Mauer-, Fahl- und Alpensegler, Bienenfresser (S. 125), Blauracke, Kurzzehenlerche, Felsen- und Rötelschwalbe, Blau-, Braun- (S. 6) und Schwarzkehlchen, Blaumerle, Steinschmätzer, 9 Arten von Grasmücken, Rotkopfwürger, Neuntöter, Pirol, Grauammer), Ortolan.

Die Küstenfelsen des Kaps zeigen das typische Pflanzenkleid; überall sprießen die ab September blühenden Meerfenchel (S. 100) und Strandflieder, die an den Felsen bis auf 50 m Seehöhe klettern können,

Das Rutenkraut (Riesenfenchel) *Ferula*, ein auffallender Brachlandsiedler und von Schmetterlingsraupen geschätztes Gemüse.

begleitet von Rosmarin, Strohblume und Wilder Nelke. Der Großteil der Hänge ist mit einer dichten Macchie bedeckt, und in feuchten, geschützten Lagen haben sich noch größere Niederwaldgebiete erhalten. Dazwischen liegen immer wieder zerstörte und degradierte Flächen, ein Ergebnis von Bränden und Beweidung. An den Straßenböschungen leuchtet im Frühjahr der Gelbe Sauerklee (S. 32), ein Einwanderer aus Südafrika, der die einheimische Vegetation erfolgreich überwuchert. Dazu kom-

Tafoni an der Westküste des Cap Corse nördlich von Conchiglio.

Die Glöckchen des Dreikantlauchs sind in ganz Korsika an schattigen Straßenrändern zu sehen.

men die hohen Stangen des Rutenkrauts mit seinen gelben Dolden, ein auf Brach- und Weideland häufiges Gewächs und zugleich Futterpflanze für die Raupen des Korsischen Schwalbenschwanzes. Kaisermantel und Blauschwarzer Eisvogel (S. 40) flattern ebenfalls um die Blüten. Auf den Brachflächen wetteifern im Mai noch rosa Gladiolen (S. 65) sowie Malven mit gelben Margeriten. Die das Kap querenden Straßen begleitet büschelweise der Dreikant- oder Glöckchenlauch mit seinen graziösen Glöckchen. Er ist überall in Korsika häufig, ebenso wie die Alpenveilchen (Zyklamen, S. 107), die als Unterwuchs ehemaliger Steineichenwälder sowohl im Frühling (Geschweiftblättriges, Blätter erscheinen vor den Blüten) als auch im Herbst (Neapolitanisches, Blüten vor den Blättern) rote Tupfen ins Gelände setzen. An der Ostküste bilden sich an den Talmündungen manchmal kleine Feuchtgebiete, voll mit gelben Sumpfschwertlilien. Gelb blühen auch die Ginsterbüsche an der Küste und die Königskerzen am Straßenrand. Im Herbst reckt eine 2 m hohe Zierform des Pampasgrases (S. 53) in vielen Hausgärten seine buschigen, weißen Wedel in die Höhe.

Eine botanische Besonderheit hat im Tal von Sisco überlebt, der Farn *Woodwardia radicans*, ein auf den Balearen häufigeres Tertiärrelikt feuchtmilder Standorte mit bis zu 2 m großen Wedeln. Alte Mauern des Dörfchens Nonza sind ein klassischer Siedlungsort des seltenen Dreilappigen Zimbelkrauts. Im Gebirge über 1000 m gibt es mehrere Wäldchen mit Eiben und Buchsbaum, sonst selten in Korsika. Dazu kommen Eschen und Stechpalmen mit einem Unterwuchs wie im Buchenwald. Buchen und Laricio-Kiefern, die sonst in dieser Höhe in Korsika üblich sind, fehlen dagegen.

Wie überall ist die Zwergohreule (S. 112) mit ihrem charakteristisch-monotonen »püp« nächtens viel eher zu hören als zu sehen – im Gegensatz zum auffallenden Wiedehopf (S. 51), der in allen Trockengebieten hinter seiner Insektenbeute herjagt. In der Macchie des Berglands grunzen zwar noch manche Wildschweine (S. 114) und schnüffeln nach den Zwiebeln von Krokus und Schopfiger Traubenhyzinthe (S. 65), auf die sie recht gierig sind, doch könnten vom Lebensraum her viel mehr dieser Tiere ihr Auskommen finden – das große herbstliche Halali (bis 1970 wurden sie gar als Schädlinge betrachtet) und zahlreiche Brände sorgen jeweils für eine erhebliche Dezimierung. Man schießt in jeder Gemeinde des Kaps im Schnitt 10 Wildschweine pro Saison, meist Tiere die nicht mehr als 35 kg wiegen. Ausgewachsene Keiler könnten jedoch gut 100 kg auf die Waage bringen.

Im Gebiet unterwegs

Von den beiden Küstenstraßen ist jene im Osten breit ausgebaut, die im Westen eine schmale Aneinanderreihung von Kurven

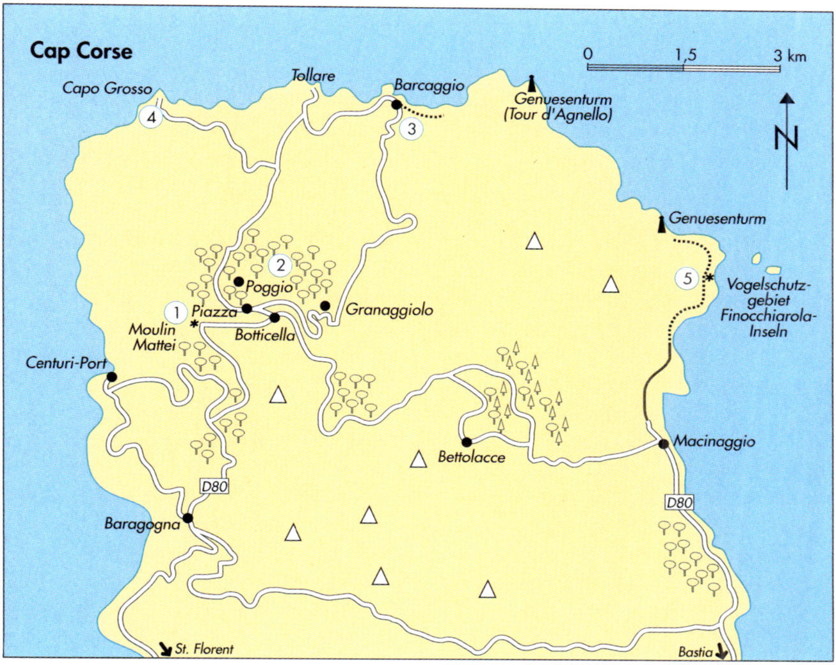

mit schönen landschaftlichen Eindrücken. Bereits einige Kilometer nördlich von Bastia, z.B. bei Lavasina, Erbalunga und dem Tour de Sacro, begegnet man den ersten Felsen des Kaps. Sie ragen aus dem Wasser und zeigen mit ihrer schräg ansteigenden Struktur die Hebungsrichtung des Kaps an. Die dunklen, von Quarzbändern durchzogenen Glanzschiefer erhalten ihren Schimmer durch Glimmer. Der ebenfalls häufige Grünschiefer besteht aus allerlei umgewandelten Silikaten (Quarzverwandten) wie Natronfeldspat, Epidot, Chlorit und Hornblenden. Letztere sind eine Gruppe meist grüner Mineralien, die vielerlei Gesteine aufbauen und dem Schiefer seine Farbe geben. Wesentlich seltener am Cap Corse ist Serpentinit, ein ebenfalls grüner Schiefer aus Olivin und Serpentin. Auf Serpentin haben es Pflanzen schwer, da dieses Material die Aufnahme wichtiger Mineralstoffe in die Wurzeln behindert. Wo also auf grünem Untergrund die Macchie heftig sprießt, ist es »nur« gewöhnlicher Grünschiefer. Bei einem schütteren Bewuchs kann den Pflanzen die Umgebung aber auch aus anderen Gründen nicht zusagen – z.B. zu windig, zu trocken usw.

Von Porticciolio nach Maccinaggio zeigt sich der Einfluß des Nordwest-Windes (»grecale«) immer markanter in der Deformation der Bäume und Büsche entlang der Straße. Die **Finocchiarola-Inseln** nördlich von Maccinaggio sind ein geschützter Brutplatz (betreten verboten) der Korallenmöwe, aber an der umgebenden Küste ⑤ sind die Vögel regelmäßig zu sehen.

In **Maccinaggio** verläßt die Straße die Küste. Bei der Querung des Kaps gibt es

Mittelmeer-, Lach- und Korallenmöwe

Auch wenn man sie zunehmend mitten in Städten sieht – eigentlich sind die Möwen Vögel des Meeres. Doch wird im Meer die Nahrung infolge von Überfischung und Verschmutzung immer knapper, der menschliche Abfall dagegen üppiger. Deshalb finden sich die Möwen inzwischen im Kielwasser der Schiffe und auf den Müllhalden ein. In Sardinien und Korsika ist das Meer aber relativ sauber und fischreicher als an den anderen mediterranen Küsten; daher kann es zahlreiche Meeresvogelkolonien ernähren. Hier fliegen die Möwen also, wo sie hingehören – es fragt sich nur wie lange noch.

Die **Mittelmeermöwe**, Schwesterart der atlantischen Silbermöwe, ist die größte und häufigste Art. Bis über 1,20 m Spannweite, ein fleißiger Fischer, sehr laut und lärmend. Sie verhält sich manchmal wie ein Greifvogel und verfolgt andere Möwen, bis diese ihr Futter fallen lassen. Als Kulturfolger ist sie der häufigste Müllhalden-Besucher und besonders zahlreich in Hafennähe.

Die **Lachmöwe** ist die kleinste der drei Arten, im Sommer leicht an ihrer braunen Maske und rotem Schnabel erkennbar. Wenig mit dem Meer verbunden, lebt sie oft im Landesinneren, frißt gern Insekten und verfolgt die pflügenden Traktoren.

Die **Korallenmöwe** ist die seltenste Möwenart im Mittelmeerraum (etwa 15.000 Brutpaare, die den Weltbestand bilden) und am meisten an das offene Meer gebunden. Am Festland hält sie sich kaum auf, sondern nistet mit Vorliebe auf den Felsen vorgelagerten Inseln, z.B. auf Mal di Ventre vor der Sinis, auf den Inselchen vor der Gallura-Küste oder auf den Finaocchiarola-Inseln vor dem Cap Corse. Sie lebt den Rest des Jahres am Meer, ist im Sommer aber auf Aussichtsfelsen an den Küsten zu sehen. Die meisten Korallenmöwe, etwa 14.000 Paare, brüten in 2 spanischen Kolonien, eine Konzentration, welche die Art für Störungen prinzipiell anfällig macht (derzeit nimmt die Anzahl aber leicht zu). Die italienische Population der Korallenmöwe (etwa 700-800 Paare) ist hauptsächlich um Sardinien zu finden. Die Korallenmöwen sind spezialisierte Fischfresser, ihre Hauptnahrung bilden Sardinen. Diese wiederum ernähren sich jedoch häufig in verschmutzten Gewässern und geben die dort aufgenommene Schadstoffracht an die Vögel weiter, was eine zunehmende Sterilität der Eier zur Folge hat. So kann es vorkommen, daß in schlechten Jahren in den kleinen sardischen Kolonien eine ganze Brutsaison ausfällt.

Korallenmöwe – im Vogelpark. Gute Zoos sind meist eine bessere Gelegenheit für Fotos scheuer Tiere als das Freiland, wo der Fotograf ein erheblicher Störfaktor für die Lebensqualität der Tiere sein kann.

Der Wiedehopf bewohnt offene Macchie sowie lichte Wälder und liebt es warm und trocken.

gute Gelegenheiten, die verschiedenen Regenerationsstadien der Vegetation zu verfolgen. Auf abgebrannte Macchie folgen Kräuterwiesen mit Gräsern und wegen ihrer unterirdischen Speicherorgane vom Feuer unbehelligten Zwiebel- und Rhizompflanzen wie Lilien, Orchideen, Aronstab usw. Mit der Zeit okkupiert der besonders robuste Affodill das gesamte Terrain, dann siedeln sich die ersten Macchiebüsche an. Wenn ihm der Mensch eine Chance läßt, ist in den geschützten Lagen der Steineichenwald, gemischt mit Manna-Eschen (S. 62) und mit wenig Unterwuchs, die Klimaxvegetation – z.B. unter den Weilern von Rogliano, bei Centuri und besonders am Nordhang von **Ersa** hinunter zur Küste ②, wo abends Wachteln und Rothühner über die Straße laufen. Tiefer unten, wo die Lage exponierter ist, folgt wiederum der Übergang zur Macchie. Wie in allen windgefegten Gebieten paßt sich die Vegetation der Windrichtung an. Das ist besonders im Nordwesten des Kaps zu sehen, etwa am **Capo Grosso** ④ oder bei der **Moulin Mattei** ①, der letzten der ehemaligen Kap-Getreidemühlen: Auf der Windseite kämpft dort mickriges Gestrüpp ums Überleben, während im Windschatten meterhohe Steineichen stehen. Vom 390 m hohen Hügel der Mühle, vor allem mit Baumheide, Erdbeerbaum (S. 32), Zistrosen, Dornigem Wundklee, Wolfsmilch und windendem Geißblatt bewachsen, genießt man eine weite Aussicht. Ein besonders lohnendes Ziel ist schießlich die Nordspitze des Kaps bei **Barcaggio** ⑤. Dort liegt an der Tiguese-Mündung ein Komplex Macchie – Dünen – Feuchtgebiet an einer der Hauptrouten des Vogelzugs.

Praktische Tips

Anreise
Von Bastia aus auf der breiten D 80 (Ostseite der Halbinsel) oder auf der malerischen aber schmalen Küstenstraße der Westseite. Kaum Busverbindungen (Mo., Mi., Do. Bastia-Macinaggio und im Sommer weiter bis Centuri).

Beste Reisezeit
Ein Besuch lohnt sich vor allem von März bis Juni, die anderen Zeiten sind für die Vögelbeobachtung weniger ergiebig; der Herbstzug verteilt sich auf viel breiterer Front.

Unterkunft
In Macinaggio und Centuri-Port zahlreiche Quartiere und komplette touristische Infrastruktur.
Campingplatz bei Macinaggio.

Adressen
Information zu Vogelwelt und Beringung:

- Gilles Faggio
  Groupe Ornithologique de Corse
  Maison Romieu,
  15 rue du Pontatto 20200 Bastia
  Tel.: +33-(0)495-327163
  Fax: +33-(0)495-327173
  E-Mail: gilles.faggio@espaces-naturels.fr.; aaparc@wanadoo.fr.
  Internet:
  www.amis-du-parc-naturel-corse.org

2 Die Feuchtgebiete der Ostküste

Wichtige Trittsteine für den Vogelzug; der Etang der Biguglia ist der beste Platz zur Wat- und Wasservogelbeobachtung in Korsika

Nur an der sandigen, flachen Ostküste Korsikas konnten sich ausgedehntere Schwemmländer bilden, an denen küstenparallele Meereströmungen durch Sedimentverfrachtung Lagunen abtrennten und so ausgedehnte Brackwasser-Strandseen (Etangs) entstehen ließen. Ein erheblicher Teil dieser Feuchtgebiete ist inzwischen trockengelegt und in landwirtschaftliche Flächen umgewandelt. Die verbliebenen sind ökologisch besonders wertvoll, da sie als notwendige Trittsteine für den Wasservogelzug fungieren.

Der Etang de Biguglia südlich von Bastia ist 11 km lang, maximal 2,5 km breit und mit 1450 Hektar die größte dieser Küstenlagunen. Vom Meer wurde er durch Schwemmaterial des Golo abgetrennt, das die Küstenströmung nach Norden transportierte. Das kaum 1 m tiefe Gewässer weist von Norden (Verbindung zum Meer) nach Süden eine deutliche Abnahme des Salzgehaltes auf, die im Jahreswechsel schwankt, und es hat daher auch 2 bio-

Der kleine Etang de Ventilegne nahe Bonifacio zeigt schön die Verschränkung von Wasser und Land an solchen Strandseen.

logische »Zonen« mit verschiedenen Fischarten und Wasserpflanzen. Der süßere Südteil ist überwiegend von einem Schilfgürtel umgeben. Die immer bedrohlicher heranrückende Gewerbezone von Bastia, Intensivierung der Landwirtschaft und der zunehmende Badebetrieb am Strand haben das Gebiet zwar deutlich mitgenommen und Seeadler wie Weißkopf-Ruderente vertrieben. Trotzdem wird Biguglia immer noch von einigen interessanten Arten besiedelt, vor allem aber von mehr als 100 für Zug oder Überwinterung genutzt. Daher ist dies der beste Platz zur Watvogelbeobachtung in Korsika, wenn es auch an die sardischen Stagni nicht heranreicht. Die zwei weiteren großen Lagunen, nahe der Tavignano-Mündung bei Aleria, Etang de Diane und Etang d'Urbino, sind vornehmlich für Wintergäste (gefiederte und beobachtende) interessant.

Die Gelbe Zistrose bildet am Etang de Biguglia Massenbestände, außerdem blüht sie am Capo Comino (N 8).

Pflanzen und Tiere

Ein Besuch von Biguglia lohnt vor allem wegen des Vogelreichtums. Brutvögel sind unter anderem Seiden- und Graureiher, Kolbenente (S. 56), Wasserralle, Grauammer, Schwarzkehlchen, Samtkopf- und Provencegrasmücke, Marisken- und Cistensänger.

Wieder angesiedelt werden sollen Weißkopf-Ruderente und Eisvogel. Im Winter u. a. zu beobachten: Pracht- und Schwarzhalstaucher, Kormoran, Krähenscharbe, Silberreiher, Pfeif-, Schnatter-, Krick-, Spieß-, Tafel- und Reiherente, 5 Möwenarten, Mariskensänger. Zu den Zugzeiten zu beobachten: Pracht- und Rothalstaucher, Baßtölpel, Nacht- und Rallenreiher, Rohr- und Zwergdommel, Weißstorch, Sichler, Löffler, Flamingo (S. 132), Grau-, Rost- und Brandgans, Trauer-, Samt- und Schellente, Gänse-, Mittel-, Zwergsäger, Kranich, Säbelschnäbler, Stelzenläufer, Rotflügel-Brach-

Das Pampasgras *Cortaderia*, ein Einwanderer aus Südamerika, bildet im September 2 m hohe Wedel.

schwalbe, Tüpfel- und Kleines Sumpfhuhn, mehrere Regenpfeifer-, Schnepfen-, Brachvogel und 8 Seeschwalbenarten, Rot- und Schwarzmilan, Sperber, Rohr- und Kornweihe. Seltene Gäste sind Kuhreiher und Fischadler.
Aber nicht nur die Vogelwelt lockt hierher. Es lohnt sich auch, nach Kleingetier Ausschau zu halten. Im Süßwasserbereich des Biguglia leben alle Froschlurche Korsikas: Korsischer und Sardischer Scheibenzüngler, Wasserfrosch, Sardischer Laubfrosch und Wechselkröte (S. 93), außerdem die Sumpfschildkröte. Die Trockenbiotope bewohnt die in Korsika bereits selten gewordene Griechische Landschildkröte (S. 127). Der verschilfte Südteil des Biguglia bietet Lebensraum für jene Libellen, die pflanzenreiche, stehende Altwässer besiedeln; etwa Keilfleck, Herbst-Mosaikjungfer, Großer Blaupfeil und die unermüdlich durch ihr Revier brummende Große Königslibelle. Aus Afrika wandern jeden Sommer Schabrackenlibellen (S. 132) nach Norden und kommen dabei bis nach Mitteleuropa. Dazu gesellen sich 2 anspruchslose, denen es überall recht ist- die Insel-Pechlibelle und die knallrote Feuerlibelle. Der Etang de Biguglia enthält zwar keine großen Fischmengen, wegen der unterschiedlichen Salzkonzentrationen aber eine hohe Artenzahl. Hier leben Süßwasser- und Pfauenschleimfisch, Aal, Sardine, Sardelle, Koboldkärpfling, diver-

Salztolerante Pflanzen (Halophyten)

Böden um Lagunen und Strandseen weisen meist einen hohen Salzgehalt auf, Bedingungen in denen Vegetation nur durch spezielle Anpassungen gedeihen kann. Denn das Bodenwasser solcher Millieus enthält eine große Menge gelöster Ionen, wodurch es den Pflanzen sehr schwerfällt, dem Boden Wasser zu entziehen. Um ein entsprechend hohes negatives Potential zu erzielen, müssen es die Pflanzen aushalten, ihre Salzkonzentration im Zellplasma stark zu erhöhen, da der Potentialunterschied (Gradient) zwischen Boden und Zellsaft ausschlaggebend ist, ob die Pflanze Wasser aufnehmen kann. Nur mit verschiedenen Tricks können sich solch salzvertragende Pflanzen – Halophyten genannt – bei diesen widrigen Bedingungen vor Austrocknung schützen.
Vor allem Vertreter der Gänsefuß- und der Bleiwurzgewächse haben sich solchen Standorten angepaßt, indem sie wie Kakteen die Methode des CAM-Zyklus zur Kohlendioxid-Fixierung nützen: Dabei wird während der Nacht CO_2 in einem Malatspeicher in Form organischer Säuren gebunden. Untertags werden diese wieder zerlegt und liefern so das notwendige CO_2 für die Photosynthese. Daher können die Pflanzen die Spaltöffnungen ihrer Blätter in der Tageshitze geschlossen halten und verhindern so das Austrocknen. Ein weiteres Merkmal ist die hohe Sukkulenz vieler Halophyten; vermutlich dient sie aber nicht nur der Wasserspeicherung, sondern auch zur Verdünnung der hohen Salzkonzentration des Zellsaftes. Keine Probleme in dieser Hinsicht haben die Mittagsblumen mit ihren großen roten und gelben Blüten (S. 43). Ungeniert können sie die Salzkonzentration in ihren fleischigen Blättern erhöhen, wie es sich gerade als notwendig erweist. Wo diese Gäste aus Südafrika angepflanzt sind, wachsen sie daher aufs Beste und überwuchern Mäuerchen oder Steine ebenso wie die unterlegene einheimische Vegetation.

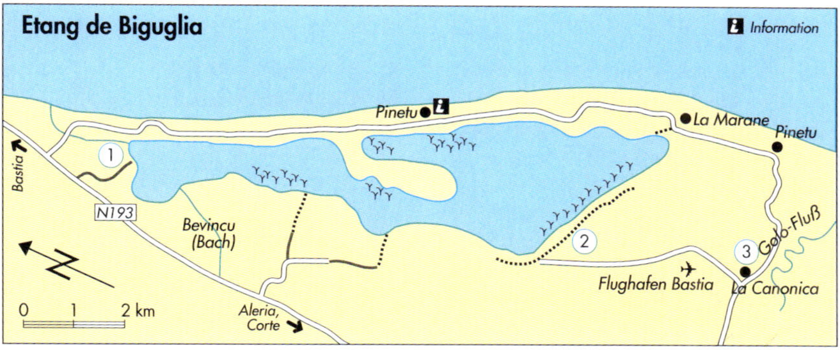

se Grundeln, Katzenwels, Goldäsche, Seezunge, Schildmakrele, Schattenfisch und Meerbrasse – eine bunte Palette von Süßwasser- bis zu Meerwasserfischen.
Im Frühling ist der Landstreifen zwischen Biguglia und dem Meer übersät mit gelben Zistrosen, während im Herbst das prächtige Pampasgras und das Spanische Rohr, das größte Gras Europas, ihre Wedel in den Wind recken. Im übrigen sprießen um die Lagunen neben Tamarisken vor allem die üblichen Macchiebüsche, etwa der Stechende Mäusedorn mit roten und der Sodomsapfel mit giftigen gelben Früchten, Myrte, diverse Ginster sowie allerlei Brachlandpioniere, etwa Italienische Spitzklette, Spanische Golddistel und der unvermeidliche Stechapfel.

Im Gebiet unterwegs

Die Nehrung des Biguglia ist durch eine Straße erschlossen und mit Sommerhäuschen gespickt. In Pinetu steht ein mit Fernrohren ausgerüstetes Informationszentrum

Die Europäische Sumpfschildkröte bewohnt die meisten Flußmündungen und Seen Sardiniens und Korsikas.

(gegenüber Freilichtkino, neben U-Markt), das nach Anmeldung Führungen organisiert. Der beste Zugang ist von Nordosten her bei Pontale ① möglich, wo eine Beobachtungsplattform (Schlüssel im Info-Zentrum) steht und ein Steg geplant ist. Ein Fußweg begleitet das Südwestufer ② des Etangs vom Ende der D 207 weg, doch ist dort durch die hohe Vegetation nicht mehr viel zu sehen. Im alten Kirchturm von Canonica ③ leben Schleiereulen, die abends auf Nahrungssuche fliegen. Die Mündung des Tavignano und den Etang de Diane erreicht man von Aleria aus; die N 200 endet am Meer und eine Piste führt der Nehrung entlang nach Norden. Wie der Etang d'Urbino etwas weiter südlich ist er wesentlich fischreicher als der Biguglia, daher werden beide Lagunen für die Fischzucht genutzt und im Winter von Kormoranen und Möwen bevölkert. Durch Verdunstung und geringe Süßwasserzufuhr hat der Etang d'Urbino im Sommer stellenweise einen hohen Salzgehalt von 39 Promille, weshalb sich dort eine ausgedehnte Halophytengesellschaft breitmacht.

Während die meisten Enten an den Lagunen nur überwintern, bleibt die Kolbenente ganzjährig am Biguglia.

Praktische Tips

Anreise

Alle Etangs sind nur wenige Kilometer von der Küstenstraße N 193/198 entfernt. Den Biguglia kann man bereits vom südlichen Ortrand Bastias aus erreichen (Abzweigung »Pinetu«) oder vorbei am Flughafen von Bastia.

Beste Reisezeit

Zu Frühjahrszug und Blüte in April und Mai, aber auch im Winter lohnend.

Unterkunft

Die gesamte Ostküste ist ein beliebtes Urlaubsgebiet und Baderevier mit zahlreichen Feriendörfern und noch mehr Campingplätzen.

Adressen

- Informationszentrum Conseil General de la Haute-Corse, Reserve Naturelle de l'Etang de Biguglia, Lido de la Marana, 20290 Borgo,
  Tel.: +33-(0)495-335573
  Fax: +33-(0)495-335576
  E-Mail: rneb@cg2b.fr

Blick in die Umgebung

Von den bewaldeten Hügelkuppen am Ostrand der Castagniccia blicken malerische Dörfer auf eine ebensolche Landschaft. Lohnend sind Besuche der Casinca (um Vescovato und Venzolasca) sowie der D 330 weiter südlich von San Nicolao (Wasserfall Lecelulline) bis Cervione (bemalte Kapelle S. Cristina).

3 Fango-Tal, Scandola, Umgebung von Calvi

Vulkanische Halbinsel Scandola mit Basaltorgeln; naturnahes Fango-Tal mit Küstenfeuchtgebiet und Waldbiotopen; malerischer Talschluß von Bonifato; Meeresschutzgebiet Revellata. Fischadler, Seevögel, lohnend zu schnorcheln

An den unzugänglichen Felsküsten im Nordwesten Korsikas schieben sich zerklüftete Bergketten bis ans Meer vor, um dort in Steilabstürzen abzubrechen. Das bis auf wenige Dörfer unbesiedelte Gebiet diente meist nur als Sommerweideland für die Hirten aus dem Niolo und ist zum Großteil mit dichter, hoher Macchie bedeckt. Erst in den letzten Jahren zieht diese urwüchsige Landschaft zunehmend auch Besucher an, denn das zur Touristenhochburg mutierte Städtchen Calvi ist nicht fern. Die Eingliederung in den Parc Naturel soll jedoch den ursprünglichen naturnahen Zustand des Gebietes weiterhin erhalten.

Das Herz der Region ist das Tal des Fango, durch das die Schmelzwasser aus dem Cinto-Bergland ihren Weg zum Meer finden. Am Meer hat sich der Fango eine Kiesbarriere aufgeschüttet und staut dahinter nun Süßwassertümpel auf, die ein größeres Küstenwäldchen mit Wasser versorgen. Den Abschluß des Tals bilden die wuchtigen roten Felswände der Paglia Orba (2525 m), des »korsischen Matterhorns«. Ein Teil des Fango-Tals ist eine geologische Eigenheit im korsischen Granitland, denn hier treten uralte metamorphe Gesteine zutage. Granit und Vulkanite treffen auf Schiefer und Konglomerate, was manchmal

Hinter dem malerischen Riciniccia-Strand bei Galeria bildet der Fango ein Küstenfeuchtgebiet.

recht »bunte« Konsequenzen hat, nämlich gestreifte Felsen in mehreren Farben.

Südlich des Fango-Tals ragt die Halbinsel Scandola ins Meer, ein Produkt mehrerer Vulkanausbrüche und Caldera-Einstürze im Perm. Das hat eine einzigartige Porphyr-Felslandschaft zur Folge, mit Basaltorgeln in der Cala di Ficaccia und Rhyolithorgeln an der Punta Palazzu auf der Nordseite der Halbinsel sowie Säulen aus Ignimbrit auf der Westseite. Ignimbrit ist ein Schmelztuff und entsteht, wenn die heißen, in die Luft geschleuderten Aschen und Lavastücke beim Absinken zusammenbacken.

Pflanzen und Tiere

Der Strand an der Fango-Mündung trägt nach einer langen Vordünenzone nur eine niedrige Dünenzone, in der nicht die üblichen Strandpioniere, sondern ungewöhnlicherweise Salbeiblättrige Zistrosen als Dünenbildner fungieren. Im Küstenwald aus Pinien und Erlen sowie im Mündungsgebiet leben Sperber, Buntspecht, Ziegenmelker, Grauschnäpper und die meisten der in Korsika heimischen Reptilien und Amphibien: z.B. Sumpfschildkröte (S. 55), Mauergecko und Halbfinger (S. 38), Korsische Ringelnatter, Gelbgrüne Zornnatter (S. 39) und Sardischer Scheibenzüngler. Libellen schwirren über das Wasser, und der von Afrika einwandernde Kleine Monarch *Danaus chrysippus*, der in Sardinien bereits stabile Populationen bildet, breitet sich entlang der korsischen Küsten weiter aus und wurde auch hier gesehen. Das UNESCO-Schutzgebiet Pirio-Wald in der Mitte des Tales ist ein typisch mediterraner Steineichenwald. In der Macchie und den Lichtungen der Hänge sind Schwarzkehlchen, Seidensänger, Rotkopfwürger, Grasmücken und das Rothuhn beheimatet. Wiedehopfe (S. 51) stochern nach Freßbarem, und abends rufen Zwergohreulen (S. 112). Die Böschungen bewachsen Büschel von Korsischer Nieswurz (S. 62), viele Veilchen, die auch im Herbst blühende Kleine Laurentie und der Herbstblaustern sowie immer wieder Orchideen (z.B. Purpur- und Dreizähniges Knabenkraut, Pyramidenorchis), während sich an

Der Fango hat sich sein Bett in eine Abfolge buntgemischter Gesteine erodiert.

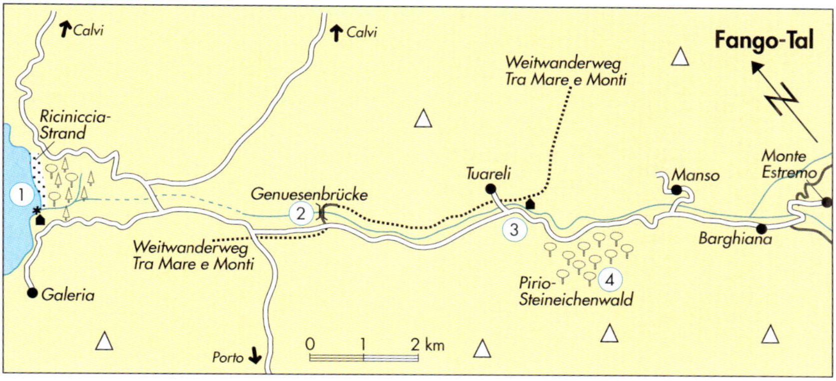

die Felsen Venusnäbel und Silbrige Mauermiere klammern. An den Berghängen des Zentralkamms am Ende des Tals sind die Höhenbewohner zu finden, wie Schwarzkiefer (S. 82), Mufflon (s.S. 69), Korsenkleiber (s.S. 75) und Bartgeier. Die Besonderheit der Halbinsel Scandola sind die hier nistenden Fischadler- und Wanderfalkenpaare. Krähenscharben hocken dagegen in großer Zahl auf den Felsen. Außerdem kann man beide mediterranen Sturmtaucherarten (S. 37), Alpensegler, Felsentaube (die Stammform unserer Haustaube) und Felsenschwalbe sehen. Die wärmeliebende Baumförmige Wolfsmilch (S. 97), häufig im Süden Sardiniens, hat auf den Felsen der Scandola einen ihrer seltenen Standorte in Korsika.

Im Gebiet unterwegs

Den **Riciniccia-Strand** ① begrenzt im Süden ein Hügel, der eine typische Windschursukzession trägt – auf kleine Polster folgt schräggestelltes Zistrosen- und Ginstergebüsch. Die den Strand begrenzenden Klippen wechseln sich durch Mineralienbeimengungen in den Farben Rot, Gelb und Dunkelgrau ab, und viele der Steine am Hügel sind mehrfarbig. Von hier aus kann man gut vor der Küste nach Beute spähende Fischadler beobachten.

Die D 351 ins Fango-Tal ist nur sanft ansteigend, daher ideal für Fahrräder, und durch das Tal führt auch der Weitwanderweg »Tra Mare e Monti«. Der Fango hat sich sein Bett in eine buntgemischte Gesteinsabfolge gegraben; auffallend hinter der **Genuesenbrücke** (7 km von Galeria) ②, wo rote Ignimbrite (aus Glutasche verbackene Schmelztuffe) sich mit braunen, grauen und gelben Felsen abwechseln. Bei **Tuareli** ③ trifft grauer Schiefer auf Konglomerate, dahinter beginnt der Steineichenwald von **Pirio** ④. Die Straße endet im hintersten Dorf am Hang mit dem bezeichnenden Namen Monte Estremo, aber der Weg im Tal bleibt breit, da ihn die Herden auf ihren Transhumanz-Weidezügen auch heute noch benützen.

Die **Halbinsel Scandola** ist als Natur-

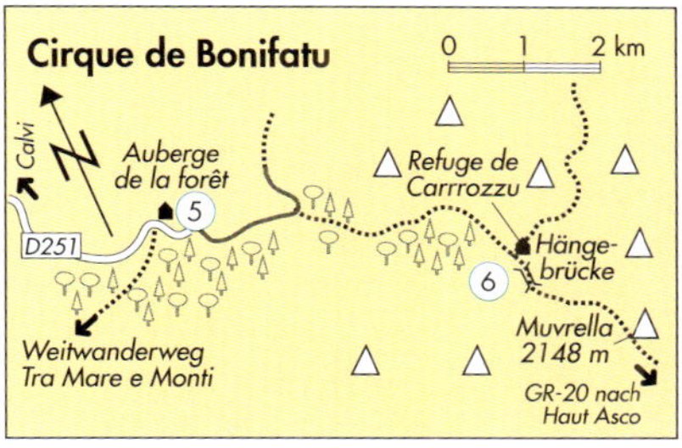

Herbstblausterne blühen im September an den Wegrändern.

schutzgebiet nur vom Meer aus oder nach langer Fußwanderung zu erreichen, Ausflugsboote fahren von April bis Oktober täglich von Porto und Cargèse aus hierher. Bei einem Besuch mit dem eigenen Boot gelten die Bestimmungen für Naturschutz. Verboten sind Jagd, Fischerei, Feuer, Camping, ABC-Tauchen sowie Ausreißen von Pflanzen, Belästigen von Tieren und Deponieren von Abfall (was eigentlich nicht nur in Naturschutzgebieten selbstverständlich sein sollte).

Etwa 20 km südlich von Calvi endet die D 251 im mischwaldbewachsenen Talschluß **Cirque de Bonifatu** ⑤ bei der Auberge de la Forêt. Wuchtig ragen dahinter die rötlichen Porphyrwände der Monte-Cinto-Berggruppe auf. Ein Wanderweg führt zur Carrozzu-Hütte (1.155 m, Nachtlager) und einer luftigen Hängebrücke ⑥.

Die D 81 vom Fango-Tal nach Norden ist – abgesehen von der Müllhalde von Calvi – eine malerische Küstenstraße. Um die Kapelle **Notre Dame de la Sierra** am Plateau im Süden von Calvi sind bizarre Tafonilöcher zu bewundern. Westlich von Calvi ragt die **Halbinsel La Revellata** ins Meer, ein marines Naturschutzgebiet und sehr lohnendes Ziel für Schnorchler. An ihrem Ende liegt unterhalb des Leuchtturms die auf rumpeliger Schotterpiste erreichbare Forschungsstation Stareso. Sie veranstaltet Kurse für Studenten sowie marinbiologisch Interessierte und bietet alles für meeresbiologische Forschung Notwendige, inklusive Tauchausrüstungen. Aber bereits der Schnorchler kann an den Küsten der Revellata Goldstriemenschwärme, Drachenköpfe, Seegraswiesen und bunte Schwämme sehen.

Praktische Tips

Anreise

Calvi wird sowohl angeflogen, als auch von den meisten Fähren angelaufen, und die Stadt befindet sich daher während der Sommerferien vollständig in der Hand des Tourismus. Busverbindung von Calvi durch das Fango-Tal nach Porto, nicht nach Bonifato und Revellata.

Unterkunft

In Calvi ist das vom Alpenverein betreute Feriendorf »zum störrischen Esel« ein beliebtes Standquartier. Information: Reisebüro Rhomberg, Eisengasse 12, A-6580 Dornbirn, Tel. 43-5572-22420, Fax 224209. E-Mail: reisen@rhomberg.at

Quartiere und Camping auch in Galeria und in der Auberge de la Forêt in Bonifato.

Information

- Station de Recherches Sous-Marines et Océanographiques (STARESO), Pointe Revellata, BP33, F-20260 Calvi
  Tel.: +33 (0)495 6506 18
  Fax: +33 (0)495 6501 34
  E-Mail: stareso@stareso.com

Verwitterte Porphyrklippen der Calanche, ein Meisterwerk der Natur; malerische Spelunca-Schlucht, schönster Schwarzkiefernwald Korsikas; artenreicher Arone-Strand; Fischadler, Wanderfalke, Korsenkleiber

Der Golf von Porto ist die nördlichste der vier tiefen Einbuchtungen in die korsische Westküste und beherbergt die Calanche, eine der großen landschaftlichen Sehenswürdigkeiten der Insel – eine Ansammlung von roten Rhyolitklippen vor tiefblauem Meer, aus denen Erosion und Tafonibildung im Laufe der Jahrmillionen bizarre Formen und Türme, Felsburgen und -spitzen, zernagte und ausgehöhlte Blöcke modelliert haben.

Rhyolite, zu denen auch der bekannte Quarzporphyr gehört, sind saure (das heißt SiO_2-reiche) vulkanische Gesteine, etwa als Pendant zu den sauren magmatischen Tiefengesteinen, den Graniten, zu sehen. Durch viel Feldspat und mineralische Beimengungen sind sie meist von dekorativ roter Farbe, und da sie leichter verwittern als Granit, führt die Erosion zu solchen Zacken wie in den Calanche oder in der Bavella.

Kaum weniger reizvoll ist das Tal des Porto von der Bucht nach Osten hin zum Hauptkamm des Gebirges: Mit der tiefen Spelunca-Schlucht, den wuchtigen rötlichen Felswänden der Berge und dem dichtem Wald in den Hochlagen reiht sich eine Attraktion an die nächste. Ein »kleines Paradies« für Wanderer, Spaziergänger und Fotografen.

Pflanzen und Tiere

Im Westen von Porto liegt einer der letzten dichten Steineichenwälder Korsikas, gemischt mit Baumheide, die hier regelrechte »Bäume« ausbildet. Solche Baumheidebäume müssen den Pollenanalysen nach vor mehreren tausend Jahren große Wälder in Korsika gebildet haben, bis sich die Steineiche immer mehr durchsetzte. In-

Die verwitterten Felsen der Calanche gehören zu den Höhepunkten der korsischen Landschaft.

Die Blütenstände der Manna-Esche begleiten im Frühjahr den Wanderer durch die Spelunca-Schlucht.

zwischen sind die meisten der Eichen verschwunden, und die Baumheide ist ein struppiger Bestandteil der Macchie geworden. Durch die Staulage am Nordhang ist die Wasserversorgung recht günstig, daher mischen sich auch laubwerfende Arten unter die immergrünen. Zu den Calanche hin lösen Sternkiefern die Eichen ab. In den Calanche blühen im Frühjahr und im Herbst an schattigen Plätzen überall Alpenveilchen (S. 107) und im Frühjahr Dreikantlauch (S. 48). Die Polster des Korsischen Ginsters (S. 65) scheinen direkt am nackten Felsen zu kleben und wachsen aus jeder Ritze heraus. Schwärme von Felsenschwalben umschwirren die Felstürme, die vielen Tafoni bieten gute Nistgelegenheiten. Auch die Blaumerle stammt aus solchen Felsbiotopen und hat von dort aus die Häuser»felsen« erobert, während der Wiedehopf (S. 51) ziemlich alles akzeptiert, was warm, trocken und mit Büschen versehen ist. Über den Felsen halten vereinzelt Wanderfalken nach Beute Ausschau, und da einige Fischadler im Norden des Golfs von Porto nisten, sind sie regelmäßig bei Jagd und Revierpatrouille zu sehen. Nur noch etwa 20 Paare dieser prächtigen Greifvögel brüten an der Nordwestküste Korsikas. Die Tyrrhenische Gebirgseidechse lebt in den Calanche – im Gegensatz zu ihrem Namen – selbst auf Meereshöhe. Von Porto bis nach Calvi kann man den in Korsika auf einige Küstengebiete beschränkten Mauergecko finden, der sich tagsüber unter Steinen und in Ritzen versteckt.

Der an sich unscheinbare Arone-Strand bietet trotz aller touristischer Belastung auf seinen kaum vorhandenen Dünen einen seltenen Artenreichtum an Strandvegetation (s.S. 26). Nirgendwo in Korsika sind so viele Dünenarten auf so engem Raum zu sehen. Die Besonderheit ist das Korsische Leimkraut (S. 30), eine endemische (Unter)art des Fleischigen Leimkrauts. Die Vielfalt der Lebensräume vervollständigt ein Bach, der im Mai eine üppige, farbenfrohe Blumenwiese mit Gladiolen (S. 65), Zungenstendel, Schopf-Traubenhyazinthen, Salbei, Ochsenzun-

Die Korsische Nieswurz bildet als Brachlandpionier große Büschel an Weg- und Straßenrändern.

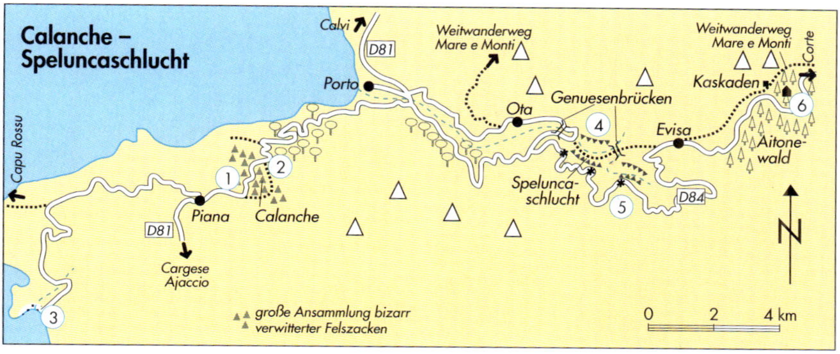

gen usw. durchplätschert und am Strand nicht ins Meer finden will. Im Sommer trok-knet er aus, und die ganze Pracht hat wieder ein Ende. Auch die bunten Schmetterlinge (wie Segelfalter, Schwalbenschwanz und Schachbrett) werden dann selten, während die großen Nasenschrek-ken (S. 65) mit ihren »Turmfühlern« unverdrossen über den Sand hüpfen.

Am Weg von Porto ins Inland zum Verghio-Paß durchquert man zunächst die mediterrane Hartlaubstufe mit Kork- und Steineichen. Wo die Wasserversorgung ständig gesichert ist, etwa in Bachnähe, aber vor allem in höheren Lagen, nehmen laubwerfende Bäume zu, die mesomediterrane geht in die supramediterrane Stufe über (mit Flaumeiche, Hain- und Hopfenbuche). An den Böschungen der D 84 und auf Brandflächen sind Korsische Nieswurz und Roter Fingerhut (S. 81) häufig. In der Spelunca-Schlucht fallen die vielen weißen Blütenrispen der Manna-Eschen auf, außerdem wachsen Buchsbaum, Feige, Französischer Ahorn, Mandelblättrige Birne, Erdbeerbaum (S. 32), Baumheide, Steinlinde, Mäusedorn, Zistrosen und Pankrazlilie (S. 114). Am und im Wasser jagen Wasseramsel, Sardischer Laubfrosch, Korsischer Gebirgsmolch und beide Scheibenzünglerarten hinter Kleininsekten und Würmern her.

Die Westseite des Verghio-Passes steht unter dem Einfluß feuchter Stauwetterlagen. Zwischen Evisa (830 m) und dem Verghio-Paß (1484 m) liegt daher einer der üppigsten Wälder Korsikas, der Forêt d'Aitone, der hinter der Paßhöhe im Niolo als Forêt de Valdu Niellu weiterwuchert. Neben der Korsischen Schwarzkiefer (s.S. 82) wachsen noch Buche, Tanne, Eibe und Stechpalme. Auf exponierten Stellen mit dünner Humusauflage mischen sich dagegen Macchiebüsche mit Felsflurpflanzen. Der Korsenkleiber (s.S. 75) findet hier im Aitone-Wald ideale Bedingungen, da ihm die ebenfalls zahlreichen Buntspechte reichlich Nistgelegenheiten zimmern. Sperber sind nicht selten, aber schwer zu sehen, während man über die halbwilden Schweine (S. 36), die überall in Familienverbänden den Boden durchwühlen, geradezu stolpert.

Im Gebiet unterwegs

Die D 81 führt 2 km lang mitten durch die schönste Felsenwelt der Calanche ①. Bereits ein Spaziergang entlang der Straße zeigt die besten Aspekte der Formationen, die im Abend- und Morgenlicht rot glühen. Durch den wechselnden Sonnenstand wechseln auch Licht und Schatten dauernd, eine Fundgrube für den Fotografen. Zur Haupt-

Von der D 84 genießt man zahlreiche Blicke in die Speluncaschlucht, durch die der »Rau d'Aitone« rauscht, sowie in die einmündende Nebenschlucht des Tavulella-Baches, die dann zusammen das Porto-Flüßchen bilden.

Herzförmige Tafonibildung im Porphyr der Calanche.

saison jedoch, wenn sich die Kolonnen durch die Felsen stauen, ist ein »Straßenspaziergang« weniger beeindruckend. Eine lohnende Ergänzung bzw. Alternative bietet der alte Maultierpfad hoch über der Straße ②, der sich malerisch um die Felsspitzen schlingt. Der Einstieg erfolgt etwa 400 m südlich des Ausflugslokals (Les Roches Bleues) bei der kleinen Marienstatue; zunächst steil bergauf, bis das Niveau der Mulattiera erreicht ist, die dann am Südende der Calanche wieder in die Straße mündet. Die D 824 zum Arone-Strand ③ zweigt in Piana von der Hauptstraße ab und führt 11 km durch schüttere Macchie. Der Strand, eine niedrige fossile Düne, besteht aus Kalksand, dem Überrest von Algen, Muschelschalen und Schneckenhäuschen. Im kalkarmen Korsika nutzen daher bereits die Genuesen vor Jahrhunderten diese kümmerlichen Muschelstückchen, um Kalk zu brennen. Solche Dünen wie hier entstanden vermutlich bei einem Meeresrückzug im Quartär. Dieser legte weite Flächen frei, auf denen vorher Organismenreste sedimentiert waren, die der Wind nun umherrollte und abschliff.

Die D 84 schlängelt sich vom Golf nach Osten durch das von rosa Porphyrwänden begleitete **Porto-Tal** ⑥ und bietet reizvolle Aus- (auf die Felsen) und Einblicke (hinunter in die Spelunca-Schlucht) ⑤. Diese auf einem beinahe ebenen Pfad zu durchwandern, zählt zu den beliebten Touristenattraktionen Korsikas. Der Weg beginnt am Südende der Brücke der D 124 über den Porto westlich von Ota und ist ein Abschnitt des Weitwanderwegs »Tra Mare a Monti«. Er endet am Zusammenfluß von Aitone und Porto bei der Pont de Zaglia, einer der etwa 40 alten Genuesenbrücken Korsikas. Von der Brücke ist es möglich, steil nach **Evisa** hinaufzusteigen.

Oben: Wilde Gladiolen wie die Acker-Siegwurz beleben Frühlingswiesen mit ihrem leuchtenden Rot.

Rechts oben: Der Korsische Ginster scheint oft direkt aus den Felsen herauszuwachsen.

Rechts Mitte:
Die Tyrrhenische Mauereidechse variiert in der Zeichnung von getupft bis gestreift.

Rechts unten: Nasenschrecken tarnen sich mit ihren vorstehenden Fühlern.

Unten: Die Schopfige Traubenhyazinthe besiedelt Trockenrasen und Garrigues ebenso wie Kulturland.

Ein Teil des **Aitone-Walds** ⑦ ist forstwirtschaftlich genutzt – daran zu erkennen, daß die Kiefern etwa das gleiche Alter haben, während Altholz und andere Arten selten sind. Etwa 3 km hinter Evisa führen einige Schritte zu einem Aussichtspunkt, dem »Belvedere«, wenig weiter ein kurzer Spaziergang hinunter zum Aitone-Bach mit »Badebassin« und dem **Wasserfall »de la Valla Scarpa«** ⑦.

Bei den Rasthäusern am Verghio-Paß herrscht ebenso wie auf manchen Parkplätzen im Wald »Belagerungszustand« – die Schweine haben längst entdeckt, daß die Besucher gar köstlich Gut in ihren Lunchpaketen mitführen, und so wird jeder Neuankömmling mit mitleidheischendem Augenaufschlag und aufforderungsvollem Grunzen angebettelt.

Praktische Tips

Anreise

Entlang des Golfs von Porto verläuft die schmale und kurvige D 81, die einzige Verbindung entlang der korsischen Westküste zwischen Galeria und Cargese. In Porto mündet von Osten her die D 84 ein, die sich vom Niolo aus über den Gebirgskamm windet. Täglich (außer Sonntag) Linienbusse von Ajaccio her über Piana und Porto nach Ota. Busverbindung Porto-Evisa nur in den Sommerferien.

Beste Reisezeit

Die Felsenlandschaft ist natürlich immer schön, doch ist das Gebiet in der Sommersaison äußerst gut besucht, dann ziehen regelrechte »Prozessionen« durch die Felsen der Calanche. Wer es irgend ermöglichen kann, sollte den Reiz der Blühzeit im Frühling oder die Herbstfärbung nützen.

Unterkunft

Porto ist eine Ansammlung von kleinen Hotels und mehreren Campingplätzen, mit aller touristischen Infrastruktur (Fahrrad- und Mopedverleih) sowie dem Meer vor der Tür und so gesehen kein schlechter Standplatz. Piana dagegen ist ein »richtiges« korsisches Granithäuserdorf, mit einigen ruhigen Unterkünften und nur 2 km von den Calanche entfernt. Fürs Hinterland gibt es Quartiere und einen Zeltplatz in Evisa.

Information: In der Saison Büro des Parc Naturel in Porto Marina mit Wanderkarten.

Blick in die Umgebung

Ausflugsboote tuckern täglich von Porto in das winzige, in einer malerischen Bucht gelegene Fischerdorf **Girolata** und laden ihre Fracht dort an den Strandrestaurants ab. Im kleinen **Chiuni-Golf** südlich des Arone-Strands windet sich der Chiuni durch eine Schwemmlandebene und bildet im Frühjahr mehrere kleine Feuchtgebiete mit Libellen, Sumpfschwertlilien und umgebenden Blumenwiesen. In den Bergen lohnt der verlandende **Creno-See** in einem Torfbecken mit Seerosen und Pozzines-Sumpfwiesen, auf denen der Sonnentau Insekten fängt, einen Besuch. Der See ist in anderthalb Stunden vom Bergdorf Soccia aus zu erreichen. Er liegt (jeweils in Luftlinie) etwa 10 km südöstlich des Aitone-Walds und 4 km westlich des Melo-Sees.

Malerische Schluchten von Asco und Santa Regina; höchste Berge Korsikas, Kiefern-Urwald, Gebirgsvegetation und -vogelwelt, Bartgeier, Mufflon

In seinem nördlichen Abschnitt erreicht der Korsische Bergrücken seine höchsten Gipfel und vermittelt einen Hochgebirgs-Eindruck. Um den Monte Cinto (2706 m) gruppieren sich noch mehrere, bis weit in den Juni schneebedeckte »Zweieinhalbtausender«. Mitten in diese Bergkulisse führt das über 30 km lange Asco- bzw. Stranciacone-Tal, ein rauhes, menschenleeres und beinahe »alpines« Gebirgstal mit dem Ski- und Wanderzentrum Haut-Asco am Talschluß. Parallel dazu, auf der Südseite des Cinto, liegt das Tal des Golo, das sich nach der eindrucksvollen Schlucht der »Scala di Santa Regina« (Treppe der heiligen Königin) zu einem dichtbesiedelten, 15 km langen Hochlagenbecken, dem Niolo, öffnet. Korsikas größter Stausee füllt zur Bewässerung der landwirtschaftlichen Kulturen an der Ostküste seit 1968 den Beckenboden. Im Niolo änderte er dagegen das Klima in Richtung feuchtkühl, was die Bewohner im Winter wenig schätzen.

Das Niolo ist seit jeher das » klassische« Hirtenland mit Transhumanz, wobei diese mühsame Lebensweise inzwischen seltener wird. Dabei ziehen Hirten und Herden im Herbst in die Täler der Küstengebiete und im Sommer hinauf in die Almregionen. Die Almen werden auch heute noch wie in den Alpen genutzt, doch im Winter nimmt die Stallhaltung zu, denn viele ehemalige Weideflächen im Tiefland sind Felder geworden oder werden von den Einheimischen bzw. touristisch verwendet.

Von Beginn an zeigt das Asco-Tal einen felsig-alpinen Charakter.

Um den Talschluß von Haut-Asco ragen im Halbkreis wuchtige Zweieinhalbtausender auf, Ende Mai noch schneebedeckt.

Pflanzen und Tiere

Das untere Asco-Tal ist mediterran geprägt, den Flußlauf begleiten Schwarzerlen sowie Robinien mit ihren hängenden Blütenständen. Dieser anspruchslose Baum aus den Appalachen wird gerne an Straßenrändern kultiviert. Ebenso manchmal der ostmediterran weitverbreitete Judasbaum, der im Frühjahr wie in eine rosa Wolke gehüllt erscheint. Er ist dann übersät mit kleinen Schmetterlingsblüten, die überall, auch direkt aus dem alten Holz hervorsprießen (Kauliflorie). Die malerische Asco-Schlucht wird von Macchie bewachsen, in der als Besonderheit der Buchsbaum häufig ist. Dieser Busch erträgt sowohl Hitze und Trockenheit als auch Frost und ist daher für solche Biotope besonders geeignet.

Die endemische Distel *Ptilostemon casabonae* bildet an trockenen Standorten vielköpfige Blütenstände.

Der Korsische Felsenkohl, eine endimische Rosettenpflanze, liebt feuchtere Stellen, z.B. geschützt unter Felsen.

Sein dichtes Holz wurde schon von den alten Griechen zur Herstellung von Flöten benützt. Die Nordhänge des oberen Asco-Tals sind zum Großteil dicht bewaldet, unter die Korsischen Schwarzkiefern (s.S. 82) mischen sich da und dort andere Bäume, z.B. Sternkiefer, Birke und Französischer Ahorn. Der Unterwuchs besteht aus Adlerfarn, Ginster und Dornigem Wundklee. Am Talende trotzen urtümliche Baumgestalten den Unbilden der Witterung, von Stürmen verbogen und mit von Blitzen zersplitterten Kronen. Dieser Urwald dürfte nie forstwirtschaftlich genutzt worden sein, und das dornige Gestrüpp unter den Bäumen macht ihn auch nicht zum geeigneten Wei-

Die Ätna-Berberitze wächst in den Bergen Korsikas zu undurchdringlich-stachligen Gebüschen heran.

Der Mufflon

Diese kleinste Wildschaf-Unterart, einst in ganz Mittel- und Südeuropa verbreitet, überlebte nur in Sardinien und Korsika. Ihre Herkunft ist nicht völlig klar. Der Mufflon stammt vom westasiatischen Wildschaf ab und wurde vielleicht vom Menschen der Jungsteinzeit verbreitet. Daher nimmt eine Hypothese an, daß Wildschafe einst zu Haustieren wurden und später wieder verwilderten. Die ältesten Mufflonfunde in Sardinien sind mindestens 6000 Jahre alt. Im Unterschied zu den Hausschafen, die nur eine Schicht von Wolle tragen, hat der Mufflon zwei: einen »Unterpelz« aus Wolle und darüber den sogenannten »Mantel« aus starken Grannenhaaren. Wie alle Wildschafe haben die Mufflonwidder schwere, spiralig gewundene Hörner. Weibchen und Junge leben das ganze Jahr in Gruppen, die Männchen bis auf die Brunstzeit im Herbst in separaten Rudeln. Die Tiere sind dämmerungs- und nachtaktiv und untertags nach Möglichkeit in der Vegetation versteckt. Mufflons orientieren sich in erster Linie visuell, wie bei einem im Gebirge kletternden Tier zu erwarten. Sie sehen hervorragend und haben Jäger oder Wanderer schon längst erspäht, bevor diese (vielleicht) etwas wahrnehmen. Nachts ist der Fluchtabstand der Tiere dagegen wesentlich geringer, was Wilderer einst häufig auszunutzen pflegten. Seit dem 19. Jh. sind Mufflons überall in Zentraleuropa wieder angesiedelt, wo sich die robusten, anpassungsfähigen Wildschafe gut eingelebt haben.

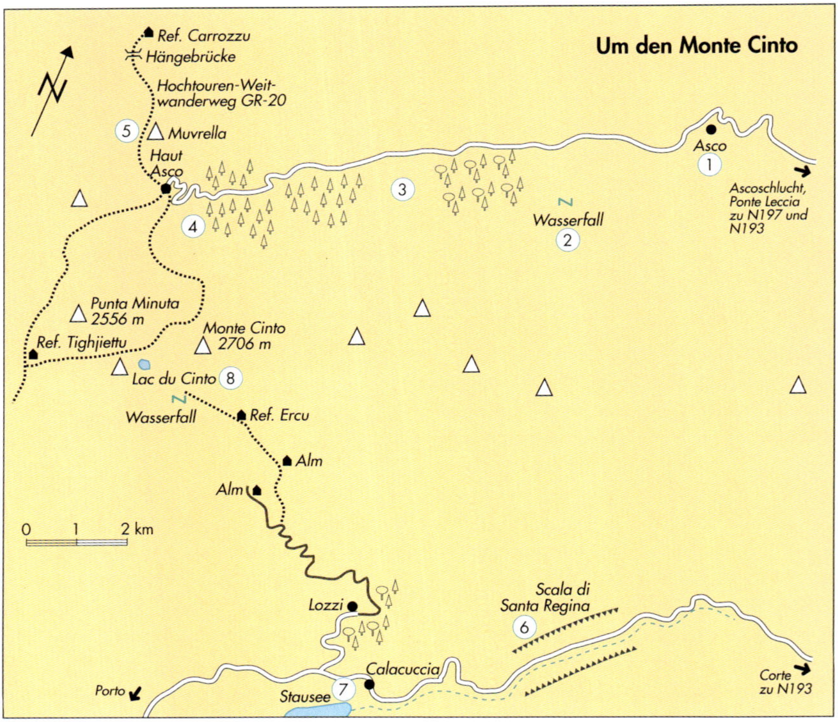

degebiet. Manche der Kiefern scheinen ohne Boden direkt aus nackten Felsspalten zu wachsen – wie die alpine Lärche ist die Korsische Schwarzkiefer ein Rohbodenkeimer. Ihre Samen sind sehr keimfähig, und die kleine Pflanze wächst zunächst rasch, so daß die Wurzeln bald eine geeignete Wasser- und Mineralienversorgung erreichen.

Die Waldgrenze auf ca. 1700 m wird von Schwarzkiefer und Birke gebildet, auf feuchten Schutthalden wächst die Korsische Grünerle. Darüber folgen eine artenarme Zwergstrauchheide und Polsterpflanzen, in deren Schutz andere Kräuter leben können. Ätna- und Etruskische Berberitze, Gennargentu-Tragant, Niederliegender Schlehdorn, Salzmanns und Korsischer Ginster (S. 65) bilden ein sparriges, schwer durchdringbares Gestrüpp. Auf freiem Gelände findet man ziemlich viele Bergblumen, deren Namen mit »Korsisch« beginnen – etwa 40 Arten bilden in den Bergen Korsikas eigene, nur hier heimische Formen: z.B. Korsischer Gelbstern, Korsische Teufelskralle, Korsischer Augentrost, Korsische Osterglocke, Korsischer Steinquendel (Bergminze) und Korsisches Veilchen (S. 92), Weißkopf-Grasnelke, Hirschgeweih-Steinbrech, »Stinkfrucht«-Kresse, und das Korsische Edelweiß (das nicht mit dem alpinen Edelweiß verwandt ist, sondern mit den Strohblumen).

Die Vogelwelt gleicht jener von Restonica und Verghello-Tal (s. nächstes Reiseziel). Bereits bei einem Spaziergang entlang der

Skipiste sind überall Korsischer Zitronengirlitz, Alpendohle und Alpensegler zu sehen – und mit etwas Glück Bartgeier, von denen einige in den Bergen wiederangesiedelt wurden. Glück ist auch für die scheuen Mufflons notwendig, während Tyrrhenische Gebirgseidechsen über beinahe jeden Stein flitzen.

Im Gebiet unterwegs

Am Beginn des **Asco-Tals** liegt eine kleine Info-Station des Naturparks (im Sommer geöffnet). Ihr eigentlicher Zweck ist die Zucht Griechischer Landschildkröten (S. 127), um diese in Korsika sehr selten gewordenen Reptilien wieder heimisch zu machen. Geplant ist außerdem eine Ausstellung über die Blumenwelt des oberen Asco-Tals. Anschließend folgt die mehrere Kilometer lange Asco-Schlucht, eine sehr malerische Strecke. Das Vergnügen, die Schlucht nach der Schneeschmelze zu durchpaddeln, sollte jedoch geübten Wildwasserkanuten vorbehalten bleiben. Die Einwohner von **Asco** ① betreiben Imkerei, die verschiedenen Honigsorten können im Dorf probiert werden. Haupteinnahmequelle ist aber die Viehzucht, und die Herden pendeln zwischen den Almen im Sommer und den Hügeln der Balagne in Nordkorsika im Winter.

Nach dem **Rotella-Fall** ② beginnt das Waldgebiet ③, das bis in den halbrunden Talschluß (einen »Cirque«-Talkessel) ④ reicht, über dem sich die imposanten Gipfel türmen. Von **Haut Asco** (1422 m) mit seiner etwas trostlos wirkenden Skistation führen Wege in die unberührte Umgebung, was diese Ansammlung von ulkigen, auf Stelzen stehenden Ferienhäuschen zu einem beliebten Basislager der Bergsteiger macht. Der nächste Gipfel ist die Muvrella (2148 m) ⑤, über die auch der rot-weiß markierte »GR-20« führt (Aussicht).

Der klebrige Zist, ein häufiger Endemit, besiedelt die Schluchtwände und Felsfluren Korsikas und Sardiniens.

In die **Scala di Santa Regina** ⑥ ist verwegen die schmale D 84 gesprengt und gemauert, kleine Ausweichen erlauben Besichtigungs- und Fotostops. Der Stausee ⑦ hat die Wasserführung des Golo stark verändert, in trockenen Jahren führt er selbst im Frühjahr in der Schlucht kaum Wasser – ein klägliches Rinnsal, das weder die Ökologen noch die Kajakfahrer sehr erfreut. An den Schluchtwänden sind einige Tafoni zu sehen, aber hier im Inland viel

Der Hirschgeweihsteinbrech ist eine Polsterpflanze der Bergfelsen von Korsika und Sardinien.

Durch die Scala di Santa Regina windet sich die einzige Ost-West-Verbindung durch das korsische Gebirge nördlich der N 193.

seltener als in Küstennähe. Bereits kleine Ritzen und Mulden in den Felsen genügen zähen Pionieren, um sich hier anzusiedeln: Im Frühjahr blühen zahlreiche weiße Steinbrech-Felsennelken, Blauer und Kurzblättriger Mauerpfeffer, Silbrige Mauermiere und am Fuß der Felsen Feldmannstreu, Klebriger Ziest und Kratzdisteln.

Im regenreichen **Niolo** ⑦ (1500 mm Niederschlag pro Jahr) wachsen Obst- und Kastanienbäume, und das Becken ist von einem Kranz von Almen (Bergerien) umgeben, die sich im Sommer zunehmend auf den Wandertourismus einrichten. So erreicht man z.B. vom Niolo aus unschwer Korsikas höchsten Gipfel, den **Monte Cinto** ⑧, da von Lozzi eine befahrbare Piste bis zur Alm Petra Pizzuta (ca. 1600 m) führt.

Praktische Tips

Anreise

Die D 47 ins Asco-Tal zweigt 2 km nördlich von Ponte Leccia ab. Durch das Niolo führt die einzige Ost-West-Verbindung Nordkorsikas. An Ausflugswochenden und in der Sommersaison ist die schmale Straße daher reichlich überlastet.

Klima/Reisezeit

Von einem regenschattenbedingten steppenartigen Trockenklima am Beginn des Asco-Tals bis zum Hochgebirge, wo der Schnee bis in den Juli liegenbleibt, sind alle Klimazonen vertreten. In den Hochlagen herrscht bis in den Mai hinein »Winter«, für Bergwanderungen und Hochtouren sind daher Frühsommer und Herbst am geeignesten. Hauptblühzeit in den Bergen ist Juni und Juli.

Unterkunft

Das Asco-Tal ist bis auf das Dorf Asco und das Sportzentrum Haut-Asco unbesiedelt; dort jeweils Quartiere. Campingplätze am Beginn des Tals.

Blick in die Umgebung

In **Casamaccioli** findet am 8. September das Fest der Santa di Niolo statt, mit dem größten Jahrmarkt Korsikas.

Der **Lac de Nino** (1760 m) ist mit seinen ausgedehnten »Pozzines«, den von Rinnsalen durchzogenen Wiesen, ein besonders bemerkenswerter See der korsischen Gletscherlandschaft.

6 Im Zentrum Korsikas

Naturbelassene Gebirgstäler Restonica, Tavignano und Verghello mit Kiefernwäldern; gletscherüberformte Gebirgslandschaft mit zahlreichen Bergseen; Gebirgsvegetation und -vogelwelt, amphibienreiche Schluchtbäche

Das Zentrum Korsikas zeigt auf engem Raum eine besonders große Vielfalt an Lebensräumen, von der mediterranen Macchie bis zum Hochgebirge mit Gletscherformen und Karseen. Das Städtchen Corte, Zentrum und Herz Korsikas, ist dementsprechend zum beliebten Ausgangspunkt für Ausflüge und Wanderungen geworden, die in Corte mündenden Gebirgsquertäler von Restonica und Tavignano ziehen als große Naturschönheiten immer mehr Touristen an.

Der meistbesuchte korsische Karsee, der Melo-See am Ende des Restonica-Tals.

Die talartige Senke von Corte bildet die Grenze zwischen den alten Granitbergen und dem im Zuge der alpinen Gebirgsbildung aufgefalteten Schieferbergland der Castagniccia. Diese »Grenze« ist ein meist breiter Übergangsbereich am Westrand der Senke, so daß hier im Mischbereich der beiden Großeinheiten eine recht heterogene Gesteinsabfolge auftritt, die an mehreren Stellen gut zu sehen ist. Die Region weist ein Mittelmeerklima auf, dessen Sommertrockenheit in höheren Lagen durch Gewitter und Nebel abgeschwächt wird und so in ein mediterranes Gebirgsklima übergeht. Durch die Nord-Süd-Ausrichtung des Hauptkamms werden die von Westen ankommenden Wolken von den Bergen abgefangen. Sofern sie dort nicht abregenen, sondern die Gipfel überqueren, erwärmt sich die absinkende Luft und kann mehr Wasserdampf gasförmig halten – daher ist die Ostseite des Gebirges trockener. Daß Restonica und Tavig-

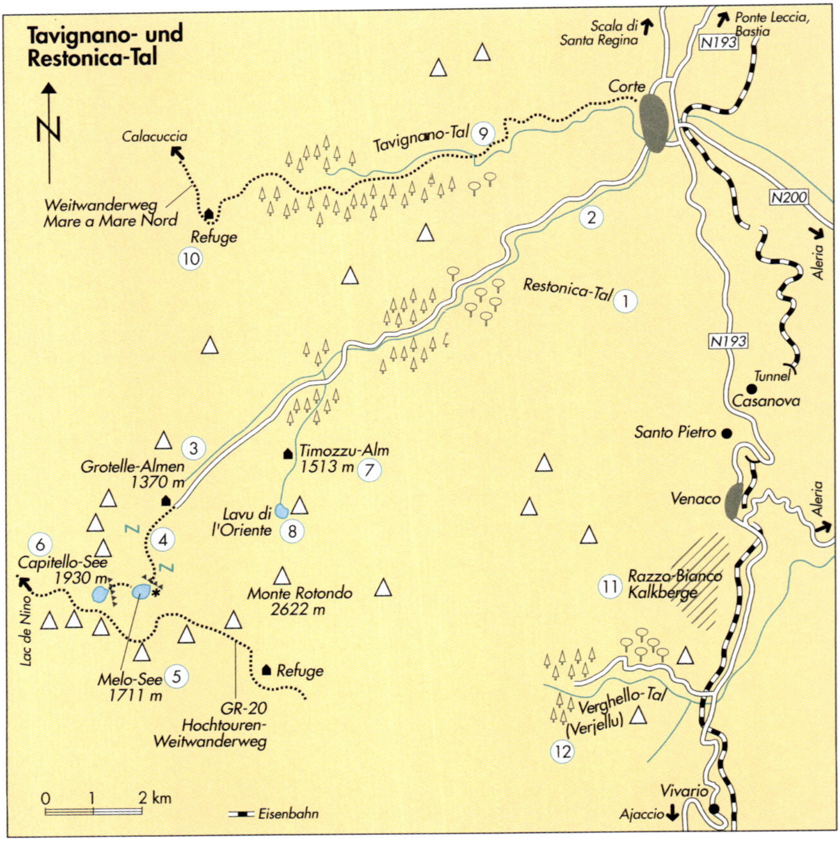

nano trotzdem das ganze Jahr Wasser führen, liegt an den hohen Schnee- und Regenmengen im Gebirge und am wasserspeichernden Granituntergrund.

Pflanzen und Tiere

2000 m Höhenunterschied sind es vom Tal bis zu den Gipfeln, daher sind alle Vegetationsstufen Korsikas (außer der Thermomediterranen) hier vertreten. Die kahlen Hänge um Corte schmücken Hochstauden wie der Italienische Natternkopf und große Disteln mit ihren insektenumschwirrten Blütenköpfen.

Die Mesomediterrane Stufe erreicht an den Südhängen der Quertäler 900 m, während sie an den Nordhängen bei etwa 750 m endet. Darüber stocken ausgedehnte Blockwälder, tiefer unten aus Sternkiefer und beigemischten Laubbäumen, höher oben aus Laricio-Kiefer (s.S. 82). Sie bilden dichte Hochwälder, in denen wenig Licht den Boden erreicht; dazu kommen der saure Granitboden und die schwer zersetzbare Nadelstreu – daher gibt es außer etwas Zistrosen und Baumheide kaum Macchiesträucher im Unterwuchs, während Moose, Flechten, Adler- und Königsfarn im Schatten prächtig gedeihen; ebenso die schattenliebenden Alpenveilchen (S. 107), die rote Tupfer ins Einheitsgrün setzen.

Über der Waldgrenze folgt an feuchten Stellen eine dichte Strauchvegetation aus Grünerle mit Bergahorn und Birke, auf den Trockenhängen aus Wacholder, Ätna-Berberitze (S. 69), Salzmanns Ginster und Dornigem Wundklee. Bald nach der Schneeschmelze erscheinen Krokus und Gelbstern, bei den Almen schon im April, über dem Melo-See erst im Mai. Inzwischen blühen am Weg dorthin bereits Bernards Akelei, Roter Fingerhut (S. 81), korsischer Ziest, Zweiblütiges Veilchen und Weißkopf-Grasnelke. Überrieselte, dauerfeuchte Magerstandorte besiedelt das Korsische Fettkraut, das sich seine kargen Umweltbedingungen als »Fleischfresser« aufbessert. Seine klebrigen Blätter dienen dem Insektenfang.

Von Corte bis zu den Bergen erfreuen den Wanderer zahlreiche zwitschernde Waldvögel, aber auch einige Seltenheiten. Im Macchiegebüsch entdeckt man Samtkopf- und Sardengrasmücke, Zaunammer und Grauschnäpper. In den Kiefernwäldern leben Korsenkleiber, Buntspecht, Schwanzmeise, Waldbaumläufer und Fichtenkreuzschnabel, an allen Bächen taucht die Wasseramsel nach Insektenlarven.

Der Königsfarn bildet im Restonica-Tal dichte Bestände. Die braunen Gebilde im Zentrum sind die Sporenträger.

Der Korsenkleiber

Diese kleine, weißbäuchige Kleiberart ist auf die Nadelwaldregion Korsikas beschränkt, wo knapp 2400 Paare leben; bevorzugt in alten Beständen der Laricio-Kiefer zwischen 1000 und 1500 m mit Totholz für den Nistplatz. Die Nester werden oft in Nahrungs- oder unfertigen Nisthöhlen des Buntspechts angelegt. Der Korsenkleiber ist ein Standvogel, im Winter weicht er in tiefere Lagen aus und ist dann in Steineichen- und Kastanienbeständen zu sehen. Seine Nahrung besteht zur Brutsaison vornehmlich aus Insekten, im Winter aus Kiefernsamen. Das Entfernen toter und verrottender Bäume aus wirtschaftlich genutzten Wäldern beraubt den Korsenkleiber seiner Nistmöglichkeiten, daher zählt ein möglichst hoher Totholzanteil zu den wichtigsten Schutzmaßnahmen dieser spezialisierten Art. Auch die prächtigen Bockkäfer, deren Larven sich oft über mehrere Jahre in altem Holz entwickeln, profitieren davon.

Während am Melo-See Korsischer Zitronengirlitz, Alpendohle oder Wasserpieper häufig sind und sogar Mauerläufer über die Felsen huschen, sind Bartgeier meist nur außerhalb der Saison zu sehen, da sie den Touristenrummel im Gelände nicht schätzen. Über dem ruhigen Verghello-Tal kreisen sie dagegen regelmäßig. Auch die Chance auf eine Begegnung mit Steinadler, Wanderfalke und Sperber ist dort erheblich größer.

Das Korsische Fettkraut benützt seine klebrigen Blätter zu Insektenfang und Aufbesserung der Nährstoffzufuhr.

Das Zentrum Korsikas ist ein wasserfallreiches Gebiet. Dieser rauscht im Restonica-Tal gegenüber dem Grotelle-Almen.

Die Echsenarten bleiben im Zentrum Korsikas deutlich nach Höhenlage getrennt: Die Ruineneidechse lebt nur im Tal von Corte, und die Tyrrhenische Gebirgseidechse beschränkt sich auf die Hochlagen. Nur an wenigen Orten geht sie auch ins Flachland. Alle Zwischenlagen besiedelt die häufigste Art Korsikas, die Tyrrhenische Mauereidechse (S. 65). Die Restonica beherbergt alle drei endemischen Lurche, den Korsischen Gebirgsmolch, der auch alle umgebenden Gewässer besiedelt, und beide Scheibenzünglerarten. Dazu ist noch an feuchten Stellen von Tavignano bis Verghello die Mittelmeerrasse des Feuersalamanders zu finden.

Schmetterlinge bevorzugen offene Landschaften und Lichtungen. Im Verghello-Tal flattern im Juli z.B. Schwalbenschwanz, Segelfalter, C-Falter, Kardinal, Postillon, Südlicher Heufalter, Kleiner Feuerfalter und Elisa-Perlmutterfalter von Blüte zu Blüte. Über die Bäche schwirren Libellenarten, die klare Fließgewässer bevorzugen, etwa verschiedene Prachtlibellen. Außerdem sieht man Blaugrüne Mosaikjungfer, Spitzenfleck, Geisterlibelle, sowie Großen und Südlichen Blaupfeil.

Im Gebiet unterwegs

Das 17 km lange **Restonica-Tal** ① ist das beliebteste Ausflugsziel der Region. Es ist sehr malerisch, außerdem führt eine schmale Straße bis hin zu den Grotelle-Almen (ca. 1300 m) ③, einer Bergsiedlung mit Käse- und Sandwichverkauf und einem großen Parkplatz, der im Sommer trotzdem nicht ausreicht (und auf den Autoknacker ein begehrliches Auge werfen). Ein kostenloser Pendelbus fährt halbstündlich von Corte zu den Grotelle-Almen. Abfahrt am Taleingang 300 m oberhalb vom Hotel Le Refuge. Am Beginn des Restonica-Tals durchquert man die tektonischen »Grenzschichten« ②: zunächst Liaskalk aus dem Jura, dann grüne Konglomerate und schließlich noch einmal etwas Marmor, bis schließlich der Granitbereich folgt.

Die Gruppe des **Monte Rotondo** (2622 m) ist Korsikas Gebiet mit der stärksten eiszeitlichen Überformung. Das obere Restonica-Tal ④ bildet daher ein typisches Trogtal (S. 10) mit Rundbuckeln, Talterrassen, Wasserfällen und wassergefüllten Gletscherwannen. Zwei dieser Karseen, **Melo** (1711 m) ⑤ und **Capitello** (1930 m) ⑥, sind leicht erreichbar und wie Calanche oder Bavella ein vielbesuchtes »Muß« für Korsikareisende. Der Melo-See ist von Erlengebüsch umgeben und bildet auf der Westseite den Beginn kleiner »Pozzines«-Wiesen, während sich der Capitello-See, zu dem man über die nächste Talstufe kraxeln muß, kahl unter die Felswände duckt. Empfehlenswert ist auch eine Bergwanderung von der Timozzo-Brücke im Restonica-Tal durch Schwarzkiefernwald über die **Timozzo-Alm** ⑦ zum Bergsee **Lavu di l'Oriente** (2061 m) ⑧ und weiter durch Grünerlenbuschwald und über Bürstlings- und Krummseggenrasen zum Monte Rotondo (2622 m).

Das benachbarte **Tavignano-Tal** ⑨ ist nur zu erwandern; der Weg führt vorbei an Gumpen, schönen, durch Hochwasser geformten Felsformationen und durch eine kleine Schlucht bis zu einer Hängebrücke. Etwas beschwerlich geht es dann weiter zum **Refuge de Sega** ⑩ mit einem malerischen Flußkolk. Dies ist zugleich ein Abschnitt des Weitwanderwegs Mare a Mare Nord, der vorbei an Pankrazlilien (S. 114) und einem Wasserfall über der Paß »Bocca a l'Arinella« ins Niolo weiterführt.

Von Corte nach Süden durchfährt man auf der Straße wie mit der Bahn eine voralpine Landschaft im Grenzgebiet der beiden tektonischen Großeinheiten. Die vielen

Das Gefleckte Knabenkraut schätzt feuchte Standorte auf Silikatboden, z.B. im Verghello-Tal.

Korsika beherbergt die endemischen Akeleien *A. bernardii* (verbreitet in den Bergen, Foto) und *A. dumeticola*.

Nördlich von Venaco zeigt der durch die N 193 angeschnittene Felsen typische Schieferstrukturen.

Kurven bieten schöne Ausblicke, und durch den Straßenbau sind mehrmals auffallende Schieferfaltungen angeschnitten. Westlich davon zieht sich das Band des Jurakalks entlang und baut z.B. südlich von Venaco die **»Razzo-Bianco« Felsen** ⑪ auf, die so gar nicht in dieses Granit- und Schieferland zu passen scheinen. Der **Verghello** ⑫ ist ein Nebenfluß des Vecchio und mündet in ca. 400 m Höhe bei Vivario. Er entwässert die Gipfelflucht südlich des Restonica-Tals. Der Untergrund besteht im allgemeinen aus Granit. Da das Verghello-Tal touristisch von geringerem Interesse ist und durch ein einspuriges Sträßchen erschlossen wird, ist es für den Naturbeobachter sehr reizvoll. Das Rinnsal neben der Straße ist im Mai z. B. ein Standort zahlreicher Knabenkräuter und Zungenstendel.

Praktische Tips

Anreise

In Corte, dem städtischen »Zentrum des Zentrums«, treffen sich die Straßen von Norden, Süden und Osten, und das Städtchen ist von Bastia, Calvi und Ajaccio aus mit Bahn und Bus erreichbar. Die korsiche Schmalspurbahn, »Feuriger Elias« genannt, schnauft auf malerischer Strecke von Bastia nach Ajaccio.

Beste Reisezeit

Wie im Asco-Tal sind die Tieflagen mediterran geprägt, während im Gebirge der Frühling erst Ende Mai beginnt. Eine Tavignano-Wanderung ist daher im Frühjahr zu empfehlen, während am Melo-See bis Mitte Mai noch Schnee den Weiterweg zum Capitello versperren kann. Das Gebiet ist auch im Sommer relativ feucht und artenreich, zur Hochsaison aber stellenweise von Besucherscharen überlaufen.

Information: Informationsbüro des »Parc Naturel« in der Zitadelle von Corte.

Unterkunft

Zahlreiche Quartiere aller Art in Corte wie in den Dörfern südlich davon; ebenso viele Campingplätze in Corte, um Corte, im Restonica-Tal, in Venaco und Vivario.

Blick in die Umgebung

An Wasserfällen mangelt es nicht in Korsika: Im schluchtartigen Manganellu-Tal zwischen Vivario und Vizzavona sprudeln eine Gehstunde hinter Canaglia der Tolla-Fall und höher oben eine Kaskadenserie. Vom Vizzavona-Paß erreicht man die »Cascade des Anglais«. In Bocognano zweigt die D 27 ab zum »Brautschleierfall« (Voile de la Mariée).

Bizarre Berglandschaft aus Türmen und Felsnadeln; verschiedene Erosionsformen; üppige Bergwälder, Wasserfälle; Mufflon, Korsischer Rothirsch, Bartgeier

»Korsische Dolomiten« heißen die nahezu senkrecht aufragenden Felswände und -türme des Bavella-Massives. Vor allem die bis 1611 m hohen Bavella-Nadeln (Aiguilles) wirken fast »kalkartig« – bestehen aber wie die rötlichen Berge um Porto aus einem rhyolitischen Ergußgestein (Porphyr). Kalkeinsprengsel spielen nur um den Fornello eine Rolle. Dort in der Nähe steht der südlichste Zweitausender Korsikas, der Monte Incudine (2135 m). Hier endet der Einfluß der eiszeitlichen Vergletscherung, die ihren Teil zu Gletscherschliff und Gipfelformen der höchsten Berge Korsikas beitrug. Die Bavella-Ketten selbst blieben eisfrei, und so überformte nichts die lange Arbeit der Erosion, die aus feinen Rissen im Gestein große Türme und Felsnadeln herausmodellierte – denn der an der Erdoberfläche erstarrte Porphyr ist wegen seines Gehalts an Gasblasen (die durch den Aufstieg von Magma in den Spalten entstehen) weicher als der quarzreiche, kompakte Granit. Die senkrechte Klüftung des Gesteins trägt ebenfalls dazu bei, daß sich Zacken bilden. Sie erklärt sich aus der Entstehung solcher Vulkane: Als während der Alpenauffaltung Korsika und Sardinien vom Festland weggedreht wurden, kam es zu tektonischen Brüchen und Spalten, durch die Magmen aufsteigen konnten.

Die Punta di u Diamante, ein harter Granitkegel südlich von Zonza, ist dagegen ein Glockenberg, geformt durch Wollsackverwitterung und Abschuppung (s.S. 19).

Die Punta di u Diamante ist ein klassischer Glockenberg mit Abschuppungsverwitterung (s.S. 19).

Pflanzen und Tiere

Rund um die Bavella, von Zonza bis Tova, ist ein Mufflonreservat eingerichtet, in dem etwa 200 dieser Wildschafe leben (s.S. 69). Südlich davon, in dem Wäldern zwischen Zonza und Ospedale, wurden 1985 einige Rudel des Korsischen Rothirsches wiederangesiedelt. Diese Inselrasse, etwas kleiner als die Festlandtiere, war in Korsika bereits ausgestorben und hat nur an einigen Rückzugspunkten in Sardinien überleben können.

Um die Gipfel fliegen Alpenbraunelle, Alpendohle, Steinadler sowie einige angesiedelte und gehegte Bartgeier. Im Kiefernwald leben Zwergohreule (S. 112), Korsenkleiber (s.S. 75), Buntspecht, Fichtenkreuzschnabel, Waldbaumläufer, Hänfling und Misteldrossel.

Bei der Fahrt von Porto-Vecchio ins Gebirge lassen sich die verschiedenen Waldstufen Korsikas gut betrachten – und darüberhinaus die Auswirkungen von Waldbränden. Um 1990 sind größere Gebiete zwischen Zonza und den Bavella-Bergen abgebrannt; inzwischen wurde wieder fleißig aufgeforstet. Später hat es den Forêt de l'Ospedale »erwischt«: Über weite Strecken ragten verkohlte Stämme gespenstisch in die Luft (S. 42). Hier ist eine Pionierbesiedlung zu beobachten, die Macchie blüht bereits wieder.

In den Tieflagen stocken Korkeichen (S. 92), ein westmediterranes Element, das vor allem von Portugal bis Sardinien vertreten ist. Bis nach Zonza hin dominiert dann in einem der größten Waldgebiete Korsikas die Sternkiefer (Seestrandkiefer), ein anspruchsloser Baum auf mageren Böden etwa von 400 bis 1000 m. Dazu gesellen sich in feuchten Lagen um Zonza Flaumeichen, die in Korsika auf wenige Gebiete zurückgedrängt worden sind. Die Weg- und Straßenränder begleiten häufig der leuchtendrote Fingerhut und die Korsische Nieswurz (S. 62).

Höher oben wird die Stern- von der Lari-

Die Bavella-Nadeln
von Quenza aus gesehen.

cio-Kiefer abgelöst. Auf den schattigen Steilhängen und in Blockschluchten hinter den Bavella-Nadeln wächst ein Tannen-Relikturwald, und in hochgelegenen Schluchten gibt es noch einige Buchen. An waldfreien Hängen und über der Baumgrenze pfeift der Wind über eine Busch- und Polstergemeinschaft mit Dornigem Wundklee, Marseille-Tragant, Salzmanns Ginster, Italienischer Strohblume, Thymian, kleinen Steinbrechkissen und der »Mufflonkraut« genannten Vielköpfigen Grasnelke (S. 84).

Die Sternkiefer ist wie die Schirmpinie ein Feuerkeimer, die lichtliebenden Keimlinge

Die erste der
Kaskaden von Polischellu.

Der Rote Fingerhut begleitet viele
der Straßenböschungen.

Die Korsische Schwarzkiefer

Schwarzkiefern (Schwarzföhren) sind bis zu 45 m hohe Nadelbäume mit steifen Nadeln paarweise an Kurztrieben. Die robusten Bäume wachsen vor allem auf flachgründigen Böden und stellen geringe Nährstoffansprüche. Sommerwarme und nicht allzu trockene Klimalagen bilden daher ihre Hauptverbreitung. Die systematische Stellung der von Spanien bis in die Türkei vorkommenden Schwarzkieferrassen ist immer noch ziemlich dubios: Die in Korsika heimischen Bäume werden zur Unterart »laricio« gestellt und daher auch kurz Laricio-Kiefer genannt. Durch ihre geographische Isolierung bilden sie außerdem die Gruppe oder Rasse »poiretana« innerhalb der Unterart *laricio*. Ob es die Schwarzkiefern Korsikas verdienen, zu einer eigenen Art erhoben zu werden, die dann *Pinus laricio* oder *Pinus poiretana* heißen würde, ist bislang umstritten.

finden auf abgebrannten Flächen günstige Wachstumsbedingungen. Bei dichtem Macchieunterwuchs können sich die Bestände dagegen kaum mehr verjüngen. Wenn die Bedingungen nicht zu karg und trocken sind, würden mit der Zeit immer mehr Stein- und Flaumeichen den Kiefern folgen, was aber die häufigen Brände verhindern. Vor allem die Nadelstreu »brennt wie Zunder«. Die korsischen Sternkieferwälder brennen besonders häufig, was – aus Sicht der Bäume – vielleicht Teil eines ökologischen Anpassungsprozesses ist. Durch die Brände wird im Unterwuchs der Adlerfarn massiv gefördert, dessen Keimlinge ebenfalls vom Feuer profitieren und manchmal so dichte Bestände bilden, daß sie einen natürlichen Wald jahrzehntelang verhindern.

Im Gebiet unterwegs

Die Strecke über den 1218 m hohen **Bavella-Paß** ① bietet zu jeder Tageszeit reizvolle Fels- und Bergblicke. Dementsprechend ist der Paß mit seinen Gasthäusern ein vielbesuchtes Ausflugsziel. Am Paß rekken von Sturm und Blitz gezeichnete Wetterföhren ihre zerzausten Äste gen Himmel, der Unterwuchs besteht, selten am Mittelmeer, aus Gras. Man sieht kaum junge Bäumchen aufkommen, vermutlich wegen der vielen Touristen und der Beweidung. Am Bavella-Paß quert der Gebirgs-Weitwanderweg GR-20 die Straße. In Richtung Osten zweigt von diesem ein Pfad zum »Bombentrichter« (**Trou de la Bombe**) ② ab, einem etwa 8 m großen Loch in der Felswand nahe der Punta Velaco (1483 m).

Nach Westen führtder GR-20 in zwei Varianten entweder alpin mitten durch die **Aiguilles** ③ oder gemütlich außen herum und wendet sich anschließend nach Norden zum **Monte Incudine** ⑤. Dieser schöne Aussichtsberg ist auch von Quenza aus durch das **Asinao-Tal** ④ (Fahrweg bis Scapa di Noce) zu erreichen. Den Asinao-Bach begleitet eine dichte Vegetation mit Flaumeiche, Esche und Erle, höher oben mit Kiefern. Am Berghang gibt es wie am Bavella-Paß stellenweise glatten, trockenen Rasen, dazu Farn, und an feuchten Stellen setzt im Sommer die Rosa Baumheide Farbtupfer. Ruinen eines Holzfällercamps liefern die Erklärung für diese Landschaft: 1958 hatte ein Kahlschlag den Wald, der beinahe bis zu den Almen von Asinao hinaufreichte, zerstört. Seither hat die Erosion hier freie Fahrt.

Der Aufstieg von den Almen zum Gipfel folgt einem Erlenzug entlang eines Baches und verläuft im wesentlichen auf einem Schuttkegel, gespickt mit großen Blöcken aus der Eiszeit. Am Bergrücken versteckt sich in den Granitspalten eine reizvolle Gebirgsflora, kurzgeschoren vom Wind. Gegenüber vom Incudine steht der **Fornello** ⑥, und man muß kein Geologe sein, um den Unterschied zwischen diesem Kalkgipfel und der umgebenden Urgesteinslandschaft zu bemerken.

Im Solenzara-Tal lohnt ein Besuch der **Kaskaden von Polischellu** ⑦. Die unteren können in wenigen Minuten erreicht werden, für die weiteren ist es notwendig, mühsam durch das Gebüsch zu kriechen bzw. die Gumpen zu durchschwimmen. Ausgangspunkt ist die Brücke über den Polischellu-Bach, bald nach den Hütten von Arggiavara (etwa 3,5 km von der Bocca di Larone).

Im Kiefernwald zwischen Zonza und dem Stausee liegen Granitblöcke und Felsbur-

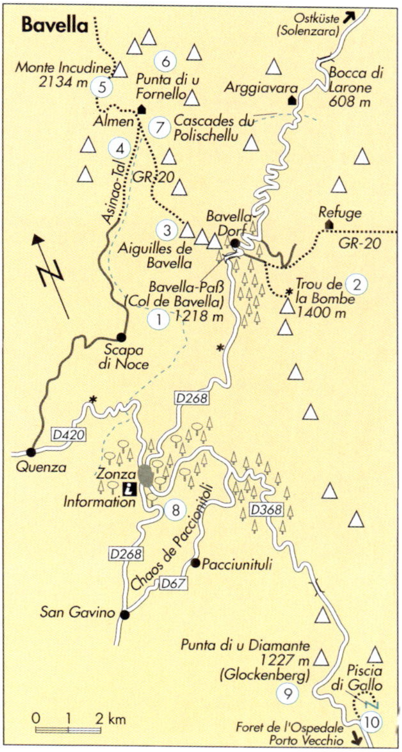

gen wie Riesenmurmeln, feuchtigkeitsbegünstigte Nebelstaulagen können Eibe, Stechpalme, Ahorn und Eichen nützen. Eine malerische Ansammlung solcher Felsblöcke bildet das »**Chaos de Pacciunituli**« ⑧ entlang der D 67. Eine Kuriosität ist dort ein natürlicher, tafonidurchlöcherter Dolmen, der sich etwa 1,5 km nach der Abzweigung von der D 368 unter den Bäumen am Hang nördlich der Straße befindet (Steinhäuschen an der Straße).

Als typischer Glockenberg ist die **Punta di u Diamante** (1227 m) ⑨ ein rundlich-stumpfer Kegel, umgeben von einer bizarren Blockmeer-Granitlandschaft, in der im Mai und Juni Pankrazlilien (S. 114) ihre Blütentrichter öffnen. Vom Paß Bocca d'

Illarata lassen sich bequem kleine Ausflüge ins Gelände starten. 1 km vor dem Marghese-Stausee zweigt der Weg zum **»Hahnenpiß«-Wasserfall** (Piscia di Gallo) ⑩ ab (immer dem Müll nach), der eine gute halbe Stunde entfernt aus dem Felsen schießt (bestes Fotolicht am Vormittag).

Die vielköpfige Grasnelke hat in Korsika den Beinamen »Mufflonkraut«.

Tafoni können nicht nur in Sardinien seltsame Formen annehmen. Bei Pacciunituli steht ein natürliches »Hühnengrab«.

Praktische Tips

Anreise

Zonza, Treffpunkt aller Straßen durch die Region, ist am bequemsten von Porto Vecchio her auf der kurvigen, aber gut ausgebauten D 368 zu erreichen, von Westen her durch das Alta-Rocca-Bergland. Die Straße von Zonza zum Bavella-Paß ist breit ausgebaut, die Strecke von Solenzara her dagegen eine schmale Holperstrecke. Zonza wird vom Bus Porto Vecchio-Propriano angefahren, im Sommer gibt es einen Früh- und einen Abendbus zum Bavella-Paß.

Unterkunft

Zonza ist mit aller touristischer Infrastruktur ausgestattet: Hotels, Bars, Gasthäuser, Geschäfte, Tankstelle, Fahrradverleih. Campingplatz etwa 3 km östlich von Zonza an der D 368.

Information

Info-Büro des Naturparks in den Sommerferien am Ortsende von Zonza.

Blick in die Umgebung

Eine geologische Kuriosität, die man sonst nur in Finnland antrifft, ist der Kugeldiorit von St. Lucie-de-Tallano. Diorit ist ein magmatisches Tiefengestein aus Feldspäten, Hornblenden und Augiten. Einige dieser Bestandteile wurden beim Kugeldiorit teilweise wiedergeschmolzen und sind dann kugelförmig rekristallisiert. Am Dorfplatz besteht der Sockel des Denkmals aus einem angeschliffenen Dioritblock, der diese Ringe schön zeigt.

Einzigartiges Ambiente eines 60 m hohen Kalkfelssporns mit imposanter Stadtanlage und zerklüfteter Steilküste; Sturmtaucherkolonie, »Windgesellschaften« der Pflanzen, Aquarium, Bootsfahrt zu den Grotten

Die Südspitze Korsikas unterscheidet sich völlig vom Rest der Insel – wie nicht dazugehörig ist ein etwa 30 km² großes Kalkplateu an das Granitland »angeklebt«. Das Weiß der Kalkfelsen, die in Korsika sehr selten sind, verleiht der Landschaft einen eigenen Reiz, und die geologischen Besonderheiten des Kalks verstärken noch die Isolierung der Inselsüdspitze, die von einem menschenleeren Gebiet umgeben ist, das erst der Tourismus wiederentdeckt hat.

Im Miozän (S. 13) haben in einem Flachmeer Sedimente den Granit bis zu 150 m hoch bedeckt, die Phasen der sukzessiven Ablagerung sind deutlich zu erkennen, da durch verschieden harte Schichten und Bänke die Verwitterung ungleichmäßig erfolgt. Das Meer arbeitet dabei sowohl mechanisch durch Sturm und Wellenschlag als auch chemisch durch Auslaugung. Das Plateau ist von Senken, Trockentälern und Grotten durchzogen und bildet im Norden von Bonifacio einen Fjord, der die Zitadellenstadt malerisch über dem ertrunkenen Flußtal schweben läßt.

Dieser ideale Hafen war seit alters bekannt und anscheinend bereits bei den bronzezeitlichen Griechen für ihre Kolonisationsexpeditionen begehrt – Odysseus beklagte sich jedenfalls bitterlich darüber, von den ihr Handelsmonopol verteidigenden Bewohnern mit einem Steinhagel empfan-

Blick auf Bonifacio und auf den Sandkornfelsen von der Steilküste des Kaps Pertusato aus.

gen worden zu sein und eine vernichtende Niederlage erlitten zu haben.

Pflanzen und Tiere

Durch die Meerenge zwischen Korsika und Sardinien pfeift wie durch eine Düse fast ständiger Wind. Die Vegetation mußte sich an diese windigen Verhältnisse anpassen. Zum einen ist der Boden durch den wasserdurchlässigen Kalk und den dauernden Wind stark ausgetrocknet, zum anderen ist die Salzkonzentration in der Luft durch die Windstärke relativ hoch. Daher hat sich eine Garrigue als Schlußgesellschaft gebildet, Macchiesträucher treten erst in geschützten Lagen auf. Der Pflanzenwuchs richtet sich stark nach der vorherrschenden Windrichtung, die Luvseite ist manchmal völlig kahl und blattlos. Es dominieren Kugelpolster, die den Pflanzen ein eigenes Mikroklima ermöglichen. Vor allem der dornige Marseille-Tragant bildet riesige Polster, ebenso fällt die Kleinblättrige Strohblume auf, eine endemische Unterart der Italienischen Strohblume. Charakteristisch sind »Gemeinschaftsstände« der Pflanzen, wo sich mehrere Arten zu einem Kugelbusch vereinen, um sich so vor zu hoher Verdunstung, Salzeinfluß und Wind zu schützen. Den stacheligen Windschutz nutzen außerdem zahlreiche Kräuter, wie der Korsische Reiherschnabel (S. 88).

Sie sind die Lieblinge der auf den Fährschiffen Ausschau haltenden Touristen – Streifendelphine.

An besonders windausgesetzten Hängen wachsen Weißer Beifuß und Ausdauernder Strandstern (S. 29). Leicht zu übersehen ist das endemische Rundblättrige Zwergedelweiß, das einer Miniaturartischocke gleicht und sich eng an den Boden drückt. In Richtung auf den Leuchtturm Pertusato blüht ab April überall in den Tälchen der Korsische Rosenlauch (S. 93) und nahe dem Semaphor ein kleiner Kreuzblütler, das Erdschötchen. An die trockenen Steinwände klammern sich Clematis, zwischen den Felsen öffnet im Mai die Pankrazlilie (S. 114) ihre duftenden Blütentrichter, und schließlich blühen im Oktober die Tardif-Narzisse mit weißen Blütenblättern und gelber Krone sowie Felsennelken mit ihren violetten Blüten.

Vom Leuchtturm nach Osten bis zur Punta Sperone wechseln sich Kalk und Granit ab, bewachsen von Macchie mit artenreichem Geophytenunterwuchs: Korsischer Scheinkrokus, Sardischer Milchstern und Zungenstendel. An der Küste bildet die Stechende Grasnelke (S. 121) rosa-blühende Polster, und auf den Felsen darüber der Jupiterbart, ein strauchförmiger Klee, knorrige Büsche.

Klippen an der Meeresküste bieten wie überall in Sardinien und Korsika die Gelegenheit, Seevögel zu beobachten. Im Frühjahr bilden die Gelbschnabel-Sturmtaucher (S. 37) eine kleine, aber lärmende Kolonie auf dem Bonifacio vorgelagerten Felsen, dem »Sandkorn«. Dazu gesellen sich Krähenscharbe, Mittelmeer- (S. 100) und Korallenmöwe (S. 50) sowie Fahl- und Alpensegler. Einfarbstare kann man mitten im Städtchen sehen, und das Gebüsch der Umgebung besiedeln Zaunammer, verschiedene Grasmückenarten sowie der Korsische Zitronengirlitz. Im Winter

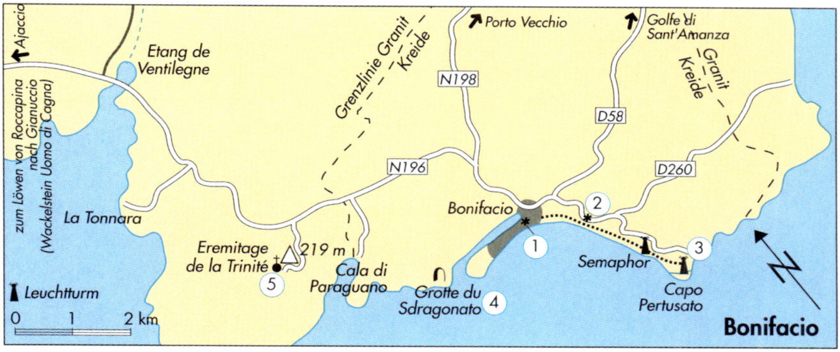

gibt es Kormoran, Mittelmeer-Sturmtaucher und manchmal Baßtölpel zu beobachten. Die offene Vegetation des trockenen Kalkbodens schätzen Wechselkröte (S. 93), Griechische Landschildkröte (S. 127), Halbfingergecko (S. 38) und die Gelbgrüne Zornnatter (S. 39). Von Bonifacio aus hat sich die sardische Unterart *cettii* der Ruineneidechse in der Umgebung verbreitet, während an der Ost- und Nordküste Korsikas die Unterart *campestris* lebt. Auf jeden Dunghaufen stürzen sich im Frühling die Pillendreher, um daraus Kügelchen zu formen und diese als Vorratslager für ihre Larven zu vergraben. Dabei kommt es ständig zu Streit, da einige faulere Artgenossen versuchen, den fleißigeren Käfern ihre fertigen Kugeln abzujagen.

Eine Besonderheit des Gebiets sind die »Padule«, temporäre Tümpel (Sümpfe), im Norden des Plateaus (etwa die Tre Padule bei Suartone). Hier erreichen einige Arten die Nordgrenze ihrer Verbreitung: der Wasserfarn *Isoetes velata*, das Sizilianische Vergißmeinnicht sowie einige kleine Urzeitkrebse, die diesen Lebensräumen ein nordafrikanisches Kolorit verleihen.

Im Gebiet unterwegs

Die von der Brandung ausgehöhlten Kalkfelsen zwischen Bonifacio und dem Capo Pertusato stürzen als rund 60 m hohe Steilküste ins Meer. Der Blick im Abendlicht vom **Col St. Roche** ① in Bonifacio auf die Klippen und vorgelagerten Felstürme bzw. jener am Morgen von der Küste ② auf Bonifacio gehören zu den malerischsten Panoramen Korsikas. Von der Kapelle führt ein Spazierweg 5 km bis zum Kap, das auch über die D 260 zu erreichen ist. Auf einer kahlen und windigen Klippe thront exponiert am südlichsten Punkt Korsikas der Leuchtturm von **Pertusato** ③ mit der vorgelagerten Klippe St. Antoine darunter. Im Süden läßt sich selbst beim üblichen Dunst das nur 12 km entfernte Sardinien erkennen.
ACHTUNG: Am Weg zum Kap nicht bis unmittelbar an die Kante der brüchigen Felsen vortreten!

Ausflugsboote umkurven vom Hafen in Bonifacio aus die Halbinsel und besuchen dabei die Grotte de Napoleon sowie die **Sdragonato-Grotte** ④ mit ihren Lichtspiegelungen und grünem Flechtenbewuchs. Deren offene Decke ähnelt aus einem bestimmten Blickwinkel den Umrissen Korsikas. Bemerkenswert ist aber vor allem die Aussicht auf die über den geschichteten Felsen thronende Stadt. Die gekreuzten Lagen mancher Schichtungen haben ihren Ursprung im Wechsel der Meeresströmung während der Sedimentation. Das **Aquarium**

Unter dem Leuchtturm von Pertusato liegt die von der Brandung etwas mitgenommene Südspitze Korsikas.

Der Jupiterbart ist ein buschförmiger Klee an Felsküsten.

Der Korsische Reiherschnabel bildet Polster zwischen den windexponierten Felsen.

in einer Höhle an der Hafenpromenade gibt einen Einblick in die bunte Unterwasserwelt zwischen Korsika und Sardinien.

- Aquarium de Bonifacio, 71, Quai Comparetti, 20169 Bonifacio, Tel.+Fax: +33(0)495-730369, Öffnungszeiten: Ostern bis Ende Okt. 10-24 Uhr, außerhalb der Urlaubszeit bis 20 Uhr

Die **Eremitage de la Trinité** ⑤, nur wenige Kilometer westlich von Bonifacio, liegt bereits wieder in zerklüftetem Granitgebiet inmitten von Tafoni-Felsen und lohnt einen Besuch, sowohl wegen der Felsformen als auch wegen der Aussicht. Nördlich von Bonifacio quert die N 198 die Grenze Kalk-Granit. Ab hier beginnen die kalkmeidender Korkeichen, und die Erdbeerbäume (S. 32) werden häufiger.

Praktische Tips

Anreise

Die breiten Küstenhauptstraßen 196 und 198 treffen 1 km vor Bonifacio zusammen. Wegen der kurzen Entfernungen ist ein Fahrrad sehr gut brauchbar. Vom Hafen pendeln Fähren mehrmals täglich nach Sardinien.

Beste Reisezeit

Blüte im Frühling, Herbst und Winter sind auch interessant. Im Sommer trocken, heiß und überfüllt.

Blick in die Umgebung

Die Cerbicale-Inselchen vor Porto Vecchio sind ein bemerkenswerter Nistplatz vieler Wasservögel, die am Festland gut zu sehen sind, z.B. der Korallenmöwe (S. 50). Da die Inseln seit dem nacheiszeitlichen Meeresanstieg von Korsika getrennt sind, bildeten sich eigene Unterarten der Tyrrhenischen Mauereidechse.

Urtümliche Granitlandschaft mit einzigartigen Tafoni-Verwitterungen, Glockenberge, Korkeichenwälder; gute Beobachtungsmöglichkeiten für Seevögel

Die Gallura im Nordwesten Sardiniens ist eine uralte, geologisch mit Korsika zusammenhängende Landschaft, die aus verschiedenen kristallinen Gesteinen wie Granit, Diorit oder Tonalit besteht. Nach ihrer Entstehungsgeschichte sind dies Intrusivgesteine oder Plutonite. Dabei ist Magma in großen unterirdischen Kammern (Plutonen) und vielen davon ausgehenden Gängen bereits unter der Erdoberfläche erstarrt. Im Laufe der Zeit sind die harten Plutonitgesteine aus dem umliegenden, weicheren Material herausgewittert und bauen heute neben der Gallura noch große Teile Korsikas auf. Dieser riesige Tiefengesteinskomplex ist einer der größten Europas und wird sardisch-korsischer Batholith genannt. Hie und da sitzen kleine Reste einer einstigen Kalkbedeckung aus dem Erdmittelalter auf.

Die **äußere Gallura** umfaßt die Nordostküste Sardiniens von der Coghinas-Mündung bei Castelsardo bis Olbia. Zwischen Olbia und dem Capo Testa handelt es sich um eine Riasküste, das sind durch den nacheiszeitlichen Anstieg des Meeresspiegel ertrunkene Täler ähnlich jenen Nordspaniens oder den norwegischen Fjorden. Die Felsküste der Gallura ist sehr unruhig profiliert und von überaus bizarren Tafoni-Verwitterungsformen geprägt, die man auch auf den vorgelagerten Inseln findet. Das Gebiet war kaum besiedelt, denn die windgefegten Granithügel waren vor der Erfindung modernen Komforts nicht besonders wohnlich, und auf dem Granitboden wächst kaum mehr als eine struppige

Die Granitfelsen am Capo Testa zählen zu den Höhepunkten der sardischen Verwitterungslandschaften.

Kork – ein wichtiger Rohstoff

Kork ist ein traditionelles Exportgut Sardiniens, das 80% der italienischen Produktion liefert. Das ist durch die Lebensansprüche der Korkeiche bedingt, die Silikatböden schätzt und ein atlantisch beeinflußtes (also luftfeuchtes) Mittelmeerklima benötigt. Daher befinden sich die größten Korkeichenwälder in Portugal. Die dicke Borke ist wahrscheinlich als Feuer- oder Verdunstungsschutz entstanden, doch kommen die Bäume auch ohne sie aus, worauf das Prinzip der Korkgewinnung beruht. im Alter von etwa 25 Jahren werden die Bäume zum ersten Mal geschält; dieser Kork ist aber nur von geringer Qualität. Danach erreicht die Borke etwa alle 8-10 Jahre eine wirtschaftlich verwertbare Dicke. Mit Äxten wird die Rinde gekerbt, so daß der Kork in großen Platten abgehoben werden kann. Dabei darf der Stamm mit den Leitbündeln für Wasser- und Nährstofftransport nicht beschädigt werden. An den Straßenrändern türmen sich dann die Stapel der in großen Wannen gekochten und gepreßten Rindenstücke zum Trocknen, und die nackten Korkeichenstämme leuchten eine Zeitlang rotbraun. Kork ist sehr leicht, haltbar, elastisch, dicht für Flüssigkeiten und isoliert gut – eine Fülle von Eigenschaften, die viele Verwendungsmöglichkeiten ergibt: als Flaschenstöpsel, Schwimmer, Schall- und Kälteschutz, Schuheinlagen, Wand- und Bodenbeläge usw.

Macchie. Einzig Arzachena, wo schon die Ureinwohner vor 4500 Jahren ihre Gigantengräber anlegten, bildete ein nennenswertes Dorf, der Rest war Hirtenland. Bis in den 60er Jahren Karim Aga Khan auf der Suche nach einem exklusiven Ferienrevier für die Reichen auf diese ebenso abgelegene wie malerische Gegend stieß – die Costa Smeralda war geboren.

Inzwischen ist die gesamte Gallura-Küste eine touristische Attraktion geworden, und dementsprechend wird die Landschaft mit Bauten zuzementiert; zum Glück wenigstens häufig mit dem an der Costa Smeralda entwickelten, ins Landschaftsbild passenden Baustil. Außerhalb der Saison findet man aber reichlich abgelegene, vom Menschen unbeeinflußte Ecken.

Die **innere Gallura** durchziehen zahlreiche kahle Granitkuppen, die der Landschaft ein urtümliches Aussehen verleihen. Bemerkenswert sind vor allem die Glockenberge von Aggius bis zum Monte Pulchiana (S. 19). Die meisten Gipfel bleiben jedoch niedrig, der höchste ist der Balistreri (1359 m) im Limbara-Massiv. Im Westen trennt der Coghinas-Fluß die Granitlandschaft von den vulkanischen Hügeln der Anglona. Die Landschaft der Gallura erinnert sehr an den Süden Korsikas, und Flora wie Fauna unterscheiden sich ebenfalls etwas vom übrigen Sardinien. Ebenso die Siedlungsform: Hier wohnt man wie in Korsika in verstreuten Einzelhöfen, während im übrigen Sardinien größere Agrardörfer dominieren. Der Monte Limbara grenzt die Gallura nach Süden zum Macuto hinab. Der Berg besteht aus einem Sammelsurium unterschiedlichster Granitformen mit glatten Blöcken und Hochplateaus. Er ist als Bestandteil der geplanten sardischen Naturreservate vorgesehen.

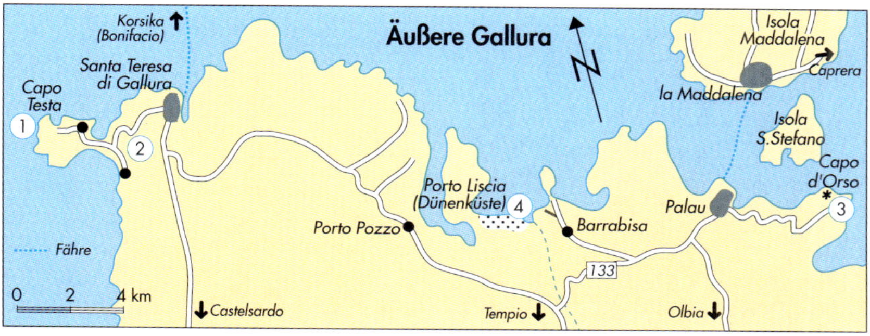

Pflanzen und Tiere

Die Felsen der verwinkelten Küste bieten trotz aller Touristen reichlich Nist- und Lebensraum für zahlreiche Seevögel, etwa Kolonien von Krähenscharben. Die seltenen Korallenmöwen (S. 50) weichen dagegen dem Badebetrieb und dem Hin und Her der Fähren und Boote aus und brüten nur noch auf vorgelagerten kleinen Inselchen. Auch die im Mittelmeer ebenfalls selten gewordene Sturmschwalbe ist hier zu sehen. Oben auf den Felsen nisten die kleinen Zwergseeschwalben, die ihre Brut energisch verteidigen und auf alles losgehen, was nur irgendwie in Nestnähe kommt. Im Winter fliegen manchmal Baßtölpel und Papageitaucher (zu dieser Zeit ohne bunten Schnabel) vorbei. Bis auf Meereshöhe lebt die Unterart *ferrerae* der Tyrrhenischen Gebirgseidechse, die sich auf den Granitblöcken sonnt und auf unvorsichtige Insekten lauert. Ebenso flitzen die allgegenwärtigen Ruinen- und Tyrrhenischen Mauereidechsen (S. 65) über die Steine. Kaum zu entdecken ist dagegen die winzige, tarnfärbige Zwerg-Kieleidechse mit nur 4 cm Körperlänge. In beinahe allen küstennahen Bächen und Flüßchen lebt die Europäische Sumpfschildkröte (S. 55), die in Sardinien eine eigene Unterart bildet. In der farbenfrohen und formenreichen Unterwassertierwelt entdeckt der Schnorchler die meisten der typischen Felsküstenbesiedler (S. 23). Sandplätze wechseln mit Seegrasteppichen ab, wo sich der bunte Meerjunker als Putzerfisch betätigt. Die Nordküste Sardiniens ist von den ständigen Winden Maestrale und Ponente geprägt, welche die wenigen Bäume zu bizarren Gebilden verbiegen. Das sommertrockene Gelände ist kaum bewaldet, aber von Macchie bedeckt, die näher zum Meer hin eine struppige Garrigue ablöst. Am Capo Figari über Golfo Aranci stehen Reste einer alten hohen Macchie; so müssen weite Teile der Gallura ausgesehen haben, bevor sie als Weide dienten.

Ebenso war früher in tieferen Lagen die

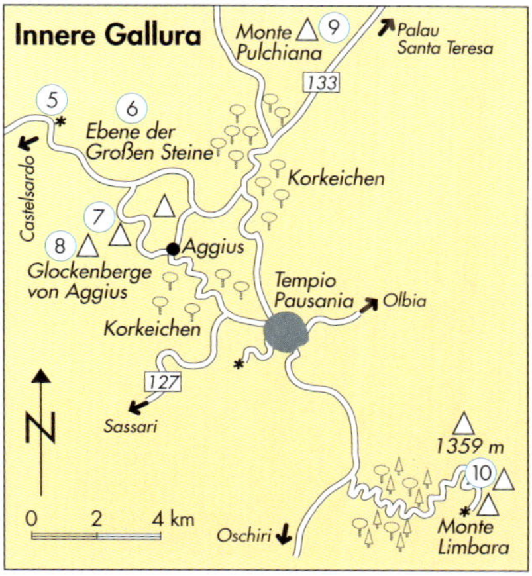

Nach dem Schälen leuchten die Stämme der Korkeichen eine Zeitlang rötlichbraun.

Sternkiefer nicht selten. Vom Menschen abgeholzt, wächst sie jetzt nur noch in unzugänglichen Gebieten.

Die innere Gallura ist von ausgedehnten Korkeichenwäldern bedeckt; Kork bildet seit je das Rückgrat der Wirtschaft um das Städtchen Tempio. Dazu kommen etwas Weinanbau und zahlreiche Granitbrüche, die in der Umgebung die Landschaft verschandeln. Die Eichen besiedelt der flügellose Trauerbock, dessen Larven sich wie bei den meisten Bockkäfern in altem Totholz entwickeln. In manchen Jahren leiden die Korkeichen sehr unter einer Massenverbreitung von Schwammspinnerraupen, die die Bäume völlig kahl fressen und in regelrechten Prozessionen die Stämme hinauf- und hinabziehen.

Ebene Becken bestehen oft aus Wiesen, durchzogen von kleinen Bächen. Dort hat sich eine Art Heidelandschaft gebildet, mit Baumheide, Karden und Feldmannstreu an trockenen Stellen. An feuchteren Plätzen blühen zwischen Steinen Pankrazlilien (S. 114) und an Wegrändern Roter Fingerhut (S. 81), Lupinen und Weicher Akanthus,

Zahlreiche Felsskulpturen sind in der Gallura zu sehen: ein namenloses »Gesicht« in der Ebene der großen Steine.

Das Korsische Veilchen bildet am Monte Limbara und im Gennargentu eine eigene, endemische Unterart.

Der riesige »Bär« am Capo d'Orso ist eines der Wahrzeichen Sardiniens.

dessen Blätter antike Architekten zu den korinthischen Säulenkapitellen inspirierten. Eine Besonderheit ist der Königsfarn (S. 75), eine atlantische Pflanze küstennaher, wintermilder Standorte.

Überall im Gebüsch und in den Brombeerhecken haben Zebraspinnen ihre Radnetze gewoben. Die Breitrandschildkröte wurde hier (vielleicht bereits in der Antike) vom Menschen eingeführt, daher beschränkt sich ihr Vorkommen auf die Gallura, wo sie bevorzugt karge Bergwiesen bewohnt. Vegetationsfreie Felsgebiete besiedelt die Blaumerle, die in Felshöhlen nistet. Als Felsbewohner sind die Vögel ähnlich wie Felsentauben oder Hausrotschwanz Kulturfolger und in den meisten Dörfern zu finden.

Um den Monte Limbara fliegen einige Habichts- und Steinadler, in der Nähe zerklüfteter Felsen Wanderfalken. Habicht, Sperber, Felsenhuhn, Felsenschwalbe und Mauersegler sind dagegen regelmäßig zu sehen, und an Bächen kann die Wasseramsel vorkommen. Das nordafrikanische Felsenhuhn bewohnt in Sardinien jene Lebensräume,

Die Wechselkröte ersetzt am Mittelmeer die Erdkröte, da sie besser mit Hitze und Trockenheit zurechtkommt.

Der Korsische Rosenlauch, ein Endemit Südkorsikas und Nordsardiniens.

die in Korsika das Rothuhn besiedelt. Wildschweine (S. 114) und angesiedelte Hirsche durchstreifen die Wälder, und im Gipfelbereich haben sich die ebenfalls angesiedelten Mufflons (s.S. 69) gut eingelebt. Die tieferen Hänge des Monte Limbara sind bewaldet, u.a. mit Stechpalmen und Eiben. Weite Bereiche wurden aufgeforstet, jedoch mit eingeführten Arten: Zedern, Sequoien, Thujen, Kastanien und Pappeln. Diese Verfremdung hat auch den originalen Unterwuchs in Mitleidenschaft gezogen. An den hochgelegenen Flachstellen wächst Macchiengebüsch (Lavendel, Zistrosen) mit dem Limbara-Veilchen geschützt in den stachligen Polstern; im Gipfelbereich trotzen schließlich niederes Buschwerk und Beeren Wind und Wetter.

Im Gebiet unterwegs

Höhepunkt der Gallura-Küste ist das **Capo Testa** ① mit seiner Überfülle an Granitverwitterungen in den abenteuerlichsten Formen, als hätten einst Riesen mit einem Berg Plastilin gespielt und ihn geformt. Ein Fotografenparadies vor allem im warmen Abend- oder Morgenlicht. Zwischen den Felsen wachsen einige Endemiten, etwa der Korsische Reiherschnabel (S. 88), Bonifacio ist ja nur 12 km entfernt. Den Weg zum Kap begleiten links Ginster und rechts Greiskrautbüsche.

Von Santa Teresa führt eine Straße bis aufs Kap hinaus, mit einem Parkplatz vor Leuchtturm und Metalltor. Eine Kuriosität sind in der ersten Rechtskurve hinter Santa Teresa zwei Felsen, die beim Blick nach Westen das Profil von Charles de Gaulle ergeben ②.

Die zweite der bekannten Felsformationen ist der riesige »Bär« auf dem **Capo d'Orso**, 5 km östlich von Palau ③. Hier ist die Tafonibildung besonders beeindruckend. Weit reicht von oben die Aussicht über den Maddalena-Archipel.

An das Windsurferparadies Porto Pollo (P. Puddu) grenzt im Westen der Dünen- und Lagunenstrand von **Liscia** ④, geformt von

Der »Adler« versteckt sich links von den auf S. 89 abgebildeten Felsen und wird erst von später Abendsonne beleuchtet.

den Sedimenten des mündenden Liscia-Flusses. Trotz sommerlichen Massentourismus gedeihen vielfältige Pflanzengemeinschaften, z.B. Polster der Stechenden Grasnelke (S. 121) und des Korsischen Leimkrauts (S. 30).

An der Straße von Trinità d'Agultu, 8 km westlich von Aggius, genießt man bei S. Pietro di Ruda ⑤ einen Panoramablick über die bizarre **»Ebene der großen Steine«** (piano dei grandi sassi) ⑥. Überall stapeln sich verschieden geformte, riesige Granitblöcke. Im Tertiär wurde die Geomorphologie dieser Gegend stark vom Vulkanismus der benachbarten Anglona beeinflußt; dies verursachte Spalten und Brüche in den Granitfelsen. Der entstehende Schotter wurde von der Erosion bald zerkleinert, so daß nur mehr die großen Blöcke übrig blieben.

Von der Ebene führt eine **»Strada Panoramica«** ⑦ vorbei an den tafonizerfressenen Glockenbergen (s.S. 20) ⑧ durch das Valle di Luna nach Aggius. Eine weitere dieser Bergformen ist der **Monte Pulchiana** ⑨ 7 km im Norden an der N 133 (S. 19).

Der **Monte Limbara** ⑩ ist bis zu den hohen Sendemasten am Gipfel durch eine schmale Asphaltstraße samt Picknickplätzen erschlossen. Auffallend sind die breiten Schneisen in den Aufforstungen, die die Ausbreitung von Waldbränden verhindern sollen.

Praktische Tips

Anreise

Das Städtchen Olbia im Osten der Gallura ist Ankunftshafen der Fähren vom italienischen Festland, und von Santa Teresa pendelt die Fähre nach Korsika. Wegen der geringen Steigungen eignet sich das Gebiet besonders für Exkursionen mit dem Fahrrad.

Unterkunft

An der sardischen Nordostküste konzentriert sich ein Viertel aller Hotels und Campingplätze der Insel.

Blick in die Umgebung

Arzachena beherbergt die größte Mineraliensammlung des Landes, von Dario Casciu aus Uras:

- Museo di Mineralogia e Fossili, Via Mozart traversa Viale Costa Smeralda, 07021 Arzachena, Tel.: +39/078-9840106, Öffnungszeiten: Mo-Sa 9-13 Uhr, Eintritt: 1,50 €

Im Winter, wenn es an der Küste stürmisch ist, findet man große Wasservogelansammlungen am fischreichen **Lago di Liscia** nordöstlich von Tempio.

Eine besonders reizvolle Tafoni-Verwitterung bildet der **»Elefant«** aus Trachyt an der Kreuzung von N200 und N 134 bei Castelsardo (S. 17). Aus Granit besteht dagegen der »Pilz« von Arzachena (direkt an der N 125).

Im **Vulkanland der Anglona** ist mehrmals »versteinertes« Holz zu finden: Einige Stücke stehen im Hof des Museums von Perfugas. Hinter Martis (Hinweisschilder) liegt eine Gruppe hohler Palmstämme aus dem Miozän. Hier ist das Innere verwittert, und die harte Umhüllung bildet nun die Form der Stämme nach (S. 15).

10 Zwischen Capo Caccia und Monte Ferru

Seevogelreiche Halbinsel des Capo Caccia mit hohen Kalkklippen; Vulkanlandschaften, Tafelberge; Gänsegeierkolonie, Meeres-Tropfsteinhöhle, Igelposter

Norwestlich von Alghero erstreckt sich der Kalkriegel des Capo Caccia mit einer komplexen Geologie sowie einer an seltenen und endemischen Arten reichen Tier- und Pflanzenwelt. Das Kap bildet den südlichen Zipfel einer Kalkplattform aus dem Jura und der Unterkreide, die einen Teil der Nurra-Ebene nördlich von Alghero aufbaut. Das Gebiet hob sich wahrscheinlich bereits am Ende der Kreidezeit vor 70 Mio. Jahren aus dem Meer.

Der Kalk neigt wie üblich zu Verkarstung und weist Rillen, Dolinen und Löcher auf. Häufig sind Küsten- und Unterwasserhöhlen (etwa 30), die wegen Vandalismus jedoch zum Großteil gesperrt werden mußten. Einige dienen Fledermauskolonien als Heimstatt. Besichtigungsmöglichkeiten vermittelt der Speleo-Club Alghero. Als Schaugrotte ist die größte, die Grotta di Nettuno ausgebaut.

Nachweise menschlicher Besiedlung reichen hier über 12000 Jahre zurück. Seit 1970 ist das Kap geschützt, sein Hinterland bildet ein nur mit Sonderführungen zugängliches Naturreservat von 12 km². Der Name »caccia« (Jagdgebiet) ist auf den reichlichen Wildbestand zurückzuführen, den dieses Gebiet aufwies, als es noch unbebaut war.

Malerische Tuff-Vulkanlandschaft zwischen Bosa und Alghero, dicht mit Wolfsmilchbüschen bewachsen.

Von Alghero bis nach Bosa erstreckt sich eine malerische, rauhe Vulkanküste, die eine Schichtstufenlandschaft aufbaut. Da die Küstenstraße erst seit etwa 30 Jahren besteht, ist das Gebiet noch kaum mit Ferienhäuschen verunziert.

Im Norden von Bosa und dem Temo-Tal liegt ein kahles Gelände mit karger Vegetation, im Schnitt etwa 300 m hoch und im Norden um Monteleone durch Tafelberge gegliedert (S. 11). Vulkanische Decken wechseln sich mit Mergel und Sandsteinen ab. Das meiste ist Weideland, durchsetzt mit einigen Korkeichen (S. 92).

Im Süden des Temo-Tals folgt die Basalthochebene der Planargia, an welche der größte Vulkankomplex Sardiniens, der Monte Ferru (S. 99) grenzt – eine Ansammlung erloschener Krater, die wie riesige Warzen auf der Landschaft sitzen. Etwa 35 Mio. Jahre war das System aktiv, vom Oligozän bis vor die Eiszeiten.

Pflanzen und Tiere

Der Großteil des Capo Caccia ist mit windgeschorener Macchie oder Garrigue bedeckt. Zwergpalme (S. 124), Baumförmige Wolfsmilch, Ginster, Myrte, Steinlinde und Mastix (S. 32) senken ihre Wurzeln tief in das zerklüftete Gestein, im Unterwuchs sind im Oktober und April die gebogenen Blütenröhren des Krummstabs zu sehen. Der Jupiterbart (S. 88), ein großer Kleebusch und beliebter Zierstrauch, hat sein sardisches Hauptvorkommen hier am Kap.

Zwischen den Kalkfelsen, wo sich einige Zentimeter der roten Erde angesammelt haben, fristen niedere Sträucher, Zwiebel und Polsterpflanzen ihr Dasein. Dies ist ein Versammlungsort spezialisierter Endemiten, etwa des Korsischen Ginsters (S. 65), des Klebrigen Ziests (S. 71), der drüsige Polster bildet, sowie der extrem stacheligen Abschreckenden Flockenblume (S. 99) und

Die Baumförmige Wolfsmilch wirft ihre Blätter vor der Sommerhitze ab.
Im Mai färben sie sich gelb und rot.

des Marseilletragants. Diese beiden fürchterlich stechenden Kugelbüsche kommen nur noch in wenigen anderen Gebieten vor (Halbinsel Stintino, Bonifacio). Bei ersterem entwickeln sich die Blattspitzen zu Blattdornen, bei letzterem verhärtet sich die Blattspindel (Rhachis) nach Abfallen der Fiederblättchen. Das Ergebnis ist in beiden Fällen bemerkenswert. An den küstennahen Felsen siedeln wie immer die Salztoleranten wie Meerfenchel (S. 100) oder Strandflieder und höher oben Levkojen (S. 28) mit ihren lila Blüten, Baumförmige Strauchpappel (eine große Malve), Affodill und die endemische Pankrazlilie (S. 114), eigentlich eine Blume des Gebirges. Im September ragen überall die hohen Blütenschäfte der Meerzwiebel (S. 133) hervor.

Auf den Felsen im Hinterland ist der Phönizische Wacholder zu Hause, früher im gesamten Gelände weit verbreitet und viel genutzt. Z.B. bestanden die Stützbalken der alten Häuser in Alghero aus Wacholderholz. Kein Wunder, daß es jetzt mit seiner weitläufigen Geländebedeckung nicht mehr so weit her ist. Erst durch

Geier, die Straßenkehrer der Natur

Jahrtausendelang wurde in Sardinien extensive Viehzucht betrieben, und die Tiere lebten teilweise halbwild im Gelände. Dabei gab es durch Schlechtwetter, Angriffe von Raubtieren sowie aus Alters- und Krankheitsgründen immer wieder Opfer. Diese Kadaver bildeten eine Lebensgrundlage für Vögel, die in Italien sonst eher als »Persönlichkeiten« in Wildwest-Zeichentrickfilmen oder aus den Savannen Afrikas bekannt sind – die Geier. Sardinien und Korsika beherbergten früher den Gänse-, den Mönchs- und den Bartgeier. Obwohl die Vögel reine Aasfresser sind, wurden sie ständig verfolgt und litten unter einem schlechten Ruf als »Raubvögel«. Die veränderte Umwelt der Moderne entzog ihnen zusätzlich immer mehr Nahrungsquellen, und die meisten italienischen Populationen starben daher im 20. Jahrhundert aus. In Sardinien etwa blieben nur wenige Individuen des Gänsegeiers übrig, die an der Küste nördlich von Bosa und am Capo Caccia nisten. Ihr Überleben verdanken sie Fütterungen durch den WWF und dem nach langen Kämpfen endlich durchgesetzten Schutz ihrer Lebensräume. Gänsegeier sind erst nach 5-7 Jahren erwachsen und legen nur ein Ei pro Jahr. Bei dessen Verlust ist daher der Bruterfolg einer ganzen Saison zunichte gemacht. An den Futterplätzen nördlich von Bosa lassen sich die Gänsegeier regelmäßig beobachten. Mit ihrer großen Spannweite sind sie perfekte Segler, die die Aufwinde an den Hängen nützen. Kilometerweit können sie ohne Flügelschlag dahinsegeln, immer auf der Suche nach Nahrung, die sie mit ihren scharfen Augen aus großer Höhe entdecken. Sie beobachten neben dem Boden jeweils die Geier der Umgebung sowie das Verhalten anderer Arten. Durch diesen Kontakt untereinander kann sich um einen Kadaver sofort eine größere Anzahl von Geiern versammeln, die dort einen Höllenlärm veranstalten. Der majestätische Bartgeier ist ein harmloser Knochenverwerter, war aber sowohl in den Alpen als auch im Apennin als »Lämmergeier« verschrieen. Sein Spitzname »aquila ossaiola« (Knochenadler) stammt von seiner Angewohnheit, Knochen aus großer Höhe fallen zu lassen, um an das Mark im Inneren zu gelangen. Seit einigen Jahren werden Bartgeier in den korsischen Bergen ebenso wie in Nordspanien und in den Alpen erfolgreich wiederangesiedelt.

Gänsegeier

Schutzmaßnahmen nimmt der Bestand wieder zu.

Das Capo Caccia ist ein ideales Areal für Tiere der Felsen und der Macchie. Wie am Monte Arcosu wurden die im 17. Jh. eingeführten und 1969 von Wilderern ausgerotteten Damhirsche wieder angesiedelt. Bekannt sind die weißen Esel der Insel Asinara, die am Kap einen zweiten Lebensraum besitzen. Die Breitrandschildkröte ist hier wie in der Gallura höchstwahrscheinlich eingeschleppt. Im Reservat leben zwei Grüppchen von Gänsegeiern und einige Wanderfalken. Kleine Gruppen von Felsenhühnern schlüpfen zwischen den Sträuchern, und häufig sind in der Macchie Würger zu sehen sowie Grauammer, Samtkopf- und Sardengrasmücke. Die Küstenfelsen bieten ein sicheres und unberührtes Refugium für Blaumerle, Fahl- und Alpensegler, Felsenschwalbe, Mittelmeer und Gelbschnabelsturmtaucher (S. 37), Korallenmöwe (S. 50) und Krähenscharbe.

Das umgebende klare Meer besitzt ein reiches Unterwasserleben, ein Anzeichen für einen naturnahen, wenig belasteten Zustand: Fische aller Art, Muränen, Garnelen

Die Abschreckende Flockenblume trägt ihren Namen zu Recht – nadelspitz sind die Dornen ihrer wetterharten Polster.

und andere Krustentiere, Schwämme in bunten Farben sowie Mollusken mit schönen Gehäusen. Besonderheit der Region waren früher die berühmten Roten Korallen Algheros, doch sind diese Bestände längst abgesammelt; nur die kärglichen Reste stehen nun unter Schutz (und wachsen

Die harten Schlotfüllungen der verwitterten Krater bilden nun die Gipfel im weitläufigen Vulkangelände des Monte Ferru.

Die Mittelmeermöwe ist als anpassungsfähiger Kulturfolger die häufigste Möwe am Mittelmeer.

für einen bequemen Abbau zu tief unten). Die heute in Alghero überall angebotenen Korallen stammen nicht mehr aus dem Mittelmeer, sondern kommen aus Fernost, wo der Raubbau fröhlich blüht. Der Naturfreund sollte diese Plünderungsaktionen daher keinesfalls durch den Kauf der zarten Gebilde unterstützen.

Das Städtchen Bosa ist von hohen Felsen umrahmt, in denen bis zum Capo Marargiu und bis Montresta Gänsegeier nisten, die seit einigen Jahren gefüttert werden müssen, damit sie weiter überleben können. Zusätzlich werden Wiesen- und Kornweihe sowie Rötelfalke von den Futterplätzen angelockt. In den Felsen leben außerdem Schwarzkehlchen, Einfarbstar und zwischen den Steinen die Tyrrhenische Mauereidechse (S. 65). Völlig verschieden von den kahlen Küsten und Hochflächen ist das geschützte Temo-Tal, das weitgehend von Bosa aus landwirtschaftlich kultiviert wird. Der Temo ist einer der wenigen Flüsse Sardiniens, die das ganze Jahr hindurch Wasser führen. Er wird von einem Schilfgürtel begleitet, ist stellenweise mit Wasserpflanzen völlig zugewuchert und bietet Heimat für Sumpfschildkröte (S. 55), Wasserralle und Teichhuhn.

Im Gebiet unterwegs

Auf einer Straße ist der äußere Vorsprung des **Capo Caccia** mit senkrecht aus dem Meer ragenden Felsen leicht zu erreichen. An der Straße ist zwischen Kilometer 11 und 12 der Übergang von der Unter- zur Oberkreide (S. 13) an einer zwischen die Kalklagen eingeschobenen Bauxit- und Brekzieschicht erkennbar.

In der zum Touristenzentrum umgebauten ehemaligen Strafkolonie Tramariglio ist der Sitz der »Co.Ri.Sa«, eines Zentrums für marine Studien. Von Tramariglio führt eine Piste nach Westen an die **Cala della Barca** ①, wo stechende Polsterpflanzen den salzigen Westwinden trotzen. Kurz vor dem Ende der Kapstraße zweigt eine Ausweiche ② ab; von dort bietet sich nach wenigen Schritten ein Blick auf die Insel Foradeda, wo sich die Möwen- und Sturmtaucherkolonien um den Sieg im Lautstärkewettstreit duellieren. In den Felsen sind glänzende Kalzitkristalle zu sehen.

Der erste Saal der **Grotta di Nettuno** ③ um den Höhlensee ist zu besichtigen, Zugang sowohl vom Meer (Ausflugsboote) wie vom Land her (über 650 Stufen) möglich. Die Höhle ist nicht sehr groß, die Spiegelung der Tropfsteine im Wasser aber sehr dekorativ. Viele der Stalagmiten erreichen 15 m Höhe. Mit 10 € Eintritt ist die Höhle allerdings überzahlt. Botanisch interessant, vor

Der Meerfenchel ist ein robuster Felsküstenpionier der sich bis nahe an die Hochwasserlinie heranwagt.

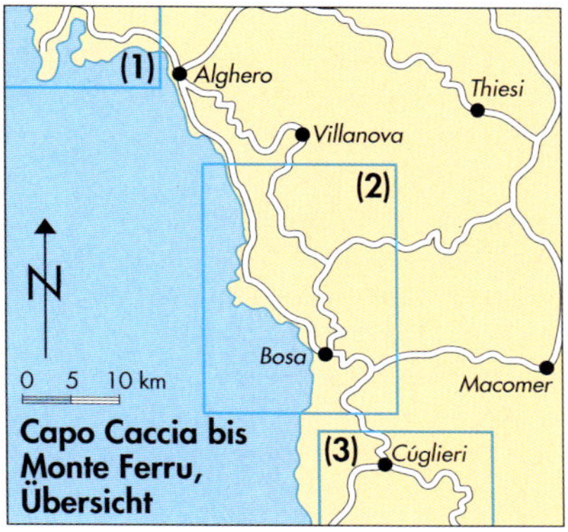

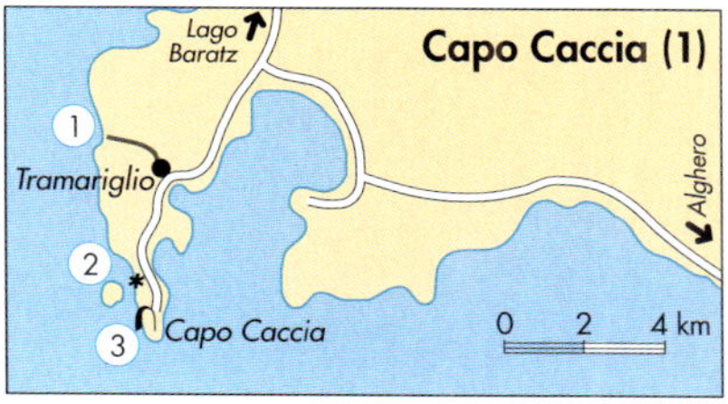

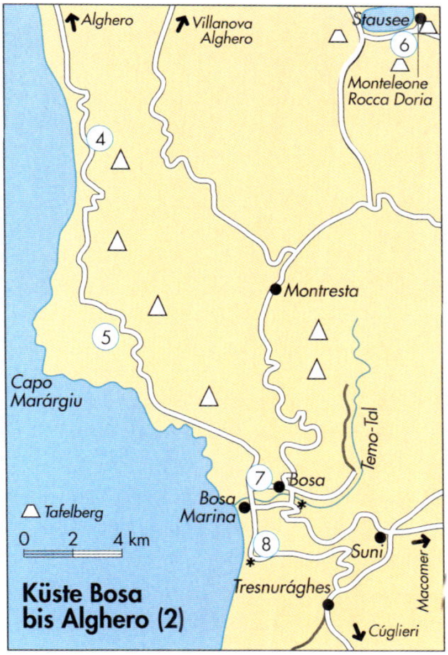

allem wegen der vielen Endemiten, ist eine Wanderung vom Parkplatz bis zum Leuchtturm hinaus, doch ist dazu eine Genehmigung des Militärhauptquartiers in Alghero notwendig.

Die Straße von **Alghero nach Bosa** ④ bietet viele Blicke auf das landschaftsprägende Vulkangestein. Wenige Kilometer südlich von Alghero, bei La Speranza, führt die Strecke an roten und grünen Tuffen vorbei. Überall sind über der Straße die durch Wind und Wetter entstandenen löchrigen Verwitterungsformen (Tafoni) zu sehen. Das kahle **Capo Marargiu** ⑤ ist für Freunde von Greif- und Meeresvögeln interessant.

Neben den Gänsegeiern können Rötel- und Wanderfalke, Mäusebussard, Roter Milan und mit viel Glück der seltene Habichtsadler entdeckt werden.

Der markanteste der Tafelberge ist der **Rocca Doria** ⑥, auf dessen Plateau das Dorf Monteleone thront (S. 11). Wie jene in der Umgebung besteht er aus weichem Material, bei dem es die fluviatile Erosion leicht hatte: Über vulkanischen Tuffen und Aschen liegen Sand und Mergel des Miozäns (S. 13). Reizvoll ist der Blick von Süden her (N 292) auf das malerische Bosa und das **Temo-Tal** ⑦ sowie jener auf die Küste ⑧. Am Straßenrand blühen dort im Frühjahr überall Bukett-Wicken und Löwenmäulchen. Von der Strecke am Nordhang des **Monte Ferru** von Cuglieri nach Osten ist die kahle Gipfelregion (Monte Urtigu, 1050 m) gut zu sehen. Die feuchtere Westflanke des

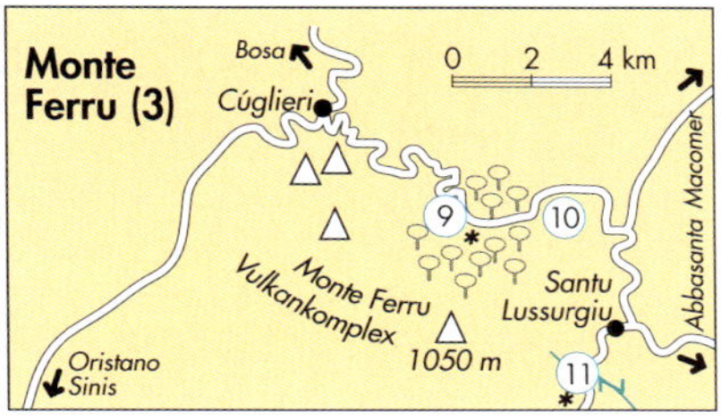

Die Kaskaden von sos Molinos bilden auch im September eine grüne Oase bei Santu Lussurgiu.

Berges ist in geschützten Lagen mit dichtem Steineichenwald ⑨ bewachsen, eingestreut sind Ahorn, Flaumeiche und Stechpalme und die typischen Steineichenbegleiter, die roten Alpenveilchen (S. 107). Von den Eicheln leben Wild- und Hausschweine, und man versucht Mufflon (s.S. 69) und Gänsegeier wieder anzusiedeln. Vom Paß Badde Urbara abwärts sind weite Gebiete mit Adlerfarn bedeckt ⑩.

An den Straßenböschungen südlich von Bosa bildet das Löwenmaul immer wieder dichte Bestände.

Dieser Feuerkeimer profitiert von den häufigen Bränden sowie Kahlschlägen und kann auf solch freien Flächen üppige Bestände bilden, in denen kaum andere Pflanzen aufkommen.
Santu Lussurgiu breitet sich wie in einem Amphitheather an den Wänden eines ehemaligen Kraters aus. Südlich des Dorfs überquert man am Weg nach Bonarcado die Schlucht des Riu sos Molinos, der versteckt unter der Straße einen kleinen Wasserfal ⑪ bildet (Fußweg, Hinweisschild »Cascata«).

Praktische Tips

Anreise
Alghero ist durch Schnellstraße und Eisenbahn mit Sassari verbunden und besitzt sogar einen Flughafen. Bosa erreicht man am schnellsten über die N 129. Busse Alghero-Bosa fahren nicht der Küstenstraße entlang, sondern durch die Dörfer im Inland.

Unterkunft
An der Küste von Alghero zum Capo Caccia reihen sich mehrere Feriendörfer und Campingplätze aneinander. Quartiere und Infrastruktur gibt ebenfalls um Bosa. Das Gebiet dazwischen ist nahezu unbesiedelt.

Blick in die Umgebung
In der Schlucht des Riu Molinu etwa 1 km nördlich von Mara befindet sich in geschützter Lage eines der letzten **Lorbeer**-Reliktvorkommen Sardiniens.
Der **Lago di Baratz** im Norden des Capo Caccia ist der einzige natürliche Süßwassersee Sardiniens, eine ehemalige Meeresbucht, durch Dünen abgetrennt und später ausgesüßt.

11 Supramonte und der Golf von Orosei

Verkarstetes Kalkgebirge mit Hochflächen, tiefen Canyons und Tropfsteinhöhlen; Eleonorenfalkenkolonie, Schleuderzungensalamander, Erdbeerbaumfalter, Felsvegetation

Eine Bergkette wie in Korsika gibt es in Sardinien nicht. Der Supramonte und der benachbarte Gennargentu bilden eher eine unkoordinierte Ansammlung von Erhebungen, kreuz und quer von unzugänglichen, tiefen Tälern durchzogen. Eine siedlungsfeindliche Bergwelt, Rückzugsgebiet der Tierwelt und von geologischem Interesse: Eine bemerkenswert enge Verschränkung von Kalk und Schiefergestein sorgt auf engem Raum für große landschaftliche Unterschiede.

Der Supramonte ist ein etwa 500 km² großer Gebirgsstock, bestehend aus hellem Dolomit-Kalkstein des Erdmittelalter (Jura, Kreide, S. 13). Dazu kommen Schiefer aus dem Erdaltertum und Granite aus dem herzynischen Zyklus. Er umfaßt als Fortsetzung des Gennargentu das Gebiet zwischen Oliena, Dorgali sowie der Ogliastra-Ebene und wird vom Tal des Flumineddu in zwei Teile getrennt. Im Westen erhebt sich der Supramonte von Oliena mit nahezu senkrechten Kalkfelswänden aus dem OlienaTal. Er bildet ein zerklüftetes Hochplateau um 900 m, mit Gipfeln bis 1463 m (Monte Corrasi).

Der östliche Teil des Gebirges bricht mit steilen Hängen in den Golf von Orosei ab, daher ist die Küste von Cala Gonone bis Pedra Longa eine 40 km lange, völlig unzugängliche Steilküste. Mehrere kilometerlange, tiefe Schluchten (Codule) führen von den Hochplateaus zum Meer; die dort entstandenen Sandbuchten locken zunehmend die Touristen an. Dank seiner Unzugänglichkeit ist das Gebiet unbesiedelt und unverbaut, es gibt nur durch jahrhundertealte Pfade verbundene Schäferhütten. Zwischen den beiden Kalkblöcken liegt ein breiter Streifen aus kristallinen Schiefern, in die der Flumineddu keine Mühe hatte, ein breites Tal zu graben. Es wird von Dorgali aus landwirtschaftlich ge-

Blick auf Oliena und die Felswand des Supramonte von Nuoro aus.

Die flinke Erzschleiche bewegt sich wie eine kleine Schlange. Ihre winzigen Beinchen haben kaum mehr Funktion, weisen sie aber als Mitglied der Skink-Familie aus.

nutzt und bildet so einen erheblichen Kontrast zur Umgebung.

Die Landschaft im Kalk ist schroff und verkarstet; ergiebiger Regen fällt nur im Winter, so daß die Flußläufe meist trocken liegen. Boden kann nur in Senken entstehen, und an solchen Stellen existieren noch einige Wäldchen; sonst bedeckt schüttere Macchie den Kalk. Besonders auffallend sind die vielen landschaftsprägenden Karsterscheinungen: tiefe Schluchten, Kalksäulen, Dolinen, Tropfsteinhöhlen und Karstquellen (das gesamte Gebirge ist regelrecht durchlöchert). Wie in Kalkregionen üblich, fehlt das oberflächliche Wasser. Es verschwindet in den Felsen und sammelt sich in unterirdischen Seen, die oft unter Wasser ins Meer münden. Die größte oberirdische Karstquelle ist Su Cologone zwischen Dorgali und Oliena.

Pflanzen und Tiere

Die Vegetation des Gebiets ändert sich natürlich je nach Höhe, nach dem Einfluß des Meeres und nach der Bodenbeschaffenheit. Nahe der Küste und vor allem in den wasserzügigen Schluchten dominiert eine wärmeliebende mediterrane Macchie mit Mastix (S 32), Baumförmiger Wolfsmilch (S. 97), Immergrünem Kreuzdorn, Stechpalme, Phönizischem Wacholder, Dornginster, und Zistrosen (S. 32), durchzogen mit Lianen. An feuchten Stellen ist ab Juni alles übersät mit roten Oleanderblüten. In der Krautschicht darunter blühen im zeitigen Frühjahr z.B. Ragwurz (S. 107) und Zungenstendel-Arten und später die Schwalbenwurz, wie alle Seidenpflanzengewächse mit einem Haarschopf an den Samen; im Herbst schließlich Meerzwiebel (S. 133) und Krummstab. Höher oben wären Steineichenwälder (S. 32) natürlich, von denen aber nicht mehr viel übrig ist. Oft läßt sich das potentielle Waldgebiet am typischen Unterwuchs erkennen, der erhalten blieb, etwa Großblättrige Pfingstrose (S. 115), Baumheide, Aronstab und Alpenveilchen. Erlen zeigen, daß Wasser (bzw. Quellen) vorhanden sind. Ganz oben gesellen sich Bergahorn, Wacholder und Kermeseiche dazu. In feuchteren Lagen können Eiben bis in Gipfelhöhe wachsen, gebogen und gezeichnet von Wind und Wetter. In Weidegebieten ist der Steineichenwald durch Büsche und Zwergsträucher ersetzt, die ebenso die Gipfelbereiche beherrschen. Pflanzen, die von den Schafen verschmäht werden, breiten sich stark aus; solche Weideanzeiger sind z.B. Palisadenwolfsmilch, Kleinblättrige Strohblume und Sardisches Heiligenkraut.

Die Kalkfelsen sind reich an Endemiten, von denen manche nur hier im Supramonte vorkommen. Dafür gibt es mehrere Gründe: Durch die ungünstige Lage (heiß und trocken) existieren nur wenige Konkurrenten, Spezialisten haben reichlich Platz. Felsen können nicht beweidet werden, ebenso gibt es auch keinen anderweitigen menschlichen Einfluß. Häufige Endemiten Sardinien-Korsikas sind Korsi-

Schleuderzungensalamander

Diese Schwanzlurche aus der Familie der Klettersalamander sind die einzigen außerhalb Amerikas vorkommenden lungenlosen Salamander. Als »Hautatmer« benötigen sie ein stabiles Milieu mit hoher Luftfeuchtigkeit und niederen Temperaturen, wie es Höhlen und Bachtäler anbieten. Tagsüber verbergen sie sich meist unter Moospolstern und in Steinspalten oder klettern in Höhlen an den Wänden herum. Sie besitzen, wie alle Klettersalamander und manche Baumfrösche, an ihren Zehen eine besonders geformte, gut haftende Hautschicht, die etwa nach dem Prinzip eines Gummisaugers funktioniert. Dadurch können sie sogar wie Geckos am Höhlendach entlangspazieren.
Die gemächliche Gangart der kleinen Lurche macht beim Beutefang ihre chamäleonartige »Schleuderzunge« wett. Durch das Kontrahieren eines Muskels an der Zungenaufhängung schießt diese in weniger als 50 Milisekunden fast 80% der Körperlänge des Tieres nach vorn. Am klebrigen Speichel bleiben Beutetiere, etwa kleine Grillen, Asseln, Spinnen und Fliegen hängen, die auf dem Kot der in den Höhlen hausenden Fledermäuse leben.
Die Verbreitungsgebiete der Salamander sind sehr inselartig, wodurch sie zu starker (Unter-)Artenbildung neigen. Neben 4 Sardischen Arten gibt es 3 in Italien und einige weitere in Kalifornien. Die Tiere brauchen zur Fortpflanzung kein Wasser mehr, die Eier werden an Land abgelegt und vom Weibchen betreut, bis nach 9-12 Monaten fertigentwickelte Junge schlüpfen.

scher Ginster (S. 65), Klebriger Ziest (S. 71), Fadenförmige Glockenblume und die Felsenstrohblume, die alle an den Felshängen neben der N 125 südlich von Dorgali zu sehen sind. In Felsspalten und zwischen Geröll siedelt ein seltener Blasenfarn (*Cystopteris dickieana*), dessen Verwandte sich in den Europäischen Hochgebirgen verteilen. Die Bergminze *Satureja* (*Micromeria*) *corduta* mit zarten rosa Blüten wächst hauptsächlich in Kalkritzen. Der Gamander *Teucrium marum*, eine Pflanze trockener Hänge, heißt »Sardische Katzenminze« (»erba gatto«), da sein Duft von Katzen sehr geschätzt wird.
Das dichte Buschwerk des trockenen Geländes ist von Wiedehopf (S. 51), Grasmücken und Rotkopfwürger bewohnt, ganz und gar nicht lichtscheue Steinkäuze sitzen manchmal im hellsten Sonnenschein auf einem Ausguck. Höhere Regionen besiedelt das Felsenhuhn, und seit einiger Zeit sind in den Schluchten des Supramonte Mauerläufer zu beobachten.
Die Greifvögel sind, wie überall in Sardinien, im Rückgang begriffen, sowohl wegen strychninvergifteter Fuchsköder als auch wegen der durch die massive Waldrodung verschwundenen Brutplätze. Der Steinadler teilt hier sein Revier mit dem überaus selten gewordenen Habichtsadler. Über den Felsen des Supramonte jagen Wanderfalken und in Küstennähe die Besonderheit der Region, Eleonorenfalken.

Der Eleonorenfalke

Dieser Falke ist nach der Regentin Eleonora von Arborea benannt, der »Landesmutter Sardiniens«, die bereits im 14. Jh., der »goldenen Zeit der Falkenjagd«, den Vogel unter strengen Naturschutz stellte und auch seinen Export verbot. Verzeichnet ist dies in ihrem Gesetzeswerk von 1392 (der Carta de Logu), das in vorbildlicher und fortschrittlicher Weise ebenso die anderen Habichte und Falken wie das Leben und die Güter der Menschen schützte und sich 400 Jahre lang bewährte. Damit gehört dieser Falke vermutlich zu den ersten Tieren der Welt, die durch ein Dekret speziell geschützt wurden.

Mit etwa 1 m Spannweite ist der Eleonorenfalke ein rasanter, wendiger Flieger, vom Wanderfalken unterscheidet er sich durch seine langen Flügel und die braune (statt graue) Farbe. Neben den dunkelbraunen Tieren kommen auch hellere vor, mit rötlichem Körper und einer Zeichnung unter den Flügeln.

Eleonorenfalken leben recht gesellig, sie brüten in Kolonien und jagen meist in Gruppen kleine Vögel und große Insekten, oft bis tief in die Abenddämmerung. Die Beute wird dabei immer im Flug gefangen. Die Brutgebiete beschränken sich auf trockene Inseln im Mittelmeer, die Kanaren und Marokko. Die Kolonien liegen auf senkrechten Felsen immer in Küstennähe, in Sardinien im Süden des Golfs von Orosei und auf der Insel S. Pietro.

Die Falken erreichen das Mittelmeer, von Madagaskar und Ostafrika her kommend, im April. Sie benützen üblicherweise die Nistplätze des Vorjahrs, bauen keine Nester, nutzen aber die Geländestrukturen aus. Ein besonders gutes Beispiel für die Anpassung an eine Nahrungsressource ist die späte Brutzeit des Eleonorenfalken, die erst im August beginnt.

Die Jungen schlüpfen daher gerade zum Herbstzug der Kleinvögel, und so hat der Falke eine reichliche Futterquelle für seinen ständig hungrigen Nachwuchs. Die Angehörigen der Kolonie bilden bei der Jagd über dem Meer einen regelrechten Sperriegel, indem sie gegen den Wind fast am Stand fliegen und die mit dem Wind kommenden Zugvögel regelrecht »einsammeln«.

Die Jungen bleiben 35-40 Tage im Nest, von beiden Eltern versorgt, die sich auch bei der Jagd abwechseln. Sobald die Jungen flügge sind, kann man sie von den Eltern kaum mehr unterscheiden. Im November ziehen die Kolonien für den Winter wieder nach Afrika.

Der WWF füttert an mehreren Stellen, dadurch gibt es recht viele Raben, und nur so läßt sich die Greifvogelanzahl erhalten – gilt doch der Supramonte als das vermutlich greifvogelreichste Gebiet Italiens. Die Eleonorenfalkenkolonie liegt am unzugänglichen Capo Monte-Santu, aber ab Juli sind die Tiere in der Umgebung überall gut zu sehen. Nach ihrer Ankunft im April findet man sie oft im Ogliastra-Tiefland, wo sie in Gruppen von 20-30 gemeinsam über den Feldern Insekten jagen.

Fischadler sind dagegen nur noch am Zug zu sehen. Auf den Felsen der Küste nisten Krähenscharben und einige Korallenmöwen (S. 50). Im Winter stellen sich an dieser von Westwinden geschützten Bucht zahlreiche Gäste ein, etwa die großen Baßtölpel.

Mufflons (s.S. 69) wurden in mehreren Gebieten wieder angesiedelt, inzwischen gibt es bereits einige Gruppen mit bis zu 60 Tieren. Durch das Gebüsch streifen zahlreiche der wilden Hausschweine (S. 36) und so manches Wildschwein (S. 114). Die vielen Höhlen bieten Fledermäusen Unterschlupf. Ein weiterer Höhlenbewohner ist der versteckt lebende Sardische Schleuderzungensalamander (s.S. 105). Am Flumineddu findet man Sardischen Gebirgsmolch, Scheibenzüngler und Vipernatter, während die häufige Gelbgrüne Zornnatter (S. 39) und der Walzenskink im warmtrockenen Gelände leben. Besonderheiten der Insektenwelt sind der Laufkäfer *Agelaea fulva* und der bedrohlich selten werdende Eichenbock, Korsischer Schwalbenschwanz und Sardisches Tagpfauenauge. Im Tiefland um Orosei ist seit einigen Jahren der kleine Monarchverwandte *Danaus chrysippos* heimisch, vermutlich aus Nordafrika eingewandert.

Die Wespenragwurz trägt wie alle Ragwurzarten haftende Pollenbündel, die von Insekten übertragen werden.

Die schattenliebenden Alpenveilchen sind der typische Unterwuchs ehemaliger Steineichenwälder.

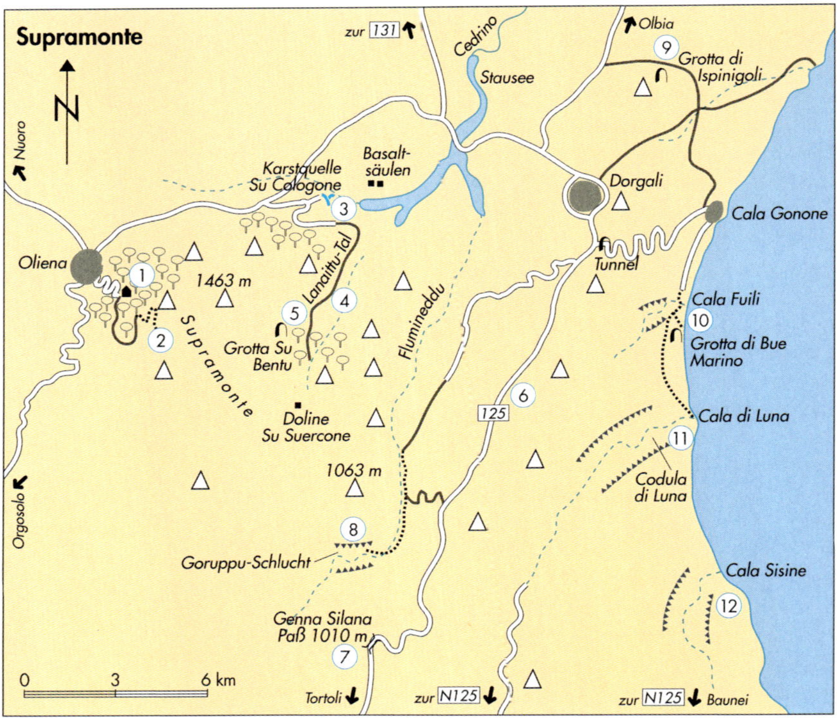

Im Gebiet unterwegs

Mitten im Steineichenwald thront hoch über Oliena am steilen Supramonte-Hang die Herberge und Versorgungsstation der Kooperative **Enis Monte Maccione** ①, zu erreichen auf einer betonierten Piste, die am Ortsausgang von Oliena in Richtung Orgosolo beginnt. Den Rest des Berghanges windet sich ein Schotterweg weiter zwischen die Supramonte-Felsen hinein. Der Großteil des Abhangs ist mit einem dichten Steineichenwald bedeckt, dem nur Alpenveilchen einige Farbtupfer verleihen, während die Karsthochfläche ② oben fast völlig kahl ist.

Von der Quelle su-Cologone ③ führt eine Piste 4 km in das **Lanaittu-Trogtal** ④ mit dem Rio de sa Oche. Es öffnet sich nach Norden zur Tieflandbucht von Dorgali, die durch Deckenbasalte ausgefüllt ist. Die senkrechten Säulen dieses Basaltriegels hat der Cedrino freierodiert, sie sind beim Weg zum Lanaittu-Tal gegenüber im Norden zu sehen. Die rechte Piste führt an einem Häuschen vorbei, in der Einsturzdoline dahinter liegt die Höhle sa-Oche (nur wenige Meter begehbar). Etwa 70 m darüber befindet sich die »Windhöhle« su-Bentu ⑤, in deren Eingangsbereich (dahinter ist Kletterausrüstung notwendig) meist Schleuderzungensalamander über die Wände kriechen.

Die **»Strada Orientale«** (N 125) ⑥ durch den Supramonte ist landschaftlich sehr reizvoll und bietet zahlreiche Ausblicke. Von Dorgali aus führt sie am Hang des östlichen Supramonte, hoch über dem Flumineddu-Tal, nach Süden. Zunächst im Kalkgelände (mit Büschen von Ätna-Ginster an den Hängen), taucht sie im Gebiet um den **Silana-Paß** (Genna Silana) ⑦ in den Schieferbereich und kehrt später wieder zum Kalk zurück. Zur Blühzeit im Frühjahr läßt sich dieser Wechsel auch an den bunten Bewohnern der durch den Straßenbau freigelegten Hänge beobachten.

Mit der **Gorruppu-Schlucht** ⑧ hat der Flumineddu einen 2 km langen Canyon in den Supramontekalk gegraben, der mit seinen 476 m hohen Felswänden einer der tiefsten Europas ist. Von der N 125 zweigt ein Stückchen südlich von Dorgali eine Straße ins Tal ab, die später zur Piste wird. Befahrbar bis zur Brücke Sa Barva, dann führt ein Weg weiter den Fluß entlang. Eine Rumpelpiste führt außerdem bei Kilometer 193 von der N 125 ins Tal. Da am Talboden die Erosion den Granit des alten Grundgebirges freigelegt hat, wächst entlang des letzten Wegstücks eine dichte Macchie aus Erdbeerbäumen (S. 32), im Herbst eine Gelegenheit, die schönen Erdbeerbaumfalter zu sehen, die gerne an den Astenden sitzen.

Imposant ist bereits der Eingang in die Schlucht. Reichlich verloren wirken die Wanderer zwischen den hohen Felswänden und krabbeln wie die Ameisen zwischen den riesigen Felsblöcken umher. Es gilt über die Felsen und unter ihnen durch zu turnen, und aus der Froschperspektive ist der Weg nicht immer leicht zu finden. Bei niedrigem Wasserstand ist es auch ohne Bergausrüstung und größere Akrobatik möglich, die Schlucht zum Großteil zu durchqueren. Zwei der vielen Tropfsteinhöhlen sind zu Schauhöhlen ausgebaut: Im Norden von Dorgali befindet sich die schöne **Grotta di Ispinigoli** ⑨, eine riesige Kaverne, die einen der größten Stalagmiten der Welt enthält. 38 m ist das mächtige Gebilde hoch. An der Küste (Landeingang versperrt, nur mit dem Schiff erreichbar) liegt die nach den inzwischen verschwundenen Mönchsrobben benannte **Grotta di Bue-Marino** (der »Meerochsen«) ⑩. Sie ist die Mündung eines unterirdischen Flusses, daher führt das Innere der Grotte Süßwasser, das sich zum Meer hin mit Salzwasser mischt. Nur der vordere Teil ist während der Saison zu besichtigen, ihr größter Teil befindet sich unter Wasser. Untermeerische Tropfsteine zeigen, daß der Meeresspiegel während der Eiszeiten erheblich tiefer lag.

Die malerische **Steilküste** des Supramonte ist ein begehrtes Ziel der Touristenscharen, die im Sommer auf die Insel einfallen. Ausgangspunkt ist Cala Gonone, von wo eine Straße bis zur ersten Schlucht

Die Ispinigoli-Höhle weist eine abwechslungsreiche Ansammlung bizarrer Tropfsteingebilde auf.

Zwischen den hohen Felswänden der Gorruppu-Schlucht spazieren die Wanderer klein wie Ameisen hindurch.

(Cala Fuili) und eine Piste nach Norden führen. Die großen Schluchten und Buchten im Süden sind nur in Fußmärschen zu erreichen, oder mit Ausflugsbooten, die von Juni bis September der Küste entlangtuckern. Ein schönes, aber auch recht teures Vergnügen. Bis zur fotogenen Felsnadel und zum -tor an der Cala Goloritze fahren zwar nicht alle Boote von Cala Gonone; die beiden Felsformationen werden aber auf jeden Fall von Süden her (Boote aus Arbatax, S. Maria) passiert. Hinter den beiden größten Buchten, **Cala di Luna** ⑪ und **Cala Sisine** ⑫, führen tiefe Schluchttäler, »Codule« genannt, ins Gebirge. Solche ausgetrockneten, enormen Bachbetten sind der natürliche Standort des Oleanders, der mit seinen tiefen Wurzeln bis zum Grundwasserstrom hinabreicht. Beide Codule haben von oben her, von der N 125 aus, Zubringerpisten, die ein großes Stück des Fußwegs abkürzen.

Praktische Tips

Anreise

Die Felswände des Supramonte sind nicht weit von der Provinzhauptstadt Nuoro entfernt, und durch Dorgali führt die N 125, die Hauptstraße des Inselostens.

Beste Reisezeit

Abgesehen für die Beobachtung von Eleonorenfalken und Erdbeerbaumfaltern ist das Gebiet ein typisches Frühjahrsreiseziel, da es zu dieser Zeit eine reiche Farbenpracht entwickelt.

Unterkunft

Zentren der Region sind das große Dorf Dorgali und die Touristensiedlung Cala Gonone mit entsprechender Infrastruktur. Im Inland ist die Kooperative am Monte Maccione empfehlenswert.

Adressen

Lokale Kooperativen organisieren geführte Wanderungen und Höhlenexkursionen im Supramontegebiet:

- Coop Enis am Monte Macchione über Oliena: Tel. 0784-2883-63; www.coopenis.it
- Societa Gorropu beim Genna Silana (Sandra Lietze stammt aus Berlin) Tel. 0782-649282; Handy 333 8507157; email: francescomurru@virgilio.it; www.gorropu.com

Blick in die Umgebung

Einen Besuch wert ist der 805 m hohe **Monte Tuttavista** zwischen Orosei und Galtelli. Er bietet eine weite Rundumaussicht (samt dem Gesteinsbogen Pedra Istampata) und ist bequem zu erreichen – eine kleine Straße führt von Galtelli fast bis zum Gipfel hinauf.

12 Die Region der Tacchi und Tonneri

Bizarre Felslandschaft aus Türmen, Nadeln und tiefen Schluchten; wald- und wasserreich, Schauhöhlen; Tier- und Pflanzenwelt der Berge, Mufflon

An den Supramonte grenzen im Südwesten die Schieferrücken des Gennargentu, ein sanft gerundetes Bergland. An seinem Südrand sitzen in einem Bogen von Lanusei bis Aritzo hingegen Kalkplatten des Erdmittelalters auf dem paläozoischen Grundgebirge, die aber keine zusammenhängenden Gebirgsstücke bilden wie im Supramonte, sondern in einzelne Stücke zerfallen sind. Diese geologisch bemerkenswerte enge Verschränkung von Kalk und Schiefergesteinen sorgt für reizvolle Kontraste. Tacchi und Tonneri heißen die Türme, Nadeln und Tafelberge, die dem südlichen Gennargentu ein einzigartiges Ambiente im Stil des Monument Valley aufprägen. Tacchi (Einzahl Taccu) sind einzelne Felstürme verschiedener Größe und Breite, die üblicherweise aus Kalk bestehen und sich meist kahl über grüner Macchie oder Eichenwäldern erheben. Besonders markante Türme sind der Scoine bei Baunei, der Perda Liana am oberen Flumendosa und der Texile bei Aritzo. Der Name Tonneri leitet sich von der durch Runsen zerfurchten Nordwand des Monte Tonneri westlich des Perda Liana ab. Der Gennargentu ist durch seinen Staulageneffekt das regenreichste Gebiet Sardinens – und wo Wasser ist, ist Leben. Hier entspringt der Flumendosa, der zweitlängste Fluß Sardiniens, mit Stromschnellen und Schluchten. Die vielen Wasserläufe haben aus dem

Der rote Porphyrfelsen von Arbatax versteckt sich hinter den Hafenanlagen in einer etwas tristen Umgebung.

Überall am Mittelmeer ist der Zwergohreulenruf in der Nacht zu hören.
Zu sehen ist der Vogel aber nur ausnahmsweise.

wasserlöslichen Kalk tiefe Schluchten mit senkrechten Abbrüchen erodiert, die das Gebiet ähnlich unzugänglich machen wie den Supramonte. In abenteuerlichen Kurven kriechen daher die Straßen die Talflanken hinauf und hinunter.

Der Gennargentu ist das einzige Gebiet Sardiniens, das im Winter über mehrere Monate schneebedeckt ist. Der Name Gennargentu stammt vermutlich aus dem Lateinischen (»janua argenti« = Silbertor) und bezieht sich wohl auf das silbrige Glitzern des Schnees. Der Sage nach öffnet sich im Winter ein Tor, und die Gipfel werden von Silber überzogen. So entstand die Vermutung, daß im Berginneren große Silberadern versteckt wären. Nach einer anderen Theorie bedeutet der Name Porta del ventu (Tür des Windes), denn hier vermutete man in der Antike den Ursprung der ständig über die Insel fegenden Winde.

Seit Jahrzehnten bereits wird über einen Nationalpark Gennargentu-Supramonte diskutiert, und dabei wird es vermutlich auch noch lange bleiben. Inzwischen haben der Bau neuer Straßen, touristische Erschließung, zunehmende Beweidung und die chronische Verwendung von Feuer die Erosion der Oberfläche in Supramonte und Gennargentu sehr beschleunigt. Stellenweise ist das ganze Massiv nur noch ein großer Haufen Steine. Dabei war die gesamte Region bis zum Ende des 19. Jh. dicht bewaldet, doch eine räuberische Politik zur Erzeugung von Holzkohle und zur Gewinnung von Holzschwellen für die Eisenbahnschienen erlaubte in wenigen Jahrzehnten die nahezu vollständige Abholzung der schönen Wälder. Industrie und Ackerbau fehlen zwar bis heute im Gebiet, aber intensive Weidewirtschaft und traditionelle Brennholzsuche haben die Situation nicht eben verbessert.

Pflanzen und Tiere

Nur noch Reste der jahrhundertealten Wälder blieben übrig, vor allem Mischwälder aus immer- und sommergrünen Bäumen, mit Steineiche, Ahorn, Hopfenbuche und Wacholder. Die Steineiche (S. 32) findet ihre Höhengrenze in südexponierten, geschützten Lagen bei etwa 1200 m, in ungünstigen Nordhängen dagegen ab 900 m. Die Flaumeichenstufe erreicht (selten) eine Höhe bis zu 1600 m. Buchen fehlen hingegen auf Sardinien, und ebenso die in Korsika so häufigen Schwarzkiefernwälder. Im feuchten Westen des Gennargentu gibt es seit der Römerzeit ausgedehnte Kastanienwälder, und einige Gebiete sind mit Sternkiefern und Tannen aufgeforstet. Diese Arten wachsen zwar schneller als Eichen, sind aber erheblich feueranfälliger.

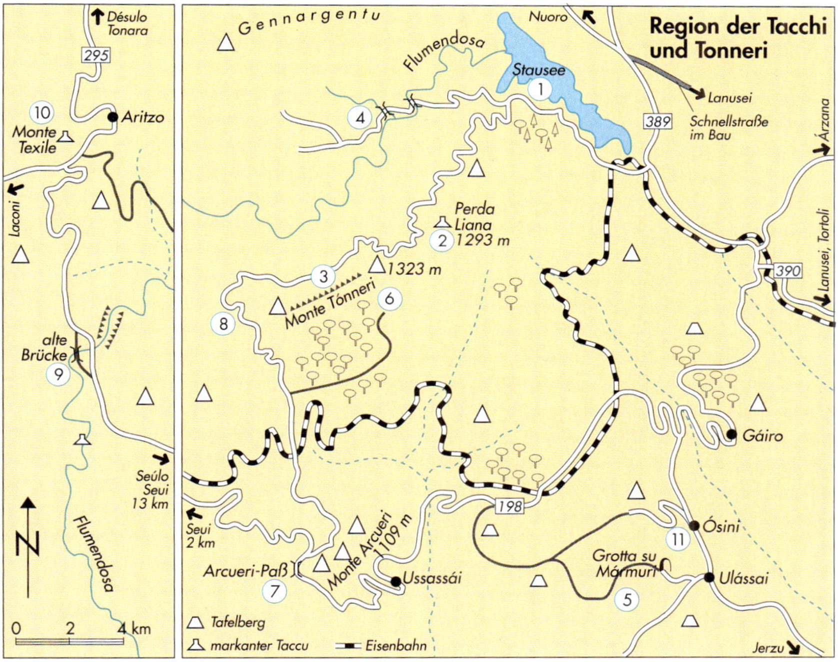

Die geologische Variabilität und die starken Höhendifferenzen auf engem Raum führen zu dementsprechend vielfältigen Biotoptypen. Dies können z. B. mehr als 40 Orchideenarten nützen. Am häufigsten trifft man natürlich die anpassungsfähigen, die auf Kalk- ebenso wie auf Schiefer- und Granituntergrund wachsen (Schmetterlings- und Langsporniges Knabenkraut, Wespen-Ragwurz, S. 107). Vor allem lichte Macchie und magere Böden sind für viele Arten geeignet, daher stehen sie auch oft direkt an Wegesrändern. An den Kalkfelsen bei Ussassai fällt das »Riesenknabenkraut« auf, Roberts Mastorchis, das bis über 50 cm hoch werden kann.

Während in immergrünen Hartlaubwäldern durch die ganzjährige Beschattung ein Vorfrühlingsaspekt durch Geophyten (Zwiebel- und andere Pflanzen mit unterirdischen Speicherorganen) fehlt, treten unter sommergrünen Bäumen in der Krautschicht allerlei zeitige Frühlingsboten auf, wie Krokus, Scheinkrokus, Milch- und Gelbsterne. Im Frühjahr steht der Gennargentu dann in voller Blüte. Als erstes blühen rosa die Großblättrige Pfingstrose und gelbgrün die Korsische Nieswurz (S. 62). Später folgen Thymian, Roter Fingerhut (S. 81), wilde Rosen und Pankrazlilie, im Sommer schließlich der Gelbe Enzian. Zahlreich sind die botanischen Endemiten: An den Kalkwänden siedeln dieselben Spezialisten wie im Supramonte, z.B. die Felsen-Strohblume oder in etwas feuchteren Nordlagen die blaue Glockenblume *Campanula forsythii*. An geschützten, feuchten Stellen kann die Nugoro-Akelei entdeckt werden. Die windgefegten Gipfelregionen im Schieferbereich sind bei genügend Luftfeuch-

tigkeit mit Gräsern bewachsen (das gibt es in Sardinien nur hier) – sonst bilden sie das Refugium der Kugelpolster. Diese haben ihre Hauptverbreitung in Höhenlagen des Vorderen Orients, wo Wind und kontinentales Klima mit bitterkalten Wintern und heiß-trockenen Sommern einzig solche Kugelpolstersteppen zulassen. Die Polsterform schützt vor Kälte und Austrocknung durch starke Winde, die Pflanze erzeugt sich sozusagen ihr eigenes Mikroklima. Kräuter nützen den Schutz der Polster, z.B. sprießt das Limbara-Veilchen (S. 92), eine Unterart des Korsischen Veilchens, massenhaft in den Hochlagen um den Bruncu Spina.

Ein typischer Bewohner solch kahler Hochlagen ist der Zitronengirlitz. Unverwech-

Angelockt von Maiskörnern lassen sich abends Wildschweine beim Forsthaus von Montarbu blicken.

Die Pankrazlilie (Steinhyazinthe) besiedelt offene, steinige Flächen in den Bergen und manchmal an der Küste.

Der Perda Liana ist ein auffälliger Taccu, markantes Überbleibsel einer zerbrochenen und verwitterten Kalkplatte.

selbar ist der metallene Ruf der Vögel, der wie eines der tragbaren Mini-Computerspiele klingt. Mufflons (s.S. 69) haben im Gennargentu die jahrhunderte der Jagd und Wilderei überlebt und werden in anderen Regionen jetzt wieder angesiedelt. Durch die Wälder streifen noch recht viele Wildschweine und noch weit mehr der halbwilden Hausschweine (S. 36).

Im Sommer versammeln sich an kleinen Quellen manchmal größere Gruppen Tyrrhenischer Mauereidechsen (S. 65) um zu trinken, während die Tiere in ihren »Heimatrevieren« Konkurrenten verjagen. Trockene und steinige Gebiete besiedelt die kleine Erzschleiche (S. 104); dieser silbrigbraune Skink raschelt meist nur im Gras, und dann flitzt eine Art motorisierter Regenwurm über den Weg. Die Erzschleiche bewegt sich bereits wie eine Schlange, die winzigen Beinchen sind nur noch funktionslose Anhängsel. Der nachtaktive Sardische Gebirgsmolch versteckt sich tagsüber am Gewässergrund unter Steinen. Die »Frösche« an den Bächen sind meist mit den Unken verwandte Scheibenzüngler. Sie können ihre Zunge nicht vorschnellen lassen wie die anderen Frösche. Weit verbreitet in Sardinien und Korsika ist der Kleine Feuerfalter, Distelblüten besucht der Distelfalter, und wo es Erdbeerbäume gibt, ist auch der prächtige Erdbeerbaumfalter nicht weit. Seine Raupe ist ein gut getarntes, kleines grünes Monster mit drei »Hörnern« am Kopf. Der Korsische Schwalbenschwanz ist in der Region ebenso zu finden wie Blauschwarzer Eisvogel (S. 40), Resedafalter und der knallgelbe Postillon.

Im Gebiet unterwegs

Die N 198 durchquert die gesamte Region von der »Hauptstadt« Lanusei im Osten bis zum Sarcidano-Stufenland im Westen. Ein lohnender Abstecher führt zum oberen Flumendosa, vorbei am **Flumendosa-Stausee** ①, dessen Aufforstungen bei hohem Wasserstand fast kanadisch aussehen, mit Nadelbäumen und dunkelblauem Wasser. Hinter dem See führt eine schmale Straße weiter, vorbei am Felsturm **Perda Liana** ② und am **Monte Tonneri** ③, eine zweite hinunter zum Fluß. Einspurige Hirtensträßchen winden sich von dort in die Gennargentu-Schieferhänge. Hier hat sich auf den Wei-

Das Schmetterlingsknabenkraut ist in Sardinien und Korsika überall verbreitet.

Die Großblättrige Pfingstrose, ein Element der (ehemaligen) Eichenwälder Zentralsardiniens.

den statt des üblichen Affodills die Pankrazlilie ausgebreitet, die von den Tieren ebenso verschmäht wird. Der Flumendosa und die einmündenden Bäche sind meist von Auwaldstreifen begleitet, durchwühlt von umherziehenden Schweinen ④.

Unter senkrechten Felswänden kleben wie überdimensionale Adlerhorste die Dörfer Osini, Ulassai und Ierzu hoch oben am Hang. Noch enger lässt sich nicht zusammenrücken. Den Felsriegel über Osini durchdringt kühn eine schmale Straße (von Osini Nuovo aus) in einem kleinen Tälchen, der Scala di San Giorgio ⑪ (mit Aussichtsplattform). Hinter Ulassai liegt in einem Hochtal die **Tropfsteinhöhle Su Marmuri** ⑤. Der **Arcueri-Paß** ⑦ westlich von Ussassai ist eine baumlose, windgefegte Hochebene, mit den sehenswerten Kalkzacken des Monte Arcueri, die wie natürliche Pit-Strukturen in den Himmel ragen (S. 2). Beim Paß mündet die Straße vom Perda Liana, die ab dem **Genna Medau** ⑧ durch kahles Hochland führte. Zwischen Arcueri-Paß und Genna Medau zweigt eine 11 km lange Piste ab zur Forststation Falchi am Südhang des Monte Tonneri. Während dieser nach Norden in den namensgebenden steilen Felswänden abfällt, ist seine nach Süden sanft geneigte Hochfläche mit einem dichten Steineichenwald bedeckt, dem Staatsforst **Montarbu** ⑥. Zum Naturpark erklärt, führt ein Wanderweg am Ermolino-Bach entlang hinauf auf den Gipfel des Mte. Tonneri, den Margiani Pobusa (Aussicht auf den Perda Liana).

Vom kahlen Pranu Murdegu zweigt die stellenweise neu ausgebaute Verbindung an die Westflanke des Gennargentu ab, mit der zweiten Schauhöhle der Region, der **Grotte Is Jannas**. Vorbei an Aufforstungen und Tacchi überquert die Straße in einer hohen Brücke die **Flumendosa-Schlucht**. Hier lohnt ein Abstecher hinunter zur alten Brücke ⑨, mit einer malerischen Oleander-Au, orchideenreicher Macchie und einem Blick in die Schlucht. Bei reichlichem Wasserstand kann dieser Abschnitt des Flusses im Frühjahr mit Rafting-Booten befahren werden. Ein harmloses Vergnügen, solange es wenige sind, aber eine erhebliche Belastung für die Natur, sobald solche Beschäftigungen zum Massensport werden. Die Verbindungsstrecke mündet bei Aritzo in die N 295 (Blick auf den Monte Texile ⑩). Von dort weiter über Desulo in Richtung Fonni erreicht man die Zufahrt zum Skilift am Bruncu Spina, die bis auf 1600 m Höhe in die Zone der Polsterpflanzen hineinführt.

Praktische Tips

Anreise

Ein weitläufiges Gebiet, das ohne eigenes Fahrzeug nur sehr schwer zu erkunden ist. Während sich alle Zubringerrouten kurvenreich durch das Land winden, erlaubt die neue Schnellstraße Lanusei-Nuoro eine rasche Zufahrt von Norden her.

Beste Reisezeit

Durch die Höhenlage beginnt das Frühjahr etwas später als an der Küste, besonders schön ist der Mai.

Unterkunft

Das dünnbesiedelte Gebiet hat nur wenig Infrastruktur, aber im Osten schließt die Urlaubsregion der Ogliastra an, und Aritzo ist eine traditionelle Sommerfrische.

Tip

Reizvoll ist eine Fahrt mit der Schmalspurbahn, die in unzähligen Kurven durch das Gelände zuckelt, von Tortoli nach Mandas.

Weitläufiges Schwemmland mit Lagunen und Seen samt reicher Vogelwelt; Dünen und Kaps mit spezialisierter Küstenvegetation, Malteserschwamm; Tiere der Steppe und der Feuchtgebiete; Flamingo, Bienenfresser, Zwergtrappe, Purpurhuhn, Walzenskink

Die Halbinsel Sinis und ihr Hinterland sind eine weitläufige Schwemmlandebene, vor allem vom Tirso aufgeschüttet. Die abgelagerten Sedimente trennten große Lagunen vom Meer, die mit der Zeit auszusüßen begannen. So bildete sich in der Umgebung von Oristano eine einzigartige Küstenlandschaft, eine Mischung aus großen Lagunen, die mit dem Meer verbunden sind, Becken mit geringem Salzgehalt, umrandet von einer reichen Vegetation, Süßwasserseen mit geringer Verbindung zum Meer, Brackwassergebieten, reich an kleinen, mit Queller und Gliedermelde bewachsenen Inselchen, kleinen Sümpfen, temporären Gewässern und Flußmündungen – alles wertvolle Aufenthaltsorte für Scharen an Zugvögeln und Wintergästen, sowie ideale Nistplätze für Wasservögel.

Die Sinis umfaßt trotz enormem Kultivierungsdruckes nahezu alle in Sardinien und Korsika vorkommenden Tieflandlebensräume. Besonders bedeutsam sind die verbliebenen Flachwassergebiete für die Vogelwelt, da die einst erheblich weiter verbreiteten Lagunen und Feuchtgebiete im 20. Jh. eine weitgehende Vernichtung erlitten. Die Trockenlegungen dienten in erster Linie dem Gewinn von Landwirtschaftsflächen, dazu kam die Malariabekämpfung. So ist der riesige Sumpf-Salzmarsch-Lagunen-Komplex südlich von Oristano bis auf Reste verschwunden; seit den Entwässerungsmaßnahmen durch-

Am Strand von Su Pallosu haben sich Wind und Wellen als Modellierer der weichen Sandsteinfelsen betätigt.

Die Zwergtrappe

In steppenartigen, ebenen Gebieten Sardiniens kann man mit viel Glück die Zwergtrappe beobachten, den einzigen Vertreter der Trappenfamilie, der in Italien nistet. Die Vögel bewohnen trockenes Kultur- oder Brachland mit wenigen Büschen, benötigen aber eine ausreichende Grasdeckung. Solche extensiven Lebensräume werden im Zuge von Landwirtschaftsintensivierung und stärkerer Beweidung erheblich seltener, daher sind die Trappenzahlen fast überall rückläufig. Große Populationen bestehen nur noch auf den spanischen Hochebenen und in Rußland. Trappen sind ans Bodenleben angepaßt, sie können schnell laufen und sich wie ein Huhn tarnen. Zwergtrappen fliegen aber auch hervorragend und erinnern im Flugbild an eine überdimensionale Ente. Sie ernähren sich von Kräutern, Samen und Insekten.

Im Frühjahr tragen die Männchen ihr buntes Hochzeitskleid mit einer blauschwarzen Halskrause, die sich weit aufplustern läßt. Sie nehmen ein Revier in Besitz, was sie mit charakteristischen Rufen kundtun. Die Hochzeitswerbung der Trappen ist sehr elegant und originell. Die Männchen locken ununterbrochen und springen wie ein Stehaufmännchen mit aufgeplustertem Gefieder flügelschlagend über die Vegetation. Das Nest ist eine einfache Mulde im Boden, ausgelegt mit Gräsern und getarnt durch die Vegetation. Nach der Reproduktionszeit bilden die Vögel wieder Gruppen, die das ganze Jahr über zusammenbleiben.

ziehen nur noch regelmäßige Kanäle das Areal von Arborea.

In den Stagni werden Aale, Karpfen und Schleien gezüchtet, besonders häufig aber die schmackhaften Meeräschen, die sich als Bewohner seichter Küstengebiete in Brackwasserlagunen wohl fühlen. Bis vor wenigen Jahren herrschte am Stagno di Cabras ein antiquiert-feudales Fischereisystem. Nur angestellte Fischer durften an bestimmten Orten vorgeschriebene Mengen fangen, was streng überwacht wurde. Einzig mit den traditionellen Schilfbooten und Spießen war es den Dorfbewohnern gestattet, auch privat ein wenig zu fischen. Seit 1978 ist der See für die Fischer von Cabras frei; für die vom Gewässer abhängigen Einwohner zunächst eine Wohltat, für die Fische jedoch weniger – prompt werden seit einigen Jahren zunehmend Klagen über massiven Rückgang der Fischbestände laut. Überfischung gekoppelt mit Gewässerverschmutzung durch Industrie und Abwässer rächen sich bereits. Im Westen schließen die Sinis zum Meer hin miozäne (S. 13) Mergel- und Kalkrücken mit aufliegenden fossilen Dünen ab, die durch das Schwemmland »Festlandanschluß« erhielten. Die Dünen bestehen aus quartärem Sand, unter dem regelmäßige Schichten von blauem und grauem, fossilienreichem Mergel hervorkommen. Darunter befinden sich alte Granitflächen, erodiert und zerstückelt vom Meer. Zeugen davon sind die vorgelagerte Insel Mal di Ventre und die Quarzkörnchenstrände von Is Arutas. Am Capo Mannu sind einige dieser Schichten der Zeit erkennbar: kristalline Kalke, Bänke von organischem Material, Sandsteinablagerungen und schließlich Sandaufschüttungen der Gegenwart. Die organischen Bänke sind bis zu 50 m dick und voller Muscheln, von denen einige Arten heute noch leben. Dieses Kap bildet im

Beobachtungsmöglichkeiten für Vogelfreunde (Auswahl)

Turr'e Seu WWF-Reservat:

Triel, Fahl- und Alpensegler, Wanderfalke, Krähenscharbe, Rothuhn, Wachtel, Kalander- und Kurzzehenlerche, Brachpieper, Wiedehopf (S. 51), Bienenfresser, Schwarzkehlchen, Samtkopf-, Sarden-, Brillen- und Weißbartgrasmücke, Neuntöter, Rotkopfwürger. Abends an offenen Flächen: Rötelfalke, Wiesen- und Rohrweihe, Ziegenmelker.
Zug: Pirol, Mittelmeer-Steinschmätzer.

Stagno di Mistras

April-Juni: Flamingo (S. 132), Stelzenläufer, Säbelschnäbler, Rotflügel-Brachschwalbe, Fluß- und Zwergseeschwalbe, Seeregenpfeifer, Triel.
Zug: Dünnschnabelmöwe, Grün- und Rotschenkel, Großer Brachvogel, Löffler, Flußuferläufer, Alpen- und Zwergstrandläufer, Gold- und Kiebitzregenpfeifer, Fischadler, Sumpfohreule.
Winter: Flamingo, Kormoran, Seiden- und Graureiher, Mittelsäger, Löffel-, Pfeif-, Krick- und Schnatterente.

Sale Porcus

April-Juni: Flamingo (S. 132), Stelzenläufer, Säbelschnäbler, Seeregenpfeifer, Dünnschnabel- und Lach-Möwe, Fluß- und Lachseeschwalbe.
Zug: Rotschenkel, See-, Sand-, Flußregenpfeifer, Alpen- und Zwergstrandläufer.
Winter: Flamingo, Brandgans, Spießente.

Mar'e Pauli

April-Juni: Grau-, Seidenreiher, Rohrdommel, Wasserralle, Purpurhuhn (S. 136), Rotflügel-Brachschwalbe, Kolbenente (S. 56), Seiden-, Teichrohr-, Drosselrohrsänger.
Zug März-April: Sichler, Dünnschnabelmöwe, Dunkler und Bruchwasserläufer, Uferschnepfe.
Winter: Kormoran, Grau- und Seidenreiher, Mittelsäger, Tafel-, Krick-, Kolben- (S. 56), Pfeif- und Löffelente.

S'Ena Arrubia

April-Juni: Purpurreiher, Rohr- und Zwergdommel, Kolben- und Moorente, Hauben- und Zwergtaucher, Zwergseeschwalbe, Rohrweihe, Bienenfresser (S. 125).
Zug März-April: Graureiher, Zwergmöwe, Trauerseeschwalbe, Fischadler, besonders viele Enten: Reiher-, Moor-, Knäk-, Tafel-, Löffel-, Krick-, Pfeif-, Spieß- und Schnatterente.
Winter: Kormoran, Seiden- und Graureiher, Schwarzhals- und Haubentaucher, Flamingo, Kiebitz, Säbelschnäbler, Rohrweihe,
Enten: Tafel-, Pfeif-, Krick-, Spieß-, Reiher-, Stock-, Löffel-, Schnatterente.

Nordwesten der Sinis eine »Halbinsel auf der Halbinsel«, es hat eine Fläche von 456 ha und ist 53 m hoch.
Eine Eigenart Sardiniens sind die weißen Quarzkornküsten, wie etwa im Westen der Sinis. Im Prinzip ähneln sie der gewöhnlichen Sandküste, die Körnchen sind jedoch etwa reiskorngroß und nur in lokkerer Verbindung. In den Hohlräumen dazwischen leben winzige Mollusken und Krebse, die ihre Nahrung aus dem ständigen Wasserstrom filtrieren. Der »Sand« setzt sich zusammen aus weißem Quarz, sowie Feldspat, Hornblenden und weiterer Silikatsteinchen in Gelb und Braun. Dazu kommen kleine, bunte Glassplitter, die

Mar'e Pauli, eines der vielen Sinis-Feuchtgebiete.

durch die Wasserbewegungen immer runder werden. Sie sind die Reste der allgegenwärtigen Meeresverschmutzung, die hier ihren Beitrag zum Strandaufbau leistet.

Pflanzen und Tiere

Die botanisch interessantesten Gebiete der Sinis sind die Halbinsel von **Su Pallosu** ① mit dem Capo Mannu ②, das WWF-Reservat Turr'e Seu ⑥ und das Capo San Marco ⑦ im Süden der Halbinsel. So hat man z.B. allein auf S. Marco über 400 Arten gefunden. Ein hoher Prozentsatz an Therophyten – das sind Einjährige, welche die ungünstige Jahreszeit als Samen überdauern – (über 50% der Flora) weist auf trockenes Klima hin.

Auf dem Weg von **Su Pallosu** zur Küste beim Capo Mannu trifft man zunächst auf Wegrand- und Brachlandbesiedler sowie Ackerunkräuter wie Kretische Strauchpappel, Kronen-Wucherblume, Italienischen Natternkopf, Schnecken- und Sternklee, Klebrige Parentucellie, Großen Klippenziest, Hasenschwanz und Schopfige Traubenhyazinthe (S. 65). Die mit Flüssigkeit gefüllten Früchte der Spritzgurke stehen nach der Reife unter Druck und verspritzen bei Berührung ihren Inhalt samt Samen. Es folgt eine Küstengarrigue mit Rosmarin, Mastix (S. 32), Zistrosen (S. 32), Kleinblättriger Strohblume, Weißblättrigem Greiskraut, Weichhaarigem Schwefelkörbchen und als Weideanzeiger (da von den Tieren verschmäht) dem Kleinfrüchtigen Affodill.

In den **Dünen** findet der Übergang zur Strandvegetation statt, außerdem läßt sich eine zunehmende Blattsukkulenz »gewöhnlicher« Pflanzen beobachten, wenn sie dem Meer und damit dem Einfluß von Salz und Trockenheit näherkommen (etwa bei Greiskraut und Platterbse). Die Dünen werden höher oben von Wacholderbüschchen und weiter unten vom Gräsern gefestigt. Diese haben sich wegen ihrer Trittfestigkeit in den letzten 10 Jahren durch den zunehmenden Besucherdruck weit ausgebreitet, während empfindliche Arten stark zurückwichen. Trotz dieser deutlichen Degradierung geben die Pallosu-Dünen noch immer ein schönes Beispiel für naturnahe Strandbesiedlung (s.S. 30). Eine Besonderheit sind die vielen Polster der rosa blühenden Stechenden Grasnelke, die nur an den Westküsten Sardiniens und Korsikas sowie an einigen spanischen Stränden vorkommt.

An den **Felsküsten** dominieren in Meeresnähe die Herbstblüher Meerfenchel (S. 100) und Strandflieder, auf den senkrechten Felsen des Capo Mannu leben vor allem Zwergsträucher – diese Wuchsform als Kugelbusch ist typisch für windige Lebensräume und schützt die Pflanzen ein wenig vor Salzgischt und Austrocknung. Am Rand der Felsen sind die Sträucher besonders niedrig, windgeschoren und vor allem auf der geschützten Ostseite beblättert (wie auch in Bonifacio). Die Besonderheit des Kaps ist das Katzenkopf-Sonnenröschen, das vor allem auf Sedimenten aus dem Miozän (S. 13) wächst und in Sardinien nur hier vorkommt. Das zarte Stachelträubchen, ein Primelgewächs mit violetten Blütenständen, gibt es in Sardinien ebenfalls nur auf der Sinis.

Offene Flächen am **Capo San Marco** ⑦ besiedeln Kleines Zwergedelweiß, Ausdauernder Strandstern (S. 29), Tazette (S. 29), Herbstblaustern (S. 60) und Große Wachsblume. Diese heißt auf sardisch »panixeddu« (kleines Brötchen), da ihre Blüten eßbar sind. Die Kleine Sommerwurz parasitiert auf Strohblumen, der Strauch-Beifuß bildet beim Leuchtturm große, gelbblühende Büsche, und die rund um das Kap gefundenen 11 Wolfsmilcharten dürften für eine so kleine Region vermutlich einen Rekord darstellen.

Das ca. 200 ha große WWF-Reservat **Turr'e Seu** ⑥ ist mit Macchie bedeckt, die zeigt, wie die Sinis früher in großen Teilen ausgesehen hat. Einen wichtigen Bestandteil bildet darin die Zwergpalme (S. 124). Diese struppigen Büsche, deren Fasern früher zur Matratzenherstellung dienten, sind neben der Kretischen Palme die einzige in Europa heimische Art. Alle anderen Palmen wurden irgendwann eingeführt. An den windigen Küsten von Sinis, Capo Caccia und San Antioco bleiben die Palmen klein und unscheinbar. In geschützten Lagen (z.B. im botanischen Garten von Cagliari) können durchaus stattliche, mehrere Meter hohe Exemplare daraus werden. Im Gebüsch verstecken sich etwa 20 Orchideenarten, Lauche mit ihren kugeligen Blütenständen (S. 93), der Krummstab und die »Jungfer im Grünen«.

Um die Stagni wächst vor allem die besonders viel Salz vertragende Gemeinschaft von Queller und Gliedermelden samt ihrem Gefolge (s.S. 54). Eine seltsame Rarität ist der Malteserschwamm, ein Parasit auf salzliebenden Gänsefußgewächsen. Diese rotbraunen, fleischigen Gewächse aus der Fa-

Polster der Stechenden Grasnelke bei Su Pallosu.

milie der Hundskolben stecken wie Knackwürste im Sand, Blattgrün benötigen sie, ebenso wie die Zistrosenschmarotzer, als »Mitesser« natürlich keines. Zur Zeit der Kreuzritter wurden sie als blutstillendes Mittel verwendet, daher stammt der Name. Außerdem reckt die zarte Mittagsiris (S. 124) überall ihre hellblauen Köpfe aus dem Gras. Angeblich öffnen sich die Blüten immer nur für einen Nachmittag (daher ihr Name), doch ein wenig länger halten sie schon durch.

Die Bedeutung der Sinis für die **Tierwelt** besteht in erster Linie in den Feuchtgebieten mit ihrer reichen Vogelwelt (siehe Artenliste S. 119). Im Schilf der Süßwasserbereiche plätschern Sumpfschildkröte (S. 55) sowie Vipernatter, und hier fand auch das Purpurhuhn (S. 136) sein letztes Refugium in Italien. Inzwischen konnte es in mehreren anderen Gebieten wiederangesiedelt werden. Auch die Trockenräume bieten manch Interessantes: In den steppenartigen Wiesengebieten leben Triel und Zwergtrappe, Kraniche stelzen zwischen den Bohnen- und Artischockenfeldern umher, und überall fliegen die farbenprächtigen Bienenfresser, die ihre Nistkolonien in weichen Abhängen anlegen – bei Platzmangel auch am Boden, doch ist das ein Risiko, denn die flinke Gelbgrüne Zornnatter (S. 39) schätzt Eier sehr. Griechische Landschildkröten (S. 127) ziehen gemächlich ihrer Wege, und Ruineneidechsen sonnen sich auf den Steinen; erheblich schwieriger zu entdecken ist der scheue Sardische Walzenskink, eine große, kräftige Echse. Er kommt aber grundsätzlich in beinahe ganz Sardinien vor, während die seltene Hufeisennatter nur in trockenem Tiefland und um die Stagni zu finden ist. Über den Blumen schaukeln Segelfalter und Schwalbenschwanz. Ein Gast aus Nordafrika, der sich auf der Sinis wohlfühlt, die dicke Elefantenheuschrecke (S. 133), hüpft wegen ihres Gewichtes kaum mehr, sondern krabbelt am Boden dahin.

In der Nacht werden die Geckos (S. 38) aktiv, von den Einheimischen seltsamerweise als gefährlich gefürchtet. Auf der Jagd nutzen sie insektenanlockende Lichtquellen, haben es dabei aber auf kleine Tiere abgesehen. Das Wiener Nachtpfauenauge, der größte in Europa heimische Falter, dürfte den meisten dieser Klettermaxen entschieden eine Nummer zu groß sein.

Im Gebiet unterwegs

Die Sinis ist fast völlig eben und durch Straßen und Pisten überall erschlossen. Wegen der großen Entfernungen und fehlender Infrastruktur ist ein Fahrzeug notwendig, für die vielen Feldwege eignen sich Fahrräder gut.

Die Nordwestecke der Sinis, hinter den Häusern von **Su Pallosu** ①, schließt ein formenreicher Felsstrand ab, mit reizvollen Motiven im warmen Abend- und Morgenlicht. Anschließend folgt ein Dünenbereich bis zum **Capo Mannu** ②. Der Name »Su Pallosu« stammt von den »palline«, den Kugeln aus zerriebenen Seegrasblättern, welche im Herbst die Strände bedecken (S. 26). Auf der gelblichen Felsküste südlich von Putzu Idu bilden verwitterte Felsformen eine natürliche Brücke (s'Architeddu) ③. Hier liegt das Reich der Krähenscharben, die auf diesen Felsen nisten. Der von der Straße Riola – Putzu Idu aus zugängliche temporäre **Brackwassersee Sale Porcus** ④ ist im Winter durch Regenwasser gefüllt und verdunstet im Sommer zum Großteil. Hier überwintern besonders viele Flamingos (S. 132). Der kilometerlange Quarzstrand von **Is Arútas** (»der Reis«) ⑤ ist nach den weißen Quarzkörnchen benannt. Von dort führen Pisten nach Norden zu den Strandseen von Mari Ermi und nach Süden zum Reservat **Turr'e Seu** (Torre del Svevo) ⑥.

Die Hauptzufahrt dorthin zweigt als Schotterstraße zwischen S. Salvatore und S. Gio-

Malteserschwämme schmarotzen auf den Wurzeln von Gänsefußgewächsen.

Mittagsschwertlilien blühen im Gras rund um die Stagni.

vanni ab. Sie führt an der Ferienkolonie Funtana-Meiga vorbei, einer hirnlosen Bauspekulation, nie fertiggestellt und selbst zur Hochsaison halbleer. Im Reservat geben Orientierungstafeln Auskunft über die Tier- und Pflanzenwelt der Region. Die Straße nach S. Giovanni endet bei den Ruinen von Tharros, von dort führt ein Weg rund um das **Capo San Marco** ⑦, eine schmale Landzunge aus einem Gemisch von gelbem Kalk, Granit, Sandhäufen und von einer rissigen Basaltschicht überdeckt.

An der sardischen Westküste sind die Zwergpalmen struppige Büsche; im botanischen Garten von Cagliari werden sie 6 m hoch.

Zum **Stagno di Mistras** ⑧ zweigt wenige Meter nach der Brücke über den Kanal vom Stagno di Cabras eine Schotterstraße ab, die entlang des Kanals vorbei an den Fischbarrieren zum Meer führt. Von dieser Straße gelangt man über die erste Piste nach rechts zu den Lagunen mit vielen Malteserschwämmen und Mittagsiris. Wo die Straße von Riola nach Cabras an den **Mar'e Pauli** stößt ⑨, führen Feldwege ins Gelände (Orientierungstafel). Abends sitzen im Sommer auf dieser Straße gerne Steinkäuze; im Frühjahr sind über dem Schilf balzende Rohrweihen zu sehen und am Herbstzug Sichler. Auf den Feldern der Umgebung leuchten wilde Gladiolen (Siegwurz, S. 65), Wegränder begleitet die Weiße Reseda.

Im Norden der Sinis gibt es die einzige **Wüste** Italiens ⑩. Bis in die 50er Jahre erstreckten sich die Binnendünen kilometerweit ins Inland, bis enorme Aufforstungen diesen über Jahrhunderte gewachsenen, wüstenartigen Charakter radikal veränderten. Dadurch blieb nur noch ein kleiner Teil der Sanddünen im Inland erhalten. Angepflanzt sind vor allem Schirmpinie, Aleppokiefer und die eingeführte Blaublättrige Akazie.

Etwa 9 km südlich von Oristano liegt **S'Ena Arrubia** ⑪, eine Lagune mit geringem Salzgehalt, einem Schilfgürtel und reicher Vogelwelt – 41 Arten nisten hier, 102 überwintern oder rasten am Zug. Von der Straße Oristano – Arborea und den Feldwegen am Ufer aus ist viel zu sehen: Rüttelnde Fluß-Seeschwalben, Lachmöwen, jagende Weihen und in dem kleinem Tümpel weiter nördlich viele Stelzenläufer. Die Telefonleitungen entlang der Straße dienen den Bienenfressern als willkommene Aussichtswarten.

Praktische Tips

Anreise
Von Oristano aus in den südlichen Abschnitt oder direkt von der Schnellstraße N131 in den nördlichen. Keine Busverbindungen auf die Halbinsel.

Klima / Reisezeit
Die Sinis ist ein relativ trockenes, manchmal steppenartiges Gebiet. Die Regenmenge beträgt 560 mm am Capo Frasca und 670 mm in Riola, 70 Tage im Jahr sind regnerisch. Die höchsten Niederschlagsraten haben November und Dezember (1/3 der Gesamtmenge). Die »Trockenwochen« im Winter stellen beinahe eine eigene Jahreszeit dar und sind für die Sinis besonders typisch. Am schönsten ist die Sinis zur Blütezeit im Frühling, aber auch Herbst und Winter bieten eine reiche Vogelwelt, besonders lohnend sind natürlich die Zugzeiten.

Adressen
- Bücher (viel über die Natur Sardiniens): La Pergamena, Via V.Emanuele 24, Oristano gegenüber vom Dom. Tel. 0783-75058; email: lapergamena@tiscali.it. Die Besitzerin Elisabeth Gessler stammt vom Bodensee.
- Naturführungen auf der Sinis bieten einige Biologen die im Naturpark Projekte betreuen: Gruppe alea (Sitz im Museum von Cabras)
- Centro di Fenicottero Rosa, Stagno Sale Porcus, mit kleinem Museum; Tel. 0783-52200. Ist nur unregelmäßig besetzt.

Unterkunft
An allen Ecken sprießen nun auch an der Sinisküste die Feriendörfer; beim Capo Mannu stehen die Hotels Su Pallosu und Da Cesare. Hauptsächlich ist

Die koloniebrütenden Bienenfresser graben über 1 m tiefe Röhren in weiche Lößhänge.

die Sinis ein Campingziel; der Camping Nurapolis am Sandstrand Is Arenas veranstaltet Führungen zu den Naturreservaten der Umgebung. www.nurapolis.it

Blick in die Umgebung
Wellen und Wind haben einen zweiten natürlichen Torbogen **(S'Archittu)** an der Küste von Santa Caterina nördlich der Sinis modelliert. Einen Besuch lohnen ebenfalls die Lagunen im Süden der Bucht von Oristano (Stagni di Marceddi und S. Giovanni).
Im Lago Omodeo, dem größten Stausee Italiens, versank ein **versteinerter »Wald«** aus dem Miozän.
Einige Stämme stehen am Dorfplatz des umgesiedelten Örtchens Zuri, kleine Stücke sind bei niedrigem Wasserstand am Ufer unterhalb von Soddi zu finden.

14 Das Bergwerksgebiet des Iglesiente

Mineralienreiches Bergland aus dem Erdaltertum, die aufgelassenen Bergwerke eignen sich für die Mineraliensuche; malerische Steilküsten und Beginn der Dünenküste, die sich an der Costa Verde fortsetzt; Tropfsteinhöhlen, Schluchtkaskaden

Das Linas-Bergland ist nach dem Gennargentu-Supramonte das zweitgrößte Gebirge Sardiniens. Es besteht vor allem aus kristallinem Schiefer und Graniten des Erdaltertums (S. 13), an die sich im Westen bis über 500 Mio. Jahre alte Kalke aus dem Kambrium anschließen (z.B. Monte Marganai), und ist reich an Fossilien und Grotten. Besonders die Trilobitenfossilien, Überreste urzeitlicher Krebstiere, sind ein beliebtes Ziel für Geologen.

In seiner eine halbe Milliarde Jahre langen Geschichte lag das Iglesiente über wie unter dem Meer; es war heftigen Bewegungen, Verkarstung und tektonischen Brüchen samt Vulkanismus ausgesetzt. In den entstandenen Hohlräumen lagerten sich wiederum Sedimente ab, und es kam zu ausgiebigen Vererzungen (vor allem Blei-, Zink- und Barytlagerstätten). Daher ist das ganze Gebiet überaus mineralienreich und beherbergt eine Unzahl an Bergwerken. Von diesen arbeiten aber nur noch wenige wirtschaftlich, während der größere Teil als bizarre Ruinen das Gelände ziert – ein frei zugängliches Dorado für alle Mineralienfreunde. Heutzutage ist vor allem der Abbau von Baryt und Fluorit bedeutend.

Seit der Antike wurde im Iglesiente geschürft, demzufolge sind weite Areale

Die malerische Steilküste bei Nebida mit vorgelagerten Kalkklippen. Links hinten der »pan di zucchero«.

völlig entwaldet. Eine alte Legende erzählt von einer »Metallstadt« unter dem Sand der Küstendünen – vermutlich aufgelassene Stollen, die irgendwann verschüttet wurden. Im übrigen Gebiet blieb die Natur dagegen bemerkenswert gut erhalten und erobert sich mit der Einstellung weiterer Bergwerke langsam wieder Terrain zurück. Hier stehen noch größere Steineichenwälder, während in den Tieflagen vor allem mit Pinien aufgeforstet wird.

Zwischen Buggeru und Portixeddu liegt ein fossiler Dünenkomplex, ähnlich dem der anschließenden Costa Verde (Nebenziel 12), über 2 km tief und bis zu 200 m hoch. Die Ablagerungen stützen sich auf sehr alte Fundamente und sind durch ein kalkiges Bindemittel verfestigt. Die Dünen enthalten viele Fossilien von Schnecken und versteinertes Holz, außerdem fand man Überreste von Hirschen, einer Antilope, eines Zwergelefanten und von Berbermakaken – Affen, die heute noch auf dem Felsen von Gibraltar umherturnen. Hinter der Küste Portixeddu-Buggeru ist der Wind bis heute als Dünenbauer tätig, was vor allem im Winter nach den Herbststürmen entlang der Bergstraße von Guttur'e Mandas vorbei am See Piscina Morta nach San Nicolao zu sehen ist.

Pflanzen und Tiere

In der weiteren Umgebung von Iglesias lassen sich meist zwei Vegetationsstufen erkennen: Unten findet man Agrumen, Ölbäume, Opuntien (S. 43), Johannisbrotbaum, einige Palmen und entlang der Wasserläufe Oleander. Höher oben aufgeforstete Wälder aus Pinien, Zypressen, Akazien und Eukalypten (also nichts, was hierhergehört). Dazu wächst überall reichlich Macchie mit Baumheide, Mastix (S. 32), Myrte, Oleaster, Zistrosen (S. 32) und manchmal einigen Korkeichen (S. 92). Besonder-

Die Griechische Landschildkröte bevorzugt trockene, küstennahe Gebiete. Sie ist zwar selten, aber immer wieder zu sehen.

heit der Region sind die natürlichen Waldgebiete in den Bergländern der Oridda und am Monte Linas, dominiert von hohen Steineichen (S. 32), ein Rückzugsgebiet für den Korsischen Hirsch. Der Unterwuchs besteht u.a. aus Rotem Fingerhut (S. 81), Alpenveilchen (S. 107) und einigen Endemiten Südwest-Sardiniens wie Sulcis-Grasnelke, Monte-Linas-Strohblume und Seraphinrose.

Typische Vögel der Region sind Samtkopfgrasmücke, Schwarzkehlchen und der nachtaktive Ziegenmelker. In den Wäldern der Oridda fliegen Sperber und Habicht (der in Sardinien eine eigene Rasse bildet), höher oben am Monte Linas Steinrötel, Wanderfalke und Steinadler. Im trockenen Buschland ist die Gelbgrüne Zornnatter (S. 39) ebenso zu Hause wie Ruineneidechse, Walzenskink und Erzschleiche (S. 104). In Gewässernähe leben Wechselkröte (S. 93) und Sardischer Laubfrosch, direkt beim Wasser Scheibenzüngler. In einigen Höhlen der Kalkgebiete versteckt sich schließlich eine Art des Schleuderzungensalamanders (*Speleomantes genei*, s.S. 105).

Die Dünen von Buggeru sind seit 1969 Naturschutzgebiet. Botanisch bedeutend ist jener Waldabschnitt, der die evolutive Entwicklung eines Waldes auf Sandboden mit typischen Arten der Dünenflora zeigt. Während der Großteil der Schirmpinien an den Mittelmeerstränden aufgeforstet ist und dadurch einen relativ gleichförmigen Bewuchs aufweist, ist die Umgebung von San Nicolao ⑫ das einzige Gebiet in Sardinien mit einem Pinienwald natürlichen Ursprungs. Daneben kommen 6-7 m hohe Kermeseichen und Wacholder vor. Dieser Lebensraum bildet daher, so die gängige Hypothese, in seiner derzeitigen Entwicklung den Übergang zwischen dem Nadelholzbereich und dem der Hartlaubgehölze. An den Stränden wächst eine durch Meersenf und Kali-Salzkraut charakterisierte Dünengemeinschaft, typisch für die tyrrhenischen Küsten und Inseln. Die ersten Dünen werden im allgemeinen vom Strandhafer befestigt. Stellen mit organischen Auflagen (Algen, Seegras) bevorzugt die Strandwolfsmilch (S. 28). Nach dem endemischen Korsischen Leimkraut (S. 30) ist die Gemeinschaft des *»Crucianelletum maritimae«* auf den Primärdünen benannt, häufig in den westsardischen Dünengebieten von der Cala Domestica bis nach Torre dei Corsari. Durch Tourismusdruck ebenso wie durch Aufforstungen sind diese Formationen jedoch überall im Rückgang begriffen und können sich nur in Schutzgebieten weiter ausbreiten.

Im Gebiet unterwegs

Das im 12. Jh. gegründete **Iglesias** ① ist Zentrum des sardischen Bergbaus. Im Westen der Stadt bestimmen riesige, bunte Halden das Landschaftsbild. Die Bergbauschule am Rande der Altstadt (Via Roma 45) beherbergt eine mineralogische Sammlung, die nach Anmeldung in der Direktion während der Schulzeiten (Mo.-Fr. vormittag) besichtigt werden kann.

Hinter Domusnóvas liegt die 850 m lange Höhle **San Giovanni** ②. Bis vor einigen Jahren konnte sie durchfahren werden, eine Kuriosität die es außerdem nur noch in Frankreich und Australien gab. Da der Verkehr unübersehbare Spuren hinterlassen hatte und vom Sinter an den dieselrußschwarzen Wänden nichts mehr zu sehen war, ist die Durchquerung seit dem Bau der neuen Zubringerstraße östlich von Domusnóvas nur noch unmotorisiert möglich. Der Tunneleingang liegt unter einer senkrechten Felswand aus alten kambrischen Kalken. Dort wurden archäologische Reste gefunden, und der Sage nach diente diese Wand einst als natürliche Festung. Unzugängliche Seitengänge werden von einer speziellen Höhlenfauna bewohnt (etwa der Spinne Leptoneta und dem Tausendfüßler Campodea).

Hinter der Höhle ziehen Pisten in das **Oridda- und Marganai-Bergland** mit seinen meist aufgelassenen Bergwerken. Malerische Strecken im Reich des metallhaltigen Kalkes, die aber mehrere Stunden in Anspruch nehmen. Der Zustand der Pisten wechselt, alle paar Jahre, wenn die Auswaschungen stärker werden, werden sie wieder hergerichtet.

Am Hang des Monte Marganai hat die Kooperative Linasia hinter dem Bergwerksgelände einen **botanischen Garten** angelegt ③. Zu erreichen entweder von S. Benedetto aus, oder über die Piste, die gleich nördlich der Grotte San Giovanni am Sarmentusbach nach Westen abbiegt. Die Verlängerung der Zubringerstraße führt als Piste in das Tal des Riu Sa Duchessa und zu mehreren Bergwerken. Zuerst erreicht man durch dichten Steineichenwald das aufgelassene Blei-Zink-Werk Barraxiutta. Der dahinter nach rechts abzweigende Forstweg ist für die herbstliche Jagd angelegt und führt über den Bergrücken zum Oriddafluß weiter. Die nächste Station im Tal ist Sa Duchessa; links davon im ehemaligen Revier Maremma viele Mineralien. Die Piste windet sich anschließend durch Macchie bergauf, wobei im Bankett grüne und blaue Malachit- und Azuritkiesel stecken. Am höchsten Punkt breitet sich das weite Bergbaurevier **Tiny/Arenas** aus ④. Eine Mondlandschaft aus Halden und Ruinen, links von der Piste sind schöne Stücke Fluorit und Hemimorphit, Barytrosen und vieles andere zu finden. An den Wochenenden schürfen häufig Mineralienfreunde des sardischen Mineralienklubs und zeigen dem Besucher gute Fundstellen. In Betrieb ist nur mehr das Barytwerk hinter den aufgeforsteten Halden im Norden von Arenas. Die Piste biegt davor nach Südwesten zurück und führt wieder abwärts, vorbei am Klettergarten Punta Piloca. Vor den drei Türmen von **Baueddu** zweigt ein Weg ab zum Tempel von Antas und einer zu den Ruinen von **Malacalzetta** (mineralienreiches Blei-Zink-Bergwerk) ⑤. Vom dort aufragenden Campu Spina mit dem Sendemasten am Gipfel hat man eine weite Aussicht über das ganze Gelände. Bis S. Benedetto führt die Piste durch kahles Gelände mit vereinzelten Korkeichen.

In der Region existieren zwei Schauhöhlen: Die **Grotta Su Mannau** ⑥, östlich der N 126, ist eines der größten Höhlensysteme in kambrischen Kalken des Iglesiente, in dem schöne Kalzit- und Aragonitstücke gefunden wurden (zu sehen im Museum in Arzachena). Wegen der zunehmenden Ausplünderung durch Mineraliensucher ist die Höhle nur noch mit Führungen zu betreten

- Mai – Okt. 9.30-18.30 h, Eintritt 7,– €; Tel.: 0781-580 189; www.tiscali.it/grottasumannau

Die **Grotta Santa Barbara** ⑦ wurde bei Untersuchungen in der San-Giovanni-Mine 5 km südwestlich von Iglesias ent-

Ruinen aufgelassener Bergwerke und deren Halden beherrschen immer wieder das Landschaftsbild im Iglesiente.

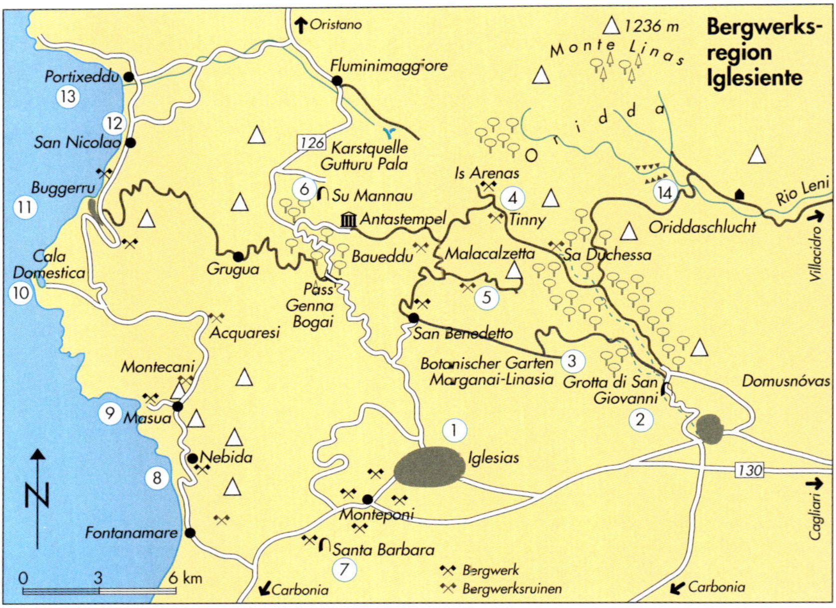

deckt. Sie ist nur etwa 80 m groß, besitzt aber schönen Aragonit- und Barytsinter.

Die **Steilküste** zwischen Fontanamare und Masua ⑧ gehört zu den malerischsten Strecken Sardiniens. Die Straße kurvt von Fontanamare aufwärts zunächst durch Cabitza-Schiefer aus dem Kambrium (sandige und kalkige Sedimente) und erreicht danach die Schicht der **»Puddinga«** (Pudding-Stone), in der Straßenschleife unter Nebida gut zu sehen. Die Geologen bezeichnen das seltsame Gestein mit dem langen Namen »ordovizisches Transgressionskonglomerat«. Das heißt, vor beinahe 500 Mio. Jahren (im Ordovizium) drang das Meer vor und verklebte einen Mischmasch verschiedener Gerölle (Konglomerat) aus allen Phasen des Kambriums (dem Erdzeitalter vor dem Ordivizium) mit einer weinroten Zementmasse. Die variszische Gebirgsbildung im Karbon (S. 13) stellte das Ganze schließlich hochkant und hob es aus dem Wasser, und so läßt es sich heute noch betrachten. Die eingeschlossenen schwarzen Hämatitwürfelchen erinnerten die Engländer an Rosinen im Plumpudding, und so erhielt das Gestein seinen ungewöhnlichen Namen.

Aus dem Meer nahe der Küste ragen einige Felsen aus kambrischen Kalken. Deren größter, ein 132 m hoher weißer **Felsen vor Masua** ⑨ heißt nach seiner Form »Zuckerhut« oder »Zuckerbrot«. Ein Kalk- und Dolomitklotz ist auch der Aussichtshügel in Nebida, der, obwohl älter, in der Puddinga steckt. Am rundherumführenden Spazierweg sind die Kontaktstellen der beiden Gesteine mehrmals zu sehen. Rund um Nebida liegen zahlreiche aufgelassene Bergwerke, nur das in der Bucht von Masua ist in Betrieb.

Nördlich schließt sich eine rauhe, einsame Landschaft mit Bergwerksruinen an.

Die **Cala Domestica** ⑩ ist eine geschützte Sanddünenbucht mitten in der Felsküste. Leider mit viel Müll, die Plastiktütengesellschaft hinterläßt unübersehbare Spuren. 4 km weiter öffnet sich ein schöner Blick auf **Buggeru** und seine Bergwerkshalden ⑪. Der Hang unterhalb der Straße ist dicht mit Baumförmiger Wolfsmilch (S. 97) bedeckt und nimmt im Mai alle Farben des »Herbstes« an, wenn die Wolfsmilchbüsche ihre Blätter verfärben, bevor sie sie zur Sommerruhe abwerfen. Der Name Buggeru geht auf den Ausdruck »mungerru« zurück, der im Dialekt das Melken der Tiere bedeutet.

Im Norden von Buggeru beginnt der von fossilen Dünen geprägte Abschnitt der Küste Westsardiniens. Links unter der Häuserzeile von **Portixeddu** ⑬ schließlich sind in den Felsen am Meeresufer Fossilien als helle Flecken und Strukturen zu erkennen.

Die tiefe **Oridda-Schlucht** ⑭ ist an einer Granit-Schiefer-Bruchlinie entstanden. Da in solchem Untergrund das Wasser nicht so flugs im Untergrund verschwindet wie im südlich benachbarten Kalk, gibt es hier manchmal das ganze Jahr Wasser. Die Zufahrt erfolgt vom Städtchen Villacidro aus. An dessen Nordwestrand liegt die Cascata "Sa Spendula", der einzige Wasserfall Sardiniens, der manchmal ganzjährig Wasser führt (nach trockenen Wintern ist er aber schon im Frühjahr versiegt). Vom feuchten Wassernebel profitiert in der Umgebung eine üppige, artenreiche Macchie; was beweist, daß dieser mediterrane Buschwald zwar gut an die Trockenheit angepaßt ist, es grundsätzlich aber feucht liebt.

Von Villacidro entlang dem Rio Leni erreicht man auf einer Forststraße die Oridda-Schlucht. Je nach Wasserstand kann man mehr oder weniger weit in die Schlucht mit ihren Kaskaden hineinwandern, in der Starkregenwässer typische fluviatile Erosionsformen ausgewaschen haben. Das Ende der Schlucht bildet der 45 m hohe Piscina Irgas, Sardiniens höchster Wasserfall. Nach Norden hin schließt das Schutzgebiet des Monte Linas an. Dieses enthält zwar einige Wanderwege, doch da es keine nennenswerte Betreuung gibt, wuchern die Wege immer wieder zu und Markierungen verschwinden wieder.

Praktische Tips

Anreise

Auf der autobahnartigen N130 ist man von Cagliari in einer Stunde in Iglesias, das als Zentrum der Region auch von Bahn und Bussen angefahren wird. Bequeme Zufahrt ebenso von Süden her (N126). Die vielen Pisten sind etwas für robuste Fahrräder, bei Pannen ist es aber weit bis zur nächsten Siedlung.

Beste Reisezeit

Mineraliensuchen ist das ganze Jahr möglich, aber im Sommer wird es in der dann wasserlosen Oridda ungemütlich.

Unterkunft

Die meisten Besucher kommen auf den schnellen Zufahrtsstrecken; einige Quartiere und Camping nur bei Buggeru und Fontanamare.

Blick in die Umgebung

Am Südrand der Cixerri-Ebene sind mehrmals kuppelförmige Andesitkörper freigewittert, vulkanische Produkte aus dem Eozän. Besonders auffällig ist der **Burgfelsen Aquafredda** südlich von Siliqua.

15 Stagni von Cagliari

Großer Feuchtgebiets- und Lagunenkomplex ähnlich der Sinis mit ebenso reicher Vogelwelt; einziger Brutplatz von Flamingos in Sardinien

Cagliari ist umgeben von einem Komplex aus stehenden Brackwasserlagunen und Süßwassertümpeln (Stagni): im Osten der Stadt den Stagni von Molentargius und Quartu, im Westen vom großen Stagno di Santa Gilla (= di Cagliari) mit anschließenden Sumpfgebieten und dem Stagno di Capoterra. Sie sind die Reste eines weitläufigen Küstenfeuchtgebietskomplexes und vor allem während der letzten Eiszeit durch Rückzüge und Vorstöße des Meeres entstanden. Cagliari und Dublin sind die einzigen großen europäischen Städte, die innerhalb ihrer Stadtgrenzen bedeutende Feuchtgebiete aufweisen. Städte haben jedoch meist eine ziemlich üble Wirkung auf alle angrenzenden Lebensräume, die durch die Ausdehnung des Wohnraumes auf immer kleinere Ghettos zurückgedrängt werden. Manchmal genügt es aber bereits, wenn die Menschen die Belastung, die sie auf ein Gebiet ausüben, verringern, um einigen anpassungsfähigeren Arten wieder zu einem angemessenen Lebensraum zu verhelfen. So geschehen mit den Stagni um Cagliari, wo sich vor einigen Jahren zahlreiche Wasservögel wieder eingefunden haben. Die fischreichen Stagni von Santa Gilla und Molentargius haben eine europäische Bedeutung als Zugvogelrastplatz sowie als Brutgebiet vieler Wasservögel. Sie werden

Seit 1992/93 verbleiben die Flamingos das ganze Jahr in Cagliari; man findet sie auch auf der Sinis (Ziel 13) und am Stagno is Brebeis (N 17).

von über 25.000 Vögeln aufgesucht und zählen mit zu den interessantesten Gegenden Europas. Für die Flamingos und Reiher sind die Betonklötze und Masten, die ringsherum aus dem Boden schießen, wohl nichts weiter als kahle Klippen oder tote Bäume.

Leider hatte die Ausbreitung der Stadt bereits den Ruin großer Abschnitte zur Folge (vor allem im Westen von Cagliari). Die Industriezone von Macchiareddu verwendet die Gewässer der Umgebung mit Vorliebe als überdimensionalen Abfalleimer, verwandelt sie in eine Kloake unter offenem Himmel, und die Tiere werden in Randgebiete verdrängt.

Beim Stagno von Molentargius im Osten Cagliaris beginnt dagegen das seit einigen Jahren laufende Rekultivierungsprogramm zu greifen: Das einst ebenfalls degradierte und verschmutze Gewässer ist wieder sauberer geworden, und es besteht Hoffnung für die Zukunft. Die Verwendung als Saline hat sicher bei der Renaturierung geholfen.

Pflanzen und Tiere

1911 fand man um den Stagno di Santa Gilla 539 Pflanzenarten, 1983 gab es 178 davon nicht mehr – Landwirtschaft, Industrie, Baumaßnahmen und Verschmutzung haben ihre Spuren hinterlassen. Da sich aber immer noch sehr unterschiedliche Lebensräume mischen, beeinflußt von Süß-, Brack- und Meerwasser, gedeiht eine dementsprechend vielfältige Flora, wenn auch seltene Spezialisten zugunsten von Kulturfolgern verschwunden sind. Als medizinische Kuriosität hat man entdeckt, daß 35 % der hier wachsenden Arten Heilkräuter sind – nicht nur die tropischen Regenwälder bilden eine »natürliche Apotheke«. Ein häufiger Besiedler von Ruderalflächen und ähnlich degradierten

Die bunte Nymphe der Ägyptischen Elefantenschrecke wird sehr groß und behäbig. Die erwachsenen Tiere sind unauffällig braungrau.

Standorten sind der Klebrige Ziest (S. 71), der Borretsch mit seinen blauen Blüten und der Sternklee. An den Böschungen hat

Im September erscheinen auf 1 m langen Stengeln die Blütenkerzen der Meerzwiebel.

sich ein Südamerikaner breitgemacht: der mit dem im ganzen Mittelmeerraum verbreiteten Sodomsapfel verwandte Strauch *Solanum elaeagnifolium*, wie seine Verwandten mit violetten Kartoffelblüten. An den Kanälen und Süßwasserbereichen steht ein dichter Schilfgürtel mit Rohrkolben und Tamarisken. Salzige Lakken wiederum sind die Heimat von Halophyten wie Queller, Gliedermelden, Salzmelde usw. (s.S. 54).

Der Herbst bringt nach der Hitze des Sommers einige auffallende Herbstblüher hervor: An allen Stränden stehen im September die 1 m hohen Schäfte der Meerzwiebel (S. 133) und mehrere Arten von Strandflieder, von denen manche nur hier um Cagliari vorkommen. Ab Oktober ist der dunkle Sardische Aronstab zu sehen.

Reichhaltig ist die Vogelwelt, unzählige Arten überwintern hier oder rasten auf ihrem Zug; viele Wasservögel ernähren sich von den Samen und Blättern der Wasserpflanzen, verschiedenen Salden und Laichkräutern. Die bekanntesten Bewohner der sardischen Stagni sind die Flamingos, die mit ihrem stelzenden Gang und dem aparten Weiß und Rosa ihres Gefieders die Betrachter erfreuen. Seit 1993 überwintern sie hier nicht nur, sondern bleiben das ganze Jahr über. Bis zu 2500 Paare ziehen di-

Salzgewinnung

Salzgewinnung aus Meerwasser hatte in Sardinien schon immer große Bedeutung. Bis ins 19. Jh. verteilten sich zahlreiche kleine Salinen über die flachen Küstengebiete mit ihren Lagunen. Heute bestehen nur noch wenige Anlagen, die aber mit zu den bedeutendsten der Welt gehören: In Sardinien wird etwa die Hälfte des gesamten italienischen Meersalzes gewonnen. Die größten drei Salinen sind die von Quartu und Santa Gilla bei Cagliari sowie diejenige im Stagno Santa Caterina bei Sant' Antioco. Cagliari eignet sich besonders zur Salzgewinnung. Die vielen Lagunen dienen als Verdunstungsbecken, unterstützt durch die heißen, trockenen Sommer. Die großen Güterhäfen ermöglichen einen raschen Abtransport des Salzes. Jährlich verdunsten etwa 20 Mio. m^3 Meerwasser und lassen bis zu 300.000 t Salz in Santa Gilla und 200.000 t in Quartu zurück. Der neue Containerhafen verkleinerte allerdings den Stagno di Santa Gilla erheblich, und ein Teil der Salzgärten verkommt seither zum Müllhaldenbiotop.

Die Salzgewinnung erfolgt in mehreren Schritten: Im Sommer verdunstet das Wasser in flachen Becken, wobei sich die Sole immer weiter mit Salz anreichert. Durch ein Kanalsystem strömt Meerwasser nach, und der Verdunstungsvorgang läuft andauernd weiter. In der übersättigten Lösung kristallisieren die Meersalze am Boden aus, und nachdem überschüssiges Wasser abgeleitet wurde, trocknet die Sole zu einer bis zu 15 cm dicken Schicht ein. Diese wird im Winter ausgekämmt, das heißt mit kammartigen Geräten herausgekratzt, und auf Halden gelagert. Der Großteil davon dient als Industriesalz, genießbar ist dieses Produkt noch nicht. Erst nachdem zahlreiche Zusatz- und Bitterstoffe hinausraffiniert wurden, kann man sich damit die Suppe schmackhaft versalzen.

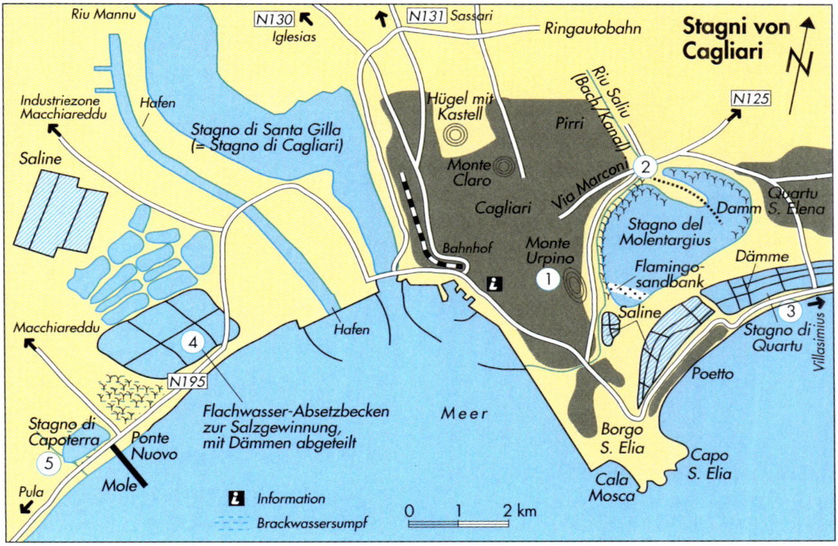

rekt am Stadtrand ihre Jungen auf und lassen sich durch den zunehmenden Müll in ihrem Wohlbefinden anscheinend nicht weiter stören.

Grundlage des Flamingomenüs bildet ein kleiner Krebs salziger Gewässer (*Artemia salina*), der in den Stagni gedeiht. Die Krebschen werden von den Flamingos an deren Füßen auch in die anderen Strandseen verschleppt. Da sich die *Artemia* sowohl sexuell als auch parthenogenetisch vermehren kann, breitet sie sich dort ebenfalls rasch aus.

Kleine Sandinseln beherbergen die Nester von Flußseeschwalbe, Säbelschnäbler und Stelzenläufer, der im Land »Cavaliere d'Italia« (Ritter Italiens) heißt. Zwergtaucher und Zwergseeschwalbe gehören zu den

Beobachtungsmöglichkeiten für Vogelfreunde

Molentargius

April-Juni: Flamingo, Seiden-, Kuh- und Purpurreiher, Zwergdommel, Purpurhuhn, Zwergtaucher, See- und Flußregenpfeifer, Säbelschnäbler, Stelzenläufer, Zwerg- und Flußseeschwalbe, Dünnschnabelmöwe, Kolbenente (S. 56), Stockente, Eisvogel, Rohrweihe.
November-März: Kormoran, Flamingo, Korallenmöwe (s.S. 50), Säbelschnäbler, Löffler, Moor-, Reiher-, Krick-, Pfeif-, Schnatter- und Spießente, Graugans, Brandgans.
März-April (Zug): Löffler, Sichler, Kranich, Dunkler Wasserläufer, Grünschenkel, Silberreiher, Krick-, Pfeif-, Knäk- und Spießente.

Santa Gilla-Macchiareddu

Lach-, Fluß- und Zwergseeschwalbe, Dünnschnabel- und Mittelmeermöwe (S. 100), Flamingo, Säbelschnäbler, Stelzenläufer, Rohrweihe.

Gelbe Orchideen sind in Sardinien meist das Insel- oder das Provence-Knabenkraut, das von der Macchie bis in die Bergwälder wächst.

Stammgästen, und im Schilf von Molentargius lebt verborgen das Purpurhuhn, das in der wuchernden Vegetation einen idealen und sicheren Brutplatz gefunden hat.

Das Purpurhuhn stelzt mit seinen großen Füßen durch die Vegetation, in der es ein sehr versteck-tes Leben führt.

Amphibien und Reptilien finden ebenso Lebensraum und Nahrung, und zwar sowohl wasserliebende Arten wie Sardischer Laubfrosch und Vipernatter, als auch jene offener, trockener Strukturen wie Wechselkröte (S. 93) und Gelbgrüne Zornnatter (S. 39). Über allen Kanälen und Süßwassersümpfen patrouillieren an stehende Gewässer angepaßte Libellen, vorwiegend mit allen Lebensbedingungen zurechtkommende »Ubiquisten« wie die rote Feuerlibelle und die Blaupfeile. Doch lassen sich sogar Exemplare der großen Königslibelle und der Schabrackenlibelle im Vorbeischwirren beobachten.

Im Gebiet unterwegs

Der Aussichtshügel **Monte Urpino** im Osten von **Cagliari** ① bietet einen weiten Blick über die Stagni und auf die Flamingokolonie von Molentargius. Wegen der großen Entfernung ist ein Fernglas notwendig.

Der **Stagno di Molentargius** ist inzwischen in einem dichten Halbkreis von einer Schnellstraße und Industrieanlagen umgeben. Einziger Zugang an der Stelle, wo die Marconi-Straße den **Terramaini-Kanal** überquert ② (Busstation in der Nähe). Von dort führt ein Weg auf eine Halbinsel hinaus, die mit einem angrenzenden Damm einen Süßwasserabschnitt (Bellarosa Minore) abtrennt. Die Strommasten und Leitungen werden von den Kormoranen für die Nachtruhe benutzt.

Die Küstenstraße am Poetto führt unmittelbar am **Stagno di Quartu** ③ vorbei. Es sind zwar beinahe alle Arten von Molentargius vorhanden, aber außer bei den Flamingos ist die Individuenzahl gering.

Die Schnellstraße von Cagliari ins Sulcis (SS 195) verläuft in einem Bogen zwischen Küste und dem Stagno di Santa Gilla. In den **Salinenbecken** ④ gründeln oft zahlreiche Flamingos und Watvögel, es besteht aber

keine Haltemöglichkeit. Erst nach einigen Kilometern ist das Gebiet des **Stagno di Capoterra** erreicht ⑤, eine vogelreiche Brackwasser- und Sumpflandschaft mit Parkbuchten und Wegen vom Ponte Nuovo aus. Besonders am Morgen ist das Licht gut, und viele Tiere sind zu sehen.
Die Feuchtgebiete im Norden von Santa Gilla an den Mündungen von Mannu und Cixerri sind über die SS 130 nach Iglesias ab Km 8,3 zugänglich. Ab der Kreuzung nach Carbonia und der Industriezone Macchiareddu die Umfahrungsstraße nehmen und von dort zur Punta Manna abbiegen.

Praktische Tips

Anreise

Alle Zufahrtstraßen der Umgebung führen oft mehrspurig in die Hauptstadt; für Feuchtgebietsexkursionen sind sie nicht geschaffen. Cagliari ist Endstation der Eisenbahn und besitzt einen Flughafen. Fahrräder sind wegen des dichten, chaotischen Verkehrs nur etwas für sehr Mutige.

Beste Reisezeit

Von Oktober bis Juni ist immer einiges zu sehen. Die Flamingos sind auch im Sommer da, dann kann es aber sehr heiß werden.

Unterkunft

Als kulturelles Zentrum Sardiniens besitzt Cagliari jegliche Infrastruktur. Quartiere und Camping außerdem am Poetto, dem Strand im Osten von Cagliari.

Adressen

- Helmar Schenk (gibt Auskünfte), Via dei Visconti 51, 09100 Cagliari Tel. +39-070-43685.
- Lipu (italienischer Vogelschutzverband) Delegazione provinciale di Cagliari, Via Cilea 79, 09045 Quartu S. Elena (CA), Tel.: +39-070-837458, E-Mail: lupuca@atresistemi.com, Internet: www.lipu.it
- Speleoclub Sardegna, Via Baylle 32, 09124 Cagliari, Tel.: +39-070-272331

Blick in die Umgebung

Das archäologische Museum in Cagliari enthält eine einzigartige Sammlung nuraghischer Bronzefigürchen. Im Museumshof steht ein prächtiger Ätna-Ginster, eine baumförmige Ginsterart, die vor allem um den Ätna und im Supramonte wächst. Im botanischen Garten (Via Sant'Ignazio 13, im Westen der Altstadt) stehen mehrere Meter hohe Zwergpalmen (S. 124).
Aquarium Laguna di Nora. Zwischen Pula und dem antiken Nora zeigt eine Fischerkooperative Aquarien mit Tieren und Pflanzen des Meeres. Ein Naturwanderweg gibt Informationen über die Feuchtgebiete der Lagune. Geöffnet Juni – September, sonst nach Anmeldung Tel. 070-9209544.

N 1 An der Küste des Nebbio um St. Florent

An das Städtchen St. Florent schließt sich im Nordosten eine fossilienreiche Kalkscholle aus dem Miozän (S. 13) an, ein kleines Gegenstück des Plateaus von Bonifacio im Süden Korsikas. Die D 81 durchquert dort weiße Kalkhügel, deren von Höhlen durchlöcherte Felshänge von einem trockenheitsangepaßten Gebüsch besiedelt werden, das an die Hügel der Provence erinnert.

Zu Beginn des Frühlings erscheinen bei St. Florent die Scheinkrokusse der Gattung *Romulea*, die bis in 600 m Höhe wachsen. Im Mai breiten sich kleine Nelken, in Korsika »Himmelsröschen« genannt, in Überfülle auf sumpfigen Wiesen aus. Brachland besiedeln die Schwarzrote Skabiose und der Klebrige Alant, der trockene Böschungen und Olivenhaine liebt und im September mit seinen gelben Blüten das von der Sommerdürre mitgenommene Land belebt.

Auf den Kalkfelsen setzt im April die Valencia-Kronwicke goldgelbe Tupfen in die Landschaft. Der Veilchengeruch der Katzenminze zieht die Katzen an, die sich darin gerne wälzen und die Blätter dann gleich auffressen. Der Duft der Minze vermischt sich mit dem der Sizilischen Nelke, die benachbart ebenfalls an den Felsen klebt. Am Ufer des Strutta-Bachs neben der Straße findet man Lorbeerbüsche, begleitet von Tamarisken und Mönchspfeffer.

N 2 Desert des Agriates

Zwischen dem Ostriconi und dem Nebbio erstreckt sich ein 160 km² großes und 20 km langes, karges Gneis-Granit-Bergland, durchmischt mit etwas Schiefer und vulkanischen Tuffen, Desert des Agriates (Agriates-Wüste) genannt. Eine steppenartige, tafonizerfressene Einöde, einst die Kornkammer der Balagne. Entstanden durch großflächige Brände, Überweidung und Erosion nach starken Regenfällen, die die letzten Reste fruchtbaren Bodens fortschwemmen.

Doch die Wüste lebt – und die Desert des Agriates ist im Frühjahr übersät mit Zistrosen (S. 32), wozu sich z.B. Ginster, La-

Der Monte Genova ragt als kahler Granithaufen aus der mit Gestrüpp bedeckten Desert des Agriates (N 2).

vendel und Affodill gesellen. An manchen Stellen bilden sich nach Frühjahrsregen Wassertümpel mit quakenden Fröschen sowie viel Zungenstendel an den Ufern, und im Gebüsch zwitschern Grasmücken. Die hier lebenden Wildschweine (S. 114) sollen den höchsten Anteil »Wild« am Schwein haben, da es hier kaum freilebende Hausschweine, und somit auch keine Kreuzungen gibt. Nur im Osten des Gebiets, beim Weiler Casta, wo etwas Kulturland besteht, ist die Trockenvegetation vom Menschen stärker beeinflußt.

Die kurvige D 81 führt durch die »Wüste«, mit weiten Blicken in die kahle Landschaft von der 311 m hohen Bocca di Vezzu und dem folgenden Straßenstück aus. Besonders malerisch am späten Nachmittag, wenn der Granitkegel des Monte Genov im Abendlicht rosa leuchtet. Von der Bocca und vom Weiler Casta winden sich zwei holprige Rumpelpisten kilometerweit bis zum Meer hinunter, im derzeitigen Zustand nur für Rad- und Motorrad bzw. Geländewagen geeignet. Das Ende der Piste von Casta, der malerische Saleggia-Strand mit Küstenwäldchen, Strandsee und kleinem Campingplatz, diente einst als Drehort für den Film »Der letzte Tag«. Damit die »Wüste« bleibt, was sie ist, und die Küstenabschnitte nicht »wüsten« Bauspekulationen zum Opfer fallen, hat die Regierung vorbildlicherweise den meisten Grund gekauft und liebäugelt mit dem Gedanken eines ökologisch verträglichen Tourismus. Ein reizvoller Wanderweg führt schließlich von St. Florent an der Küste entlang bis zum Leuchtturm an der Punta Mortella.

N 3 Die Ostriconi-Mündung

Das Mündungsgebiet des Ostriconi in der Bucht von Peraiola ist eine schöne Dünenlandschaft mit einer Bilderbuchabfolge aus rezenten Dünen, fossilen Dünen und Küstenfeuchtgebieten. Hier befinden sich die größten Dünen Korsikas, da an der zerklüfteten Westküste der Insel ihre Bildung kaum möglich ist.

An der Ostriconi-Mündung (N 3) treffen Dünen, Felsküste, Feuchtgebiete und Trockenhänge zusammen. Ein abwechslungsreicher Lebensraum.

Die schönste Blühzeit in Ostriconi ist im Mai, mit Zistrosen (S. 32), Korsischem Ginster (S. 65) und Meerträubel. Die hinteren Dünen bedeckt ein ausgedehnter Bestand an Großfrüchtigem Stechwacholder.

In den Vordünen kriechen überall Strand-Schneckenklee und Kretischer Hornklee über den Boden, mit Blüten ebenso gelb wie die Dünen. Selten kann man in Korsika eine so typische Folge der Dünenbesiedler bewundern (s.S. 30).

Der Ostriconi-Strand ist bei niedrigem Wasserstand direkt von der N 197 aus zugänglich, sonst durch den nahen Campingplatz. Auf der Ostseite ist der Übergang der Dünenvegetation in das Granitland der Agriates zu sehen. Von dort windet sich ein Pfad weiter an der Felsküste entlang.

N 4 Die Liamone-Mündung

Der Golf von Sagone mit seinem hügeligen Hinterland ist wegen mangelnder Naturschönheiten bislang weniger erschlossen als seine Nachbarn. In der Mitte des Golfes hat der Liamone in seinem Mündungsgebiet ein einst sumpfiges Schwemmland aufgeschüttet. Die (wenn auch verschmutzte) Flußmündung ist recht naturbelassen, voller Sandbänke und Nährstoffe – was Watvögel schätzen, von denen immer weiche im Schlick stochern. Besonders Stelzenläufer sind hier gut zu beobachten. In den verschiedenen Biotopen um die Mündung (Schilf, Macchie, Wäldchen) leben zahlreiche weitere Arten: Wasserralle, Teichhuhn, Rötelschwalbe, Brachpieper, Kurzzehenlerche, Neuntöter und flußaufwärts auch Eisvögel.

Der lange Strand ist eine der wenigen noch nicht vom Badetourismus eroberten Stellen und daher Heimat vieler Sandpioniere (s.S. 30). Den Fluß begleiten Sumpfschwertlilien und große Büsche Sternhaariger Zistrosen (S. 32), angrenzend stockt ein Wäldchen mit laubwerfenden Bäumen, da hier genügend Feuchtigkeit zur Verfügung steht. Einige Kilometer nördlich ist bei Sagone durch den Straßenbau eine steile Bö-

Schwemmland- und Mergelböden sind erosionsanfällig. Solche Racheln gibt es bei Sagone und Propriano (N 4, N 6).

schung im weichen Schwemmlandboden entstanden, aus der die Erosion meterhohe Racheln und »Badlands« gefressen hat.

N 5 Schluchtenreiches Fiumorbo

Südlich der Castagniccia, durch den Tavignano getrennt, liegt das waldreiche Bergland Fiumorbo. Durch das Gebiet zieht sich schräg von NW nach SO die Grenze zwischen dem Schiefer- und dem Granitbereich Korsikas. Bevor der Fium' Orbu (trübes Wasser) die Küstenebene erreicht, durchbricht er in den Schluchten Inzecca und Strette die Berge und die tektonische Grenze. Von St. Antoine bis zum Beginn der Inzecca-Schlucht fährt man durch grünlichen Serpentinit, dann folgen vornehmlich vulkanische Gesteine. Am Ende der Schlucht liegt bis Sampolo ein Schieferstreifen – zum Teil aus Radiolarit bestehend, einem roten oder gestreiften Kieselschiefer, der aus Abermillionen winzigen, im Schlamm eines Meeresbodens versunkenen Häuschen planktonischer Einzeller (der Radiolarien) gepreßt wurde.

Eng an die senkrechten Felswände geschmiegt, verläuft die Straße durch die schmale Inzecca-Schlucht. Auf den Felsen siedeln die üblichen Spezialisten solcher Standorte (Steinbrech, Mauerpfeffer, Venusnabel, Felsennelke). Auf Schotterhalden bildet die Dornige Wolfsmilch bis zu 40 cm hohe, dicht bedornte Kugelpolster. Das Gebiet der Inzecca-Schlucht ist einer der wenigen korsischen Standorte dieser stacheligen Halbkugel, die man sonst nur in westmediterranen Berglagen antrifft.

Nahe der Abzweigung der Zufahrt nach Sampolo liegt die Kontaktstelle zwischen alpinem und granitischem Korsika. Malerisch ist die anschließende Strette-Schlucht, die durch ihre vielen Kurven bessere Fotostandorte als die Inzecca bietet und sich bereits völlig im granitischen »Sockel« Korsikas befindet. Am Ende der Schlucht erhält man schöne Blicke auf Ghisoni. Das Dorf ist von Nadelwald umgeben, während nach Norden, zum Sorba-Paß hin, Laubwald mit vielen Kastanienbäumen wächst.

Der Monte Renoso (2352 m) ist der am leichtesten erreichbare korsische Zweitausender, da von Ghisoni die Straße bis zum Skigebiet und den Almen von Capannelle (etwa 1600 m) führt. Das Renoso-Bergland war in der Würmeiszeit die südlichste weitläufig und geschlossen vergletscherte Region Korsikas, was für den entsprechend »alpinen« Eindruck mit Karen, Terrassen und Moränenrücken sorgt.

Auf dem nordostseitigen, schattigen Leehang wachsen hauptsächlich Buchen mit etwas Tannen und Bergahorn, auf dem sonnigen Südwesthang dagegen Laricio-Kiefern (s.S. 82). Im Juni blühen die Wiesen um den malerischen Bastiani-Karsee (2089 m) unter dem Gipfel. Einige kleinere Tümpel der Umgebung sind im Zustand der Verlandung mit Pozzines-Feuchtwiesen umgeben. Im alpinen Bereich bilden bedornte, dichte Zwergsträucher die Vegetationsdecke. Sie geben Blumen Schutz vor der starken Beweidung und klimatischen Widrigkeiten.

N 6 Der Südwesten Korsikas

Die südlichste der vier großen Buchten Westkorsikas ist der Golf von Valinco, umrahmt von Granitküsten mit vielen kleinen Sandstränden. Recht malerisch ist diejenige am Strand von Caselle, dem Ende der D 121 an der Punta di Campomoro. Neben grauen Granitformationen liegen die einzelnen Granitbestandteile in Form bunter Steine umher – weißer Quarz, roter Feldspat, grüne Hornblende und schwarzer, glänzender Glimmer (Biotit).

Im Inneren des Golfes hat der Baracci eine Mündungsebene angeschwemmt, an deren Nordrand ein kleines Feuchtgebiet erhalten ist. Darüber, an der N 196, sind durch den Straßenbau ähnliche Racheln im Schwemmlandschotter entstanden wie bei Sagone. 2 km östlich tritt in der Thermalquelle Bains de Baracci schwefelhaltiges Wasser mit 52 °C an die Oberfläche.
Der Südwesten Korsikas gleicht der sardischen Gallura, mit vielen Korkeichen, großen Wackelsteinen und »Felsburgen« (s.S. 20) in der Landschaft, und von Wind und Wellen skurril geformten Küstenfelsen. Bei der Fahrt südlich von Sartène (schöne Lage) wieder hinunter ins Tal hat man die Granitwände der Montagnes de Cagna vor sich, kahl und mit großen Runsen. Untertags liegen sie im Gegenlicht, werden aber am Abend schön beleuchtet. Eine geomorphologische Kuriosität ziert einen ihrer Gipfel, den 1217 m hohen Uomo de Cagna: ein etwa 314 Tonnen schwerer Wackelstein (der größte Korsikas) mit nur 1 m² Auflagefläche. Eine zweite Besonderheit liegt direkt am Meer, dort wo die N 196 die Südküste erreicht: der Löwe (Lion) von Roccapina, ein Felsgebilde, das einem sich duckenden Löwen gleichen soll (bestes Licht am Morgen). Hungrige Großwildjäger verköstigt beim Aussichtsplatz die Kneipe »Löwenoase«. Im Frühjahr lohnt ein Spaziergang in die malerische Bucht am Fuße des Löwen, ein blumenreiches Naturschutzgebiet.

N 7 Halbinsel Stintino

Dieser nordwestliche Zipfel Sardiniens besteht aus Phylliten und Grüngesteinen, die am Capo Falcone mit mächtigen Glimmerschieferlagen enden. Südlich von Stintino liegen kleine Brackwasserseen und lange Strände aus weißem Quarzsand. Die Besonderheit der Halbinsel bilden die Igelpolsterfluren des Capo Falcone, die auf der windigen Westseite erhalten sind, während

Granitfelsen, wie sie für die Küste Südwest-Korsikas typisch sind (N 6), zwischen Porto Pollo und Propriano.

Ein Genuesenwachturm an der Spitze des Capo Falcone (N 7); im Hintergrund die Insel Asinara, benannt nach ihren weißen Eseln.

die gesamte windgeschützte Osthälfte mit einer neuen Feriensiedlung zubetoniert wurde.

Der bestimmende Faktor für die Vegetation sind die heftigen Westwinde, die viel Salz bis weit ins Landesinnere tragen. In Meeresnähe können es daher nur sehr salz- und wetterharte Felsspaltenbesiedler aushalten, wie der robuste Meerfenchel (S. 100) und der Strandflieder; den Rest des Kaps besiedelt eine Kugelpolstergemeinschaft. Solche Igelpolster sind normalerweise an die widrigen Bedingungen in Gebirgen mit Trockenperioden angepaßt. Ein Küstengebiet wie dieses bietet ihnen einen zweiten Lebensraum. Bemerkenswert sind vor allem die auch um Bonifacio und am Capo Caccia wachsenden Endemiten Marseille-Tragant und Abschreckende Flokkenblume (S. 99). Im Schutz der Polster können zusätzlich krautige Arten als Nutznießer gedeihen.

Zu den Salz- und Wetterfesten zählen auch der Korsische Reiherschnabel (S. 88), das Weißblättrige Greiskraut, die Kleinblättrige Strohblume und die Pithyusen-Wolfsmilch.

N 8 Capo Comino

Die Küste südlich von Olbia weist um San Teodoro einige kleine Brackwasser-Strandseen auf, die außerhalb der Touristensaison einen Besuch durchaus lohnen können. Zur Zugzeit stochern zahlreiche Watvögel im Schlamm, und in der angrenzenden Macchie nisten Kiebitze.

Besonders sehenswert aber sind die weißen Dünen im Norden des Capo Comino. Das Gelände ist zwar relativ klein, zeigt aber nahezu perfekt den Aufbau einer Dünen-Sandküste und ihre Vegetationsabfolge (s.S. 30). Auf engem Raum lassen sich alle charakeristischen Dünenbesiedler finden: Seegrasanschwemmung am Ufer, Halophyten-Pioniere (s.S. 54) der Vordünen,

Die Dünenlandschaft des Capo Comino (N 8) ist ein schönes Beispiel der verschiedenen Dünenzonen zwischen Küste und Inland.

Besiedler der Hauptdünen und der feuchteren Dünentälchen bis hin zu den Wacholderbüschen der Sekundärdünen. Kaum ein anderes Gebiet zeigt den »idealisierten« Sandstrand auch in Natur so schön und mit solcher Artenvielfalt.

Bemerkenswert sind etwa Gelbe Zistrose (S. 53), Mittagsiris (S. 124), mehrere Ragwurzarten (S. 107) und die interdunalen Vertiefungen, in denen Bewohner feuchter Lagen leben können, z.B. Schwarze Kopfbinse, Kugelsimse oder Mönchspfeffer. In den hinteren Dünen siedelt außerdem eine Kolonie bunter Bienenfresser (S. 125).

N 9 Marghine-Bergrücken und Nebelwald von Bolotana

Die Hochebenen von Campeda und Abbasanta sind in weiten Bereichen ein steppenartiges Weideland, von wärmeliebenden Tieren offener Flächen besiedelt: Im hohen Gras versteckt sich die Zwergtrappe (s.S. 118), die von der Sinis bis in die Ebene um Ozieri vorkommt, ferner gibt es Kalanderlerche und Roten Milan.

Die beiden großen Hochebenen werden durch den geologisch ziemlich bunt aufgebauten Marghine-Höhenrücken getrennt, an den sich jener des Goceano anschließt. Es gibt hier Granit, Basalt, diverse Vulkanite, Tuff und Phyllit. Der paläozoische Kalk, der am Monte Arbu über Silanus hervorkommt, dient als Marmorsteinbruch. Der Monte S. Padre über Bortigali besteht wie ein »geologisches Ildefonso« aus parallelen Schichten von Tuffen und Schottern. Am Nordwesthang der Marghine, um die höchsten Gipfel Punta Palai (1.200 m) und Monte Lameddari, blieben stellenweise kaum beeinflußte Waldgebiete erhalten, die so zu den wenigen völlig naturnahen Wäldern Sardiniens gehören. Bevorzugt durch die Staulage als erstes höheres Hindernis von Westen her, ist das Areal feucht und durch die Hochlage kühl, was einen echten »Nebelwald« zur Folge hat, ein seltenes Phänomen im sommertrokkenen Mittelmeergebiet. Hier dominiert daher die laubwerfende Flaumeiche, ein Baum, der früher weite Teile der Insel bedeckte. Dazu gesellen sich alte Steineichen und majestätische Ahorne, deren Laub sich im Herbst leuchtend verfärbt. Eingestreut sind große Exemplare von Eiben, Stechpalmen und Lorbeer, Relikte aus der feuchtwarmen Tertiärzeit (S. 13) und ihrer reichhaltigen Flora. Die Eibe trägt neben ihrem italienischen Namen »tasso« auch die Bezeichnung »albero delle morte« (Todesbaum), denn sowohl Nadeln wie Samen sind für die meisten Warmblüter giftig, während die knallroten, fleischigen Samenhüllen genießbar sind. Diese »Beeren«

locken daher eine reiche Vogelwelt an. Häufig hat der Mensch die unteren Bereiche der Eiben geschoren, damit die Haustiere nicht von diesen Bäumen fressen. Die Stechpalme wird dagegen gern von den Ziegen beweidet.

Die Frühlingsblumen wachsen üppig, man findet Roten Fingerhut (S. 81), wilde Rosen, Kleinblättrige Strohblume, Zistrosen (S. 32) und im Unterwuchs Alpenveilchen (S. 107) und schattenliebende Orchideen (etwa Weißes Waldvöglein). Sperber und Mäusebussard nisten in höheren Lagen, im Unterholz verstecken sich Waldschnepfe und Felsenhuhn, die Baumlagen bewohnen Eichelhäher und Spechte. Wildschweine (S. 114) und verwilderte Hausschweine treiben sich bis in die Nähe der Häuser herum. Einer der besten Ausgangspunkte für einen Ausflug ist die Quelle Tres Funtanas beim Park von Badde Salighes.

Eine Kuriosität der Geomorphologie; die Basaltrose von Gonnostramatza (N 10).

Durch die Stauwirkung des Marghine-Bergrückens kann über Badde Salighes ein feuchtigkeitsliebender Laubwald gedeihen (N 9).

Solchen »Busenhügeln« (samt passender Burgruine bei las Plassas) verdankt die Landschaft der Marmilla ihren Namen (N11).

N 10 Monte Arci

Der zweite große Vulkankomplex des Tertiärs (S. 13) in Westsardinien war wie der Monte Ferru etwa 35 Millionen Jahre bis zum Beginn des Quartärs aktiv. Vorwiegend ist er aus pliozänen Laven aufgebaut, auf dunkle Andesite folgt nach oben hin Rhyolit, ein feinkörniges vulkanisches Gestein (»Porphyr«). Eine Straße führt von Osten her zur Genna Spina (738 m) hinauf, meist durch abgefressenes Weideland und mit Blicken auf die Lavaschichten der Trebina Longa.

Am Ende der Straße ist wie am Monte Arcuentu (N 12) ein harter Andesitgang freigewittert, eine »Zyklopenmauer« aus riesigen Blöcken (weite Aussicht über die Halbinsel Sinis). Die Westflanke des Vulkans bedeckt dagegen ein dichter Steineichen-Niederwald, der eine Vorstellung vermittelt, wie große Teile Sardiniens früher ausgesehen haben.

Bereits in der Steinzeit war der Monte Arci ein wichtiges Handelszentrum, da er eines der seltenen Obsidianvorkommen birgt. Diese bei Vulkanausbrüchen entstehende Glasflußschmelze läßt sich zu messerscharfen Werkzeugen verarbeiten und kommt im Mittelmeerraum nur noch in Lipari und in der Ägäis vor. Daher wagten sich bereits die ersten Seefahrer auf ihren Nußschalen nach Sardinien und vertrieben ihre begehrten Produkte in halb Europa. Obsidianstückchen sind vor allem beim Campingplatz oberhalb von Pau zu finden. Eine geologische Kuriosität des Arci-Vulkanismus bildet die etwa 5 m hohe Basaltrose zwischen Masullas und Gonnostramatza (im Norden der Straße). So etwas kann nur entstehen, wenn sich in erstarrender Lava ein luft- oder gasgefüllter Hohlraum befindet, in den weitere Lava eindringt, die dort sternförmig auskristallisiert, und dieser Gang schließlich von der Erosion durchschnitten wird.

N 11 Giara di Gesturi

Dieser größte Tafelberg Sardiniens liegt im Norden des Marmilla-Hügellandes, westlich des Monte-Arci-Vulkans, dem er auch seine Entstehung verdankt: Er ist von einer der Erosion widerstehenden Basaltschicht bedeckt, die mit der Zeit »herausgewittert« ist, so daß sie sich jetzt 300 m über die

Umgebung erhebt. Die nahezu völlig plane Oberfläche ist meist von hoher Macchie sowie von Kork-, Stein- und Flaumeichen bewachsen und kreuz und quer von Wanderwegen durchzogen. Die Niederschläge betragen etwa 600 mm pro Jahr, und auf dem wasserundurchlässigen Basalt bilden sich temporäre Seen (Pauli – Sumpf genannt). Deren Ökologie ist das eigentlich Interessante an der Hochfläche: Da in diesen Gewässern keine Fische leben, sind sie ein Paradies für kleine Urzeitkrebschen, die ihren Entwicklungszyklus in der »Wasserphase« durchlaufen und die Trockenzeit als Eier überdauern.
Hauptattraktion für die meisten Besucher sind jedoch die halbwilden Pferde der Giara. Nach einer Theorie sind die Tiere bereits vor 15-20.000 Jahren eingewandert, als der Wasserspiegel während der letzten Eiszeit niedriger lag, und waren demnach schon den alten Nuraghern bekannt. Wahrscheinlich haben sie aber erst die Phönizier vor 2.500 Jahren mitgebracht.

Die kleinen Pferde sind hervorragend an das mediterrane Klima angepaßt, genügsam und von enormer Ausdauer. Daher nutzte man sie lange Zeit für Feldarbeiten und zur Ernte, in der übrigen Saison lebten sie frei auf der Giara. Durch Kreuzungen mit anderen Rassen erreichten sie mit der Zeit eine fast »normale« Pferdegröße. Der Einsatz moderner Maschinen machte die Rösser schließlich arbeitslos, und viele landeten im Schlachthof. Inzwischen zahlt der Staat den Besitzern eine Prämie für die Pferde und das Bemühen, die ursprüngliche Rasse wieder rückzukreuzen, so daß jetzt wiederum einige Hundert halbwild auf der Giara leben, die zugleich als Touristenattraktion dienen. An den Seen westlich der Auffahrt von Tuili her sind fast immer weiche zu sehen.

Derzeit zählt man bereits an die 700 Pferde in etwa 50 Gruppen auf der Hochfläche. Das sind 17 Pferde pro km², die Giara ist damit sehr dicht besiedelt und entsprechend abgefressen. Zum Vergleich leben auf der Insel Shacklefad in den USA 11 Pferde pro km², in den amerikanischen Pryor Mountains 2 und im Grand Canyon gar nur 0,2 Pferde pro km².

Aber nicht nur wegen der wiehernden Mähnenträger lohnt ein Besuch. Im Frühjahr verwandelt sich die Wasseroberfläche in ein weißes Meer aus Flutendem Hahnenfuß. März und April sind orchideenreich, und im Frühjahr sowie im Herbst erscheinen Erdschötchen in gelben Polstern. Das Kulturland der umgebenden Marmilla ist das Reich des Kronenklees, an allen Straßenrändern blühen im Mai diese auffallenden, roten Kleebüsche.

An Vögeln lassen sich Felsenhuhn, Sperber, Habicht, Mäusebussard, Rotkopfwürger, Schwarzkehlchen, mehrere Grasmücken,

In der Marmilla blüht an den Straßenrändern der verwilderte Kronenklee.

Auf dem ebenen und wasserundurchlässigen „Dach“ des Tafelbergs bilden sich nach Regenfällen kleine Seen und Tümpel in denen Urzeitkrebschen leben (N 11).

Zaunammer und Nachtigall entdecken; am Zug außerdem Rot-, Sing- und Misteldrossel, Rotmilan und Kornweihe. Sehenswert ist am Fuß der Giara bei Tuili Sardiniens größter Nuraghenkomplex, Su Nuraxi.

N 12 Die Dünen an der Costa Verde

Im Süden der Piscinas-Mündung hat sich das größte Dünengelände Sardiniens gebildet (S. 28), bei dem sich die älteren Fossildünen kilometerweit und über 100 m hoch ins Hinterland ziehen. Ursache sind der ständige Westwind und ein bröslig-schiefriger Untergrund, ein Gestein, das sehr leicht zerfällt und von Wind und Wasser zu großen Sandmengen zerrieben werden kann. Auf den Leeseiten der Dünen sind solche Schieferplättchen in großer Menge freigeweht.

Eine Sandstrandsukzession wie am Capo Mannu (Sinis) oder am Capo Comino (N 8) läßt sich hier kaum erkennen. Der weite, flache Strand ist unbesiedelt, zwischen den Dünen dominieren nur wenige Arten, darüber folgt ein dichtes Wacholdergestrüpp. Zunehmend verbreitet sich die Mittagsblume (S. 43) aus Südafrika, deren fleischige Ausläufer mit jedem Untergrund zurechtkommen und alles andere überwuchern. Im Frühling setzen ihre roten Blüten aber leuchtende Farbtupfer. Ebenfalls häufig ist die gelbe Hauhechel, dazu gibt es natürlich Strandhafer als Dünenbefestiger, Levkoje (S. 28), Schneeweiße Strandfilzblume und Strand-Schneckenklee.

Auf den hinteren Schwarzdünen hat eine reiche Macchie (Mastix (S. 32), Dornginster, Wacholder, Baumheide) den ehemaligen Sand kolonisiert, und im Frühjahr sind die Hänge weiß von der Schmalblättrigen Zistrose (S. 32).

Die südlichen Strände der Costa Verde bis zum Capo Pecora sind menschenleer und sollten es auch in Zukunft bleiben, damit die gefährdete Unechte Karettschildkröte noch eine Chance hat, ihre Brutplätze weiter zu benützen. Da das Hinterland (bis auf einige Militärlager) als ehemalige Strafkolonie unbesiedelt und unverändert ist, findet man hier die ursprüngliche Tierwelt der Macchie vor: Viele Singvögel, das Felsenhuhn und eine Population des Korsischen Hirsches. Der weiche Boden ist von Kaninchenbauten durchlöchert, und in deren Gefolge lebt der Sardische Stierkäfer, der sich wie seine Larven von Kaninchenmist ernährt.

Die übliche Zufahrt erfolgt von Guspini aus. Zunächst vorbei am Bergwerk Montevecchio, dessen Erzadern (Bleiglanz, Zinkblende, Kupfer) in variszischen (S. 16) Schiefern sich 15 km lang bis nach Ingurtosu erstrecken, und dann entlang dem Monte Arcuento-Höhenrücken. Bei diesen geologisch jungen Trachytbergen vulkanischen Ursprungs (aus dem Miozän, (S. 13)) sind hoch oben mehrmals herausgewitterte Andesitgänge erkennbar. Diese wie »Mäuerchen« wirkenden Gebilde sind tatsächlich mehrere Meter hoch, wie am Monte Arci (N 10) zu sehen ist.

Eine zweite Zufahrtsmöglichkeit führt auf einer Piste von Ingurtosu, vorbei an bizarren Bergwerksruinen und Halden, direkt zu einem Parkplatz und dem kleinen Hotel »Sa Duna« am Strand.

Eine weitere Riesendüne im Stile »Kleinsahara« hat sich 20 km entfernt auf der Nordseite von Torre di Corsari gebildet. Durch die neue Ferienstadt verkommt sie jedoch zunehmend zu einer Spielwiese für Paraglider und Moto-Cross-Piloten, die den empfindlichen Sandpflanzen nicht mehr viel Überlebenschancen lassen – daher wächst fast nur noch Strandhafer. Vom Ambiente her ist das Gebiet aber sehr sehenswert.

N 13 Die Küste Südost-Sardiniens

Südlich vom Supramonte und dem Golf von Orosei macht sich an der Küste thermomediterraner Einfluß bemerkbar, geprägt von wärmeliebenden Pflanzen wie dem Johannisbrotbaum (s.S. 43). Die meterdicken knorrigen Ölbäume neben der Kirche in S. Maria Navarrese sollen die ältesten Europas sein. Ein sehr beliebtes Fotomotiv im Abendlicht ist der rote Porphyrfelsen, der sich hinter dem Hafen von Arbatax versteckt (S. 111). Das rote Gestein, durchzogen mit schwarzen Trachytgängen, zieht sich von dort weiter, rund um das im Frühling recht malerische Cap Bellavista.

Nach Süden hin folgen meist ausgeräumte Sand- und Kiesstrände, durchsetzt mit roten Klippen und Macchie. Reizvoll ist die Umgebung von Marina di Gairo, eine mit dichter Macchie bedeckte Küstenfelslandschaft (Coccorocci-Strand mit schönem Campingplatz).

Der südlich angrenzende Salto di Quirra ist ein unzugängliches Kalk- und Schiefer-Hügelland, das zum Großteil als Militärübungsgelände dient. Der 300 m hohe Burgberg des Castello di Quirra (weiter Rundblick) ist ein mit kleinen Höhlen durchlöcherter Kalkhaufen, der Lebensraum für seltene Heuschrecken bietet. Unterlauf und Mündungsgebiet des Flumendosa sind von zahlreichen Sumpfschildkröten (S. 55) bewohnt. Von Torre Salinas bis zum Capo Ferrato folgt die Schwemmlandebene von Colostrai mit mehreren vogelreichen Brackwasserlagunen.

Auf der kleinen Blockmeer-Hochfläche unter den Gipfeln der »Sieben Brüder« blühen im Frühjahr Ginster und Zistrosen.

N 14 Naturpark Sette Fratelli

Gerrei und Sarrabus gehören zu den unbekannten Gegenden Sardiniens, Schiefer und Granitwände wechseln mit Hochebenen aus Kalk, getrennt durch tiefe, schluchtartige Täler. Der Bergstock der »7 Brüder« im Süden des Sarrabus besteht aus 7 Bergspitzen, die mit bis zu 1023 m die höchsten Gipfel des Südostens bilden. Sie sind hauptsächlich aus Granit, gemischt mit Porphyr aufgebaut, was eine bunte Farbenzusammensetzung ergibt. Das Gelände ist wasserreich und unzugänglich, mit senkrechten Felswänden, Schluchten und Bächen. Dadurch trägt es eine reiche Pflanzendecke aus Büschen, Macchie sowie einigen dichten Wäldern und gibt vielen Tieren Heimat. So lebt hier noch eine der vier letzten Korsenhirsch-Populationen, und Wildschweine (S. 114) wühlen zahlreich in der Erde.

Ausgangspunkt ist die Forststation U.Noci beim Paß Arcu'e Tidu an der N 125. Man findet schöne, alte Steineichen, Wacholder, immergrünen Kreuzdorn (Faulbaum), Myrte, Baumheide und Efeu. Entlang der Bäche wachsen Oleander, Weiden, Johanniskraut und schöne Exemplare des Königsfarns (S. 75). Im Naturpark leben Steinadler, Habicht, Mäusebussard, Buntspecht und Felsenhuhn. Das feuchte Gebiet behagt dem Schleuderzungensalamander (s.S. 105), der hier eine isolierte Art bildet. Die N 125 führt durch die malerische Schlucht des Rio Cannas (mit dem Arco dell Angelo), der das Gebirge nach Osten hin entwässert und als Rio Picocca im Stagno di Colostrai mündet. Das Wasser fließt um große Blöcke aus rosa Granit, Lebensraum für Wasseramseln und Sumpfschildkröten (S. 55), die sich auf den Steinen sonnen, sowie für kleine Mittelmeer-Bachforellen, ähnlich der Bachforelle mit roten und schwarzen Punkten gefärbt.

N 15 Das WWF-Reservat Monte Arcosu

Das Bergland des Iglesiente setzt sich südlich der Cixerri-Ebene fort, mit Granit und Schiefer im Osten sowie Kalk im Westen. Den höchsten Gipfel bildet der Is Caravius (1.116 m, Granit), an dessen Flanken der WWF ein Schutzgebiet eingerichtet hat. Davor war das Gebiet fest in der Hand der Wilderer, die alle größeren Säuger ausrotteten. Hunderte von eingesammelten Fallen sind zu einem zweifelhaften »Kunstwerk« wie Trophäen auf ein Holzgestell drapiert. Das mit 30 km Länge größte Waldgebiet der Region erstreckt sich zwischen dem Gutturru-Mannu-Tal und den Bergen. Es ist eines der Rückzugsgebiete des Korsischen Hirsches, außerdem wurde der 1969 ausgerottete Damhirsch wieder eingebürgert.

Die Berge sind greifvogelreich, mit Stein- und Habichtsadler, Wanderfalke und Sperber. Hecken und Gebüsch besiedeln zur Brutzeit Weißbart-, Sarden-, Brillen- und Samtkopfgrasmücke. Auf freiem Gelände tummeln sich Zitronengirlitz und Felsenhuhn. Das Schutzgebiet ist von Capoterra aus über S. Lucia zu erreichen (Hinweisschilder).

Vom Beginn des Schutzgebiets (Schranken) führt eine 8 km lange Piste zum WWF-Zentrum. Am Sonntag und meist auch Sa und Do ist es geöffnet, dann ist auch die Schranke offen und die Zufahrt möglich. An den anderen Tagen ist es Zufall, ob unten offen ist, sonst muß man zu Fuß (oder per Fahrrad) weiterkommen. Beim WWF-Haus gibt es einen Naturlehrpfad und Wanderwege.

N 16 Die Tropfsteinhöhle Is Zuddas

Auf der kalkigen Westseite des Iglesiente-Berglandes, in den Sulcis-Hügeln, liegen zwischen Teulada und Santadi mehrere Höhlen, deren größte und schönste, Is Zuddas, zu einer Schauhöhle ausgebaut ist. Sie weist einen seltenen Reichtum an Tropfstein- und Sinterformationen aller Farben auf, was sie zur wohl sehenswertesten sardischen Grotte macht. Besonderheiten sind die weißen Aragonitkristalle die im letzten Höhlenraum als Excentriques in alle Richtungen wachsen.

- Coop. Monte Meana
  Località Is Zuddas
  I-09010 Santadi (Cagliari)
  Tel.: +39-0781-955741
  Fax: +39-0781-955772
  E-Mail: iszuddas@tiscali.it
  Internet: www.grotteiszuddas.it
  Öffnungszeiten: Oktober – März zwei Besichtigungen am Tag, jeweils um 12.00 Uhr bzw. 16.00 Uhr; April – September 9.30 Uhr – 12.00 Uhr und 14.30 Uhr – 18.00 Uhr.
  Eintritt: Erwachsene 8,– €
  Kinder 4,50 €

Blitzen ist verboten, die benutzten Halogenstrahler sind aber sehr hell und verfälschen die Farben am Film geringer als Glühbirnen.

Die Halbinsel im Stagno di Maestrale (N 17) ist ein beliebter Flamingorastplatz.

N 17 Die Stagni der Sulcis-Region

Das Sulcis ist das dem Iglesiente-Bergland vorgelagerte Hügel- und Küstenschwemmland im Südwesten Sardiniens. In der Schwemmlandebene des Golfs von Palmas liegt eine Ansammlung von Lagunen, die eine flache und weitläufige Küste bilden. Ähnlich jenen auf der Sinis und um Cagliari, weisen die Stagni von S. Caterina, Porto Botte und Porto Pino auch eine ebenso reiche Vogelwelt auf – 105 Arten brüten im Gebiet, 100 weitere ziehen durch oder sind Wintergäste.

Vor allem das seit einiger Zeit herrschende Jagdverbot hat zur Ansammlung zahlreicher Wasservögel geführt, die hier Lebensräume mit unterschiedlichem Salzgehalt von hypersalin bis süß auf engem Raum vorfinden.

Die Lagunen liegen in einem Gelände aus mesozoischen Kalken und weisen eine reichhaltige Halophyten-Pflanzengesellschaft auf, die sich dem salzigen Boden angepaßt hat (s.S. 54). Sie sind von einer Mischung aus Kulturland, Weiden, trockenem »Ödland«, Macchie und verschilften Bewässerungskanälen umgeben.

Zu sehen gibt es etwa Flamingo, Säbelschnäbler, Triel, Rotschenkel, Rotflügel-Brachschwalbe, Stelzenläufe, Purpurhuhn (S. 136), Wasserralle, Zwergdommel, Rohrweihe, Eisvogel, Bienenfresser (S. 125), Wiedehopf (S. 51), Möwen (s.S. 50), Seeschwalben, Reiher usw. Auch die Eleonorenfalken (S. 106) der Kolonie in S. Pietro sind bei der Jagd immer wieder zu beobachten. An den schilfbewachsenen Süßwasserkanälen um die Strandseen leben zahlreiche Libellen.

Der Stagno di Santa Caterina grenzt an die Straße N126 zur Insel S. Antioco und dient zum Großteil als Saline, wodurch die natürliche Vegetation vernichtet wird. Ein Fuß-

weg führt den Damm entlang vom Leuchtturm vor S. Antioco bis zum Salzwerk. Porto Botte liegt etwa 1 km von der N195 in einer Lagunenlandschaft, die die interessantesten Aspekte des Gebietes beinhaltet. Westlich schließen sich in Richtung zu den Salinen der Stagno di Mulargia und die Mündung des Palmas-Flusses an.
Die Straße von S. Anna Arresi nach Porto Pino führt zwischen den Stagni Maestrale und is Brebeis hindurch. Is Brebeis ist ein Standort zahlreicher Malteserschwämme (S. 123) und Mittags-Schwertlilien (S. 124). Die Küstenlinie zwischen Punta Menga und Punta Tonnara bildet einen mit Aleppokiefern bewachsenen weißen Sandstrand, mit Strandkamillen als Dünenbefestiger und vielen Strandlilien. An den Hängen im Südosten hat der Wind den Sand zu hohen Dünengebilden aufgeweht. Die Macchie enthält dort ein isoliertes Vorkommen der Kermeseiche mit ihren stacheligen Blättern. Dieser Baum dürfte früher an der sardischen Südküste viel weiter verbreitet gewesen sein und wurde durch menschlichen Einfluß zurückgedrängt. Bis in die 50er Jahre, bevor die gesamte angrenzende Halbinsel Militärsperrgebiet wurde, hatte der Seeadler am unzugänglichen Capo Teulada gebrütet, und man hofft, ihm dies in Zukunft wieder schmackhaft machen zu können.
Einen Besuch wert ist außerdem die Costa del Sud, mit mehrfarbigen Schieferfelsen und Steilküsten aus Granit. Die Vegetation aus wärmeliebenden Arten enthält sehr viel Baumförmige Wolfsmilch (S. 97) und zypressenförmige Wacholderbäumchen an den Hängen, dazu Mastix (S. 32), Oleaster und aromatische Kräuter. Am Strand su Giudeu westlich des Stagno di Chia befindet sich ein Komplex aus Lagunen und angrenzenden 30 m hohen quartären Dünen, mit Stechwacholder bewachsen und von alluvialen Sedimenten umgeben. Informationen zu Beobachtungs- und Fotografiermöglichkeiten bei:

- Giuseppe Floris,
  Via Principe di Piemonte, 09010 Giba
  Tel.: +39-0781-964266

N 18 Die Insel San Pietro

Die 50 km² große Vulkaninsel ist mit den ständigen Fährverbindungen von Calasetta und Portoscuso nach Carloforte zu erreichen. Ihre Steilküsten mit schmalen Sandbuchten sind Lebensraum vieler See- und Greifvögel: Wanderfalke, Sturmtaucher (S. 37), Sturmschwalbe, Krähenscharbe, Dünnschnabelmöwe. Im Westen der Insel befindet sich im Schutzgebiet des Vogelschutzverbands LIPU die zweite Eleonorenfalkenkolonie Sardiniens (bis 100 Paare, s.S. 106), an der Cala Fico ist ein Beobachtungsturm errichtet.
In der steinigen Macchielandschaft leben die überall häufigen Bewohner dieser trockenen Lebensräume, z. B. Wiedehopf (S. 51) und mehrere Grasmückenarten. Am Frühjahrszug sind weitere Sing- und Greifvögel zu sehen, z.B. Trauer- und Halsbandschnäpper, Mittelmeersteinschmätzer, Braunkehlchen (S. 6), Schwarzer Milan, Rohr-, Steppen- und Wiesenweihe. Ein Relikt auf der Insel ist eine nordafrikanische Rasse der Maurischen Landschildkröte. Beliebte Sehenswürdigkeiten sind im Süden die »Colonne«, zwei säulenartige Trachytfelsen im Meer, und im Norden die Meeresgrotte »Punta delle Oche«. Mitte Mai bis Mitte Juni ziehen Thunfischschwärme zum Laichen an San Pietro vorbei und werden an deren Nordende bei la Punta abgefangen. Mit einem System von Netzkammern werden die großen Fische in eine immer engere Falle gelockt und schließlich aus dem letzten Netz in einem blutigen Gemetzel herausgefischt.

Anreise

Angeflogen werden in Korsika Bastia, Calvi, Ajacio und Bonifacio, in Sardinien Olbia, Sassari und Cagliari. Für Anreisen mit dem eigenen Fahrzeug pendeln Fähren von Italien (Genua, Livorno) nach Korsika und Sardinien, von Frankreich (Nizza, Toulon) nach Korsika sowie die italienische Eisenbahnfähre von Civitavecchia nach Sardinien. Über die Gesellschaften, Fahrpläne und Tarifstaffelungen informieren z.B. die Automobilclubs und Fremdenverkehrsämter.

Reisen im Land

Ständige Fährverbindung zwischen Korsika und Sardinien (Bonifacio – Santa Teresa), wobei der Fahrzeugpreis für die 12 km sehr hoch ist.

Am komfortabelsten reist man zweifelsohne mit eigenem oder gemietetem PKW. Für große Wohnmobile sind die kurvenreichen, oft engen Straßen dagegen kein reines Vergnügen. Während die Fahrweise in Sardinien bis auf das in südlichen Städten übliche Chaos durchaus gemäßigt ist, kann einem der überaus hektische Verkehr Korsikas manchmal auf die Nerven gehen. Auf vielen der schmalen Bergstraßen wird gerast, als müßten alle für die nächste Korsika-Rallye trainieren.

Radfahren wird trotz des ständigen Auf und Abs immer beliebter. Besonders in weitläufigeren Naturreisezielen Sardiniens bewährt sich ein Rad auf den schmalen Feldwegen.

Die Eisenbahn faucht in Korsika als „feuriger Elias“ von Bastia und Calvi über Corte nach Ajaccio und kann so für einen Ausflug ins Zentrum genutzt werden. In Sardinien ist sie ein reiner Nostalgiezug, der um die Felstürme der Ogliastra bummelt. Busverbindungen sind zwar zu den meisten Orten vorhanden, aber oft recht selten, und daher etwas für Leute mit viel Zeit. Fahrpläne der sardischen Busse: www.arst.sardegna.it

Reisezeit

Grundsätzlich können beide Inseln das ganze Jahr über besucht werden. Für den Naturinteressierten bieten sich aber in erster Linie das Frühjahr sowie der Herbst an. Das Frühjahr ist die Hauptblühzeit; sie beginnt in geschützen Tieflagen bereits im März (z.B. viele Ragwurzarten) und erreicht im April und Mai ihren Höhepunkt. Im Gebirge verschieben sich die Zeiten des Frühlingsbeginns, in den Hochlagen liegt bis zum Juni Schnee. Die Gipfel Korsikas sind daher der einzige Bereich, in dem auch im Sommer etwas blüht, während der Rest der Inseln von der Hitze ausdörrt. Die meisten Vögel sind ebenfalls zu den Zugzeiten im Frühjahr und im Herbst zu sehen, während im Winter zahlreiche Gäste aus dem Norden die Inseln bevölkern. Da Korsika wie Sardinien beliebte Urlaubsgebiete sind, steigt die Besucherzahl in den Sommerferien sprunghaft an, und viele Regionen werden dann von Massen überlaufen. Daher gilt für alle Reiseziele, die Hochsaison möglichst zu vermeiden.

Camping

Korsika hat sich zu einem wahren Camperparadies entwickelt, die Küste ist mit Campingplätzen regelrecht gespickt, selbst in den abgelegeneren Regionen finden sich einige. Im Inland sind Campingplätze zwar seltener, aber an allen Touristenzielen vorhanden. Sardinien hat Campingplätze an den Küsten, aber nicht im Inland. Wildes Campen ist in Korsika an allen

Küsten verboten (der Müll hat überhandgenommen) und im Naturpark sowieso. In Sardinien an den Küsten ebenfalls.

Einige Internetadressen

Korsika:
Corseweb www.corsica.net/corsica/de
www.Paradisu.ch (umfassend, Linkliste)
www.korsikaweb.de
(Seite für Wanderungen)
www.parc-naturel-corse.com
(Seite zum Naturpark, französisch)
Sardinien:
www.sardinien.com
(virtuelles Reisemagazin, recht umfassend)
www.sardinien-information.de
(Sardinienseite von Peter Höh)
www.klaus-schwenk.de/sardinien
www.sardegna.com (Infos rund um Sardinien)
www.sardinia.net/agriturismo/de/museicca (Kurzbeschreibung der sardischen Museen)
www.sardinien.de
(Unterkünfte, Hotels, Ferienwohnungen)
www.sardinienforum.de
(Forum für Fragen & Mitteilungen)
www.sardinienshop.de
(zum Einkaufen von Büchern, Karten etc.)
www.crs4.ist/PRJ/VIRTSARD:
Virtual Sardinia-Projekt (Bilder, Karten & 3D-Animationen)

Naturkundliche Sammlungen Sardinien

Der sardische Mineralien- und Fossilienreichtum läßt sich in einigen kleinen Museen betrachten. Auch zu einigen Naturthemen gibt es Ausstellungen. Texte und Erläuterungen sind üblicherweise aber nur in italienisch.

Arzachena: Museo Mineralogia e Fossili, Via Mozart traversa Viale Costa Smeralda; Mo-Sa 9-13 h. Die große Mineraliensammlung von Dario Casciu aus Uras.

Stintino: Museum für Thunfischfang. Zeigt wie die wandernden Thunfische mit Netzsystemen eingefangen werden.

Sassari: Geo-mineralisches Museum Aurelio Serra, Via Roma 64.

Alghero: Mare nostrum Aquarium mit Meeres- und Süßwassertierwelt. Via XX Settembre.
Mineralogische Sammlung:
Via Don Minzoni 159e.

Masullas (in der Marmilla): Ausstellung Stefano Incani; Sardische Fossilien und Mineralien.

Fluminimaggiore: Paläontologische Privatsammlung, Piazza Giovanni XIII.

Iglesias: Mineralien- & Bergbaumuseum, im Institut für Bergbau, Via Roma 45.

Carbonia: Paläontologisches Museum „E.A. Martel“, Via Campagna 61. Sardische Fossilien und eine höhlenkundliche Abteilung.

Sinnai (Caserna Umberto Noci, 7 fratelli): Ausstellung zum vom Aussterben bedrohten sardischen Hirsch (Cervus elaphus corsicanus), einer Unterart des europäischen Hirsches.

Cagliari: Museum für Geologie und Mineralkunde. Universität, Via Trentino 51, Tel 070-20006214.

Filme

Fotomaterial ist in Frankreich teuer. Auch für Sardinien deckt man sich besser zu Hause ein.

Giftige Tiere

Giftschlangen und ähnlich gefährliche Vertreter der Tierwelt gibt es weder in Korsika noch in Sardinien. Völlig gifttierfrei sind die Inseln natürlich nicht – auch große Steinläufer (Scolopender) können schmerzhaft beißen und der kleine Mittelmeerskorpion gehört ebenfalls zur Inselfauna. Sehr selten ist ferner in Korsika die „Schwarze

Wie ein Feuerball versinkt die Sonne am Riciniccia-Strand bei Galeria (Reiseziel 3).

Witwe“ (Malmignatte), eine Kugelspinne, die sich untertags aber tief unter Steinen versteckt und sehr scheu und beißunlustig ist. Ihren schlechten Ruf haben ihr Verwandte in Amerika und Australien eingetragen, die sich dem Menschen anschließen.

Sprache

Da Sardinien politisch Italien und Korsika Frankreich zugehörig ist, sind die Amtssprachen dementsprechend Italienisch bzw. Französisch. Zusätzlich gibt es die eigenständigen Inselsprachen Korsisch und Sardisch, romanische Sprachen, die dem

Chrysokoll aus dem aufgelassenen Revier Sa Duchessa nördlich von Domusnóvas (Reiseziel 14), zu sehen im Mineralienmuseum in Arzachena (S. 95).

ursprünglichen Latein noch relativ nahestehen. „Sardisch“ ist keine einheitliche Sprache, sondern besteht aus mehreren, zum Teil unterschiedlichen Dialekten. Die Inselsprachen haben viel Ursprüngliches bewahrt, z.B. den lateinischen Vokalreichtum mit Endungen auf i und u, die Schreibweise mit k statt c, die Pluralbildung mit angehängtem s, oder von „ipse“ hergeleitete Artikebildungen mit „su“ „sa“ und „sos“, während die anderen romanischen Sprachen von „ille“ ableiten (le, la, il, el). Besonders konservativ sind Landschaftsbezeichnungen, von denen manche noch aus vorrömischer Zeit stammen. Viele davon haben sich in Sardinien erhalten, und der Reisende stößt häufig darauf. Z.B bedeutet:

arcu – Sattel, Paß
badde – Tal
brunku – Hügel- oder Bergkuppe
codula – Geröllbett eines Baches
genna – Paß
kukkuru – sanft geneigter Hang
mar, mara – See, auch Sumpf
pauli – Sumpf
pranu – Ebene
saltu – Weideland, Ödland
spendula – Wasserfall

Tauchen

Die vielen Felsküsten, das saubere Wasser und ein relativer Fischreichtum machen die Inseln zu einem beliebten Tauchrevier, vor allem in Korsika bestehen eine Reihe von Tauchbasen und Tauchschulen. Streng verboten sind die Harpunenjagd und das Sammeln der selten gewordenen Korallen. Auch in einigen Schutzgebieten (z.B. Scandola) ist ABC-Tauchen verboten (wird überwacht). Informationen bieten mehrere Web-Seiten im Internet. Z.B.:

- www.korsika-diveguide.de
- www.corsica.net/corsica/de/sejours/plonge/index.html (die Tauchklubs)
- www.frankreich-sued.de/korsika/tauchen.htm
- www.allerencorse.com/tauchen.htm
- www.sardinien.at (über 70 Tauchbasen & -schulen)
- www.hoehlentauchen-sardinien.de

Wandern

Korsika: In den frühen 60er Jahren begann ein bergbegeisterter Aalener, Hans Schymik, zusammen mit französischen Freunden und dem Alpenverein die Idee von Naturschutzgebieten und Wanderwegen nach Korsika zu tragen. 10 Jahre später gab es den „Parc Naturel", und wandern ist in Korsika inzwischen ähnlich populär wie in den Alpen, da sich auch eine Infrastruktur aus markierten Wegen, Wanderkarten und einfachen Schutzhütten gebildet hat. Korsisches Wandern hat einen besonderen Reiz, da es keine alpinen „Berghotels" und Liftanlagen gibt und die Bergerien (Almen) noch altertümliche Steinhütten sind, die nebenbei etwas Käse und Sandwiches verkaufen, in erster Linie aber vom Melken der Tiere und nicht dem der Touristen leben.

Der erste angelegte Wanderweg war gleich eine Hochtourenstrecke, die der Gipfellinie entlang Korsika der Länge nach durchquert – der inzwischen legendäre GR-20. 175 km Gebirge und Nahrungsversorgung nur nach Abstieg ins Tal sind jedoch nur etwas für Trainierte. Allerdings läßt sich der GR-20 ebensogut in kleine Portionen zerlegen, und daher sind die Selbstversorger-Übernachtungshütten (Refuges) in den Sommerferien ständig überfüllt. Zum GR-20 haben sich mehrere Weitwanderwege dazugesellt, die regelmäßig Dörfer berühren, weniger hoch oben liegen, und zum Übernachten Gites d'étape erhalten haben: „Tra Mare a Monti" Nord und Süd, 127 km der korsischen Westküste entlang, sowie drei Ost-West Inseldurchquerungen „Da Mare a Mare". Während der Gr-20 in seinem Nordteil selten vor Ende Juni begehbar ist, sind die anderen Wege vor allem im Mai/Juni bzw. im Herbst zu empfehlen.

Sardinien: In Sardinien dagegen gleicht wandern des öfteren einem Orientierungsmarsch. Von Zeit zu Zeit werden zwar Wege markiert und Schilder aufgestellt, doch fehlt die weitere Betreuung, und bald ist die Farbe ab und der Pfad überwuchert. Die oft fehlerhaften Wanderkarten erleichtern das Unternehmen auch nicht sehr. Weitwandern verläuft daher eher im Stil der amerikanischen Pioniere „go west, young man" (irgendwo kommt man immer an); ab 2007 wird aber der Fernwanderweg durch die ganze Insel von Norden nach Süden wieder hergerichtet. Die in den Wanderführern beschriebenen Routen beschränken sich auf überschaubare Tagestouren (für die es aber auch ein Gefühl für Orientierung braucht), bei C. Stein erscheint außerdem eine Beschreibung des Fernwanderwegs.

Landkarten

Korsika: Landkarten sind in Korsika vorzüglich und (fast) fehlerfrei. Als Straßenkarte um wenige Euro an jeder Ecke erhältlich: Michelin Nr. 345, 1:150.000 (der neue Maßstab bringt allerdings nicht mehr Details als der alte mit 1:200.000, nur die Karte ist sperriger).

Größere Maßstäbe und Wanderkarten bieten die Landkarten des französischen geographischen Instituts **IGN**: Im Maßstab 1:100.000 die beiden Blätter Nr. 74 & 75 (ganz Korsika); im Maßstab 1:50.000 die beiden Karten Nr. 20 & 23 (diese decken nicht ganz Korsika ab und sind etwas unhandlich groß). Spezielle Wanderkarten 1:25.000 sind die der IGN-Serie „Top 25". Nachteil: mit 7-9 € pro Stück in Summe recht teuer. Als Alternative: die CD-ROM ganz Korsika 1:25.000 (IGN Rando Corse), von der sich die gewünschten Teile jeweils ausdrucken lassen.

Sardinien: Straßenkarten im Maßstab 1:200.000 gibt es drei: Die Karte des TCI (Touring Club Italiano, Lizenz bei Kümmerly & Frey), die De-Agostini Karte (Lizenz bei Marco Polo) und die (besonders reißfeste) Karte von Reise-Know-How (world mapping project). Sie sind im großen und ganzen brauchbar. Alle haben Fehler im Detail (Straßen fehlen oder sind zu viel, Sehenswürdigkeiten am falschen Platz), aber damit kann man leben.

Großmaßstäbige Karten sind in Sardinien kärglich. Wanderkarten im mitteleuropäischen Sinn auf halbwegs aktuellem Stand gibt es nur wenige (und im Detail stimmen alle da oder dort nicht):

- fünf Karten von den Bergwerksgebieten im Südwesten (Iglesiente) und Südosten (Sarrabus) im Maßstab 1:30.000 - 1:50.000, mit Wegverlauf, Markierungen und einer kurzen Beschreibung der Bergwerke: **Carta escursionistica delle aree minerarie** von Sandro Mezzolani, edizioni si.me, via Doberdo 32, Cagliari, Tel & Fax 070/282868, Mail simesas@tin.it
- die Karten der comunite montana (kostenlos bei diesen oder über www.sardinienshop.de): Barbagia 1:50.000 (comunita Montana del Nuorese Nr. 9), sowie von Arzachena 1:30.000, Siniscola 1:25.000 und Urzulei 1:25.000.
- die Coedisar Trekkingkarten 1:50.000. Decken zwar ganz Sardinien, beziehen sich zum Teil aber auf das Wegenetz der alten IGM-Karten aus den 60er Jahren; daher manchmal sehr ungenau.
- Manche Tourist-Informationen und Forststationen verteilen Skizzen und Pläne der Umgebung, für den Wanderer durchaus brauchbar: z.B. Dorgali (gut, mit IGM-Kartenausschnitten), Tempio (vom Monte Limbara), Sette Fratelli. Kostenlose Stadtpläne gibt es ebenfalls bei den Tourist-Infos.
- die Karten des **IGM** (Istituto Geografico Militare), das die carta topografica d'Italia herausgibt. Als reine Rasterkarte überlappen die Blätter nicht und nehmen keinerlei Rücksicht auf touristisch interessante Gebiete, zerschneiden daher manche Naturregion in mehrere Teile. 57 Blätter 1:50.000 decken Sardinien ab, jedes davon (außer den Randlagen) ist zusätzlich in vier Detailkarten 1:25.000 geteilt. Bis 2002 sind endlich alle Karten der Neuaufnahme von 1989-94 erschienen (Nummernserie 400/500). IGM-Karten sind allerdings schwer erhältlich und teuer (ein Blatt 56 x 43 cm kostet ab 12 €). In Sardinien gibt es sie (für die jeweilige Region) lagernd in Cagliari, Sassari und Oristano. In Florenz (IGM-Institut) ebenfalls. Über Geo-Buchhandlungen bzw. das Internationale Landkartenhaus sind sie bei uns bestellbar (mit längerer Wartezeit).

- Eingescannte Schwarz-weiß Kopien der IGM-Karten 1:25.000 sind kostenlos im Internet aufruf- und ausdruckbar: www.sergian.it/pagine/mappe.htm. bzw. www.sergian.it/mappali

Literatur

Korsika und Sardinien werden als beliebte Reiseziele in zahlreichen Reiseführern und Bildbänden beschrieben. Die umfassendsten Informationen zu Korsika bieten P. Meyer: Korsika (PMV) und M. Schmid: Korsika (M. Müller Verlag). Für Sardinien: E. Fohrer (M. Müller) und Höh/Jaath (Reise-Know-How Rump). Diese Bände werden auch regelmäßig aktualisiert.
Die ausführlichsten Information zur sardischen Bronzezeit und der Nuraghenkultur gibt der (leider vergriffene) DuMont Kunstreiseführer von R. Pauli. Ebenfalls Hintergrundinformation: A. Stieglitz: Entdekkungsreise durch Sardinien (BOD-Libri).

Landes- und Naturkunde

BOURNERIAS M., C. POMEROL, Y. TURQUIER: Guides Naturalistes des Côtes de France VII – La Corse. Delachaux & Niestlé 2002

CAMARDA I., S. FALCHI, G. NUDDA: L'ambiente naturale in Sardegna. Carlo Delfino 1998

EXEL R.: Sardinien – Sammlung geologischer Führer Bd. 80. G. Borntraeger 1986

HOFRICHTER R. (HG): Das Mittelmeer – Fauna, Flora, Ökologie. 1-allgemeiner Teil. Spektrum 2001

MARRAS N.: Piante endemiche. Zonza Editore 2000

SIRIGU G.: ambienti naturali di Sardegna. Zonza Editore 2005

PARC NATUREL REGIONAL DE LA CORSE: Mehrere Naturführer (roches et paysages, plantes et fleurs, oiseaux, poissons). www.parc-naturel-corse.com/boutique (Versand: www.albiana.fr)

Bestimmungsbücher (Feldführer)

BAUMANN, KÜNKELE, LORENZ: Orchideen Europas. Ulmer 2006

BELLMANN H: der neue Kosmos Schmetterlingsführer. Kosmos 2003

BERGBAUER, HUMBERG: Was lebt im Mittelmeer? Kosmos 1999

CHINERY M.: Pareys Buch der Insekten. Kosmos 2004

DELFORGE P.: Orchids of Europe, North Africa & the Middle East. A&C Black (C. Helm) 2006

DIANA G.: Flora di Sardegna – piante arboree e arbustive. Zonza Editore 2005

DUDA R., L. REJL: Der Kosmos Mineralienführer. Kosmos 2002

GAMISANS J., J. MARZOCCHI: La Flore endémique de la Corse. Edisud 1996

GÖTHEL H.: Farbatlas Mittelmeerfauna. Ulmer 1997

JURZITZA G.: Der Kosmos Libellenführer. Kosmos 2000

KREMER B.: Steinbachs Naturführer Strauchgehölze. Mosaik 2001

KWET A: Reptilien & Amphibien Europas. Kosmos 2005

MEDENBACH O. & U.: Steinbachs Naturführer Mineralien. Mosaik 2001

MITCHELL A., J. WILKINSON: Pareys Buch der Bäume. Kosmos 2004

SCHÖNFELDER I. U. P.: Die Kosmos Mittelmeerflora. Kosmos 1999

SCHÖNFELDER I. U. P.: Kosmos-Atlas Mittelmeer- und Kanarenflora. Kosmos 2002

STERRY P.: Die Vögel am Mittelmeer. Kosmos 2004

SVENSSON, GRANT, MULLARNEY, ZETTERSTRÖM: Der neue Kosmos Vogelführer. Kosmos 1999

Wandern und Rad

CORDA D., S. KIEFER: Mountainbiken auf Sardinien. Delius-Klasing 2004

HAUSMANN W. & K.: Wandern durch Korsika. CoCon 2002

MORANDINI M., S. CUCCURU: Itinerari sulle montagne della Sardegna. Ed. della Torre, 2006

THÖNE H., W. KETTLER: Korsika per Rad. W. Kettler Verl. 2006

VAN DE PERRE E.: Trans-Korsika GR 20 (Outdoor Hanbuch Bd 40) C. Stein 2006

Tagestourenvorschläge für Korsika und Sardinien in den Wanderführern von Rother, DuMont, Bruckmann und C.Stein.

Tauchen

AMSLER K.: Tauchführer Korsika. Jahr 2002

GIERSCHER N.: Tauchen auf Korsika. Tauch-Info-Büro Gierscher (www.gierscher.de)

KÄSINGER H.: Tauchreiseführer Italien 10 – Sardinien (St. Naglschmid, 1990)

TRAINITO E.: Sardinien Tauchführer. Jahr 2002 (kein „Führer“ sondern Fotobuch)

Wörterbuch

Deutsch / Wissenschaftlich

Einige deutsche Namen werden mit 2 (bei den Pflanzen in Ausnahmefällen mit 3) wissenschaftlichen Bezeichnungen versehen, da im Text diese Arten oder Unterarten gemeint sind.

Pflanzen

Abschreckende Flockenblume / Centaurea horrida
Adlerfarn / Pteridium aquilinum
Affodill, Kleinfrüchtiger / Asphodelus aestivus (microcarpus)
Akanthus / Acanthus mollis
Alant, klebriger/ Dittrichia (Inula) viscosa
Alant, Schneeweißer/ Inula verbascifolia, I. candida
Aleppokiefer/ Pinus halepensis
Alpenveilchen, Geschweiftblättriges / Cyclamen repandum
Alpenveilchen, Neapolitanisches / Cyclamen hederifolium
Ätna-Berberitze / Berberis aetnensis
Ätna-Ginster / Genista aetnensis
Ausdauernder Strandstern / Asteriscus maritimus

Baumförmige Wolfsmilch / Euphorbia dendroides
Baumheide / Erica arborea
Bergahorn / Acer pseudoplatanus
Bergminze / Satureja sp.
Bernards Akelei / Aquilegia bernardii
Birke, Sandbirke / Betula pendula
Blasenfarne / Cystopteris fragilis, C. montana
Blasenstrauch, Gewöhnlicher / Colutea arborescens
Blaublättrige Akazie / Acacia cyanophylla
Borretsch, Gurkenkraut / Borago officinalis
Breitblättriger Rohrkolben / Typha latifolia
Buchsbaum / Buxus sempervirens
Bukett-Wicke (Breitblättrige Platterbse) / Lathyrus latifolius

Dornginster, Behaarter / Calicotome villosa
Dornginster, Kahler (Stechender) / Calicotome spinosa
Dornige Wolfsmilch / Euphorbia spinosa
Dorniger Wundklee / Anthyllis hermanniae
Dreihörnige Levkoje / Matthiola tricuspidata
Dreikantlauch (Glöckchenlauch) / Allium triquetrum
Dreilappiges Zimbelkraut / Cymbalaria aequitriloba
Dreizähniges Knabenkraut / Orchis tridentata
Dünenkamille (Strandk.) / Anthemis maritima
Dünenzypergras / Cyperus mucronatus
Dunkler Mauerpfeffer / Sedum atratum

Edel-, Eßkastanie / Castanea sativa
Eibe / Taxus baccata
Erdbeerbaurn, Westlicher / Arbutus unedo
Erdschötchen / Morisia monanthos
Esche, Schmalblättrige / Fraxinus angustifolia
Eselsdistel / Onopordon acanthium

Feige / Ficus carica
Feigenkaktus, Opuntie / Opuntia ficus-indica
Feldmannstreu / Eryngium campestre
Felsen-Glockenblume / Campanula rupestris
Felsenkohl / Barbarea rupicola
Felsennelken / Petrorhagia sp.
Felsenstrohblume / Helichrysum saxatile
Fetthenne / Sedum sp.
Flaumeiche / Quercus pubescens
Flutender Hahnenfuß / Ranunculus fluitans
Französischer Ahorn / Acer monspessulanum
Französisches K., Provence-Knabenkraut / Orchis provincialis

Geflecktes Knabenkraut / Dactylorhiza maculata
Gelbe Zistrose / Halimium halimifolium
Gelbe, Gelbrand-Ragwurz / Ophrys lutea
Gelber (Nickender) Sauerklee / Oxalis pes-caprae
Gelber Enzian / Gentiana lutea
Gelber Hornmohn / Glaucium flavum
Gelbsterne (Sardinien) / Gagea granatellii, G. soleirolii, G. busambarensis, G. foliosa
Gennargentu-Tragant / Astragalus genargenteus
Gladiole, Siegwurz / Gladiolus communis, G. italicus
Gliedermelde / Arthrocnemum sp.
Greiskraut, Weißblättriges / Senecio leucanthemifolius
Großblättrige Pfingstrose / Paeonia mascula
Große Wachsblume / Cerinthe major
Großer Klippenziest / Prasium majus
Großfrüchtiger Stechwacholder (Sandküste) / Juniperus oxycedrus macrocarpa
Grünerle, Korsische / Alnus viridis suaveolens

Hasenschwanz, Samtgras / Lagurus ovatus
Hauhechel / Ononis sp.
Heidekraut / Erica sp.
Herbstblaustern / Scilla autumnalis
Herbstzeitlose / Colchicum sp.
Himmelsröschen / Lychnis coeli-rosa
Hirschgeweih-Steinbrech / Saxifraga pedemontana cervicornis
Hoher Rittersporn / Delphinium elatum
Holunder-Knabenkraut / Dactylorhiza sambucina
Hopfenbuche, europäische / Ostrya carpinifolia
Hornklee, kretischer / Anthyllis hermanniae

Immergrüner Faulbaum (I. Wegedorn, I. Kreuzdorn) / Rhamnus alaternus
Immergrüner Steinbrech / Saxifraga sempervirens
Insel Knabenkraut (Tyrrhenisches K.) / Dactylorhiza insularis
Italienischer Natternkopf / Echium italicum

Johannisbrotbaum / Ceratonia siliqua
Johanniskraut / Hypericum hircinum; H. perforatum
Judasbaum / Cercis siliquastrum
Jungfer im Grünen / Nigella damascena
Jupiterbart / Anthyllis barba-jovis

Kali-Salzkraut / Salsola kali
Kanarische Dattelpalme / Phoenix canariensis
Katzengamander, Sardische Katzenminze / Teucrium marum
Katzenkopf-Sonnenröschen / Helianthemum caput-felis
Kermeseiche / Quercus coccifera
Klebriger Ziest / Stachys glutinosa
Kleine Laurentie / Solenopsis minuta
Kleines Zwergedelweiß / Evax pygmaea
Königsfarn / Osmunda regalis
Königskerze, Gewelltblättrige / Verbascum sinuatum
Königskerze, Sardische / Verbascum conocarpum
Korkeiche / Quercus suber
Korsische Nieswurz / Helleborus lividus corsicus
Korsische Osterglocke / Pulsatilla alpina cyrnea
Korsische Schwarzkiefer / Pinus nigra laricio var. poiretana
Korsische Teufelskralle / Phyteuma serratum
Korsischer Augentrost / Euphrasia nana
Korsischer Gelbstern / Gagea bohemica corsica
Korsischer Ginster / Genista corsica
Korsischer Reiherschnabel / Erodium corsicum
Korsischer Steinbrech / Saxifraga corsica
Korsischer Steinquendel (-Bergminze) / Acinos corsicus
Korsischer Ziest / Stachys corsica
Korsisches Edelweiß / Helichrysum frigidum
Korsisches Fettkraut / Pinguicula corsica
Korsisches Leimkraut / Silene succulenta corsica
Korsisches Veilchen / Viola corsica
Kretische Palme / Phoenix theophrastii
Kronen-Wucherblume / Chrysanthemum coronarium
Kronenklee / Hedysarum coronarium
Krummstab, Kappenaron / Arisarum vulgare
Kugeldisteln / Echinops ritro, E. shaerocephalus
Kugelsimse / Holoschoenus romanus

Langsporniges Knabenkraut / Orchis longicornu
Limbara-Veilchen / Viola corsica limbarae
Lorbeerbaum / Laurus nobilis
Löwenmaul / Misopates sp.

Malteserschwamm / Cynomorium coccineum
Malve / Malva sp.
Mandelblätthge Birne / Prunus amygdaliformis
Manna-Esche / Fraxinus ornus
Manns-Knabenkraut, Kuckucks-K. / Orchis mascula
Mariendistel / Silybrum marianum
Marseille-Tragant / Astragalus massiliensis
Mastix / Pistacia lentiscus
Mäusedorn / Ruscus aculeatus
Meerfenchel / Crithmum maritimum
Meersenf / Cakile maritima
Meerträubel / Ephedra major
Meerzwiebel / Urginea maritima
Milchfleckdistel / Galactites tomentosa
Mittagsblumen / Carpobrotus edulis, C. acinaciformis
Mittagsiris (Mittagsschwertlilie) / Gynandriris sisyrinchium
Mönchspfeffer / Vitex agnus-castus
Monte-Linas-Strohblume / Helichrysum montelinasanum
Myrte / Myrtus communis

Neptunsgras / Posidonia oceanica
Niederliegender Schlehdorn / Prunus prostrata
Nugoro-Akelei / Aquilegia nugorensis

Ochsenzunge / Anchusa sp.
Ölbaum / Olea europaea sativa
Oleander / Nerium oleander
Oleaster / Olea europaea oleaster
Orientalische Hainbuche / Carpinus orientalis

Palisadenwolfsmilch / Euphorbia characias
Pampasgras / Cortaderia sp.
Pankrazlilie, Felsen-Trichternarzisse, Steinhyazinthe / Pancratium illyricum
Parentucellie, Klebrige / Parentucellion viscosa
Pfriemenginster, Spanischer G. / Spartium junceum
Phönizischer Wacholder / Juniperus phoenicea
Pinie, Schirmpinie / Pinus pinea
Pithyusen-Wolfsmilch / Euphorbia pithyusa
Purpur-Knabenkraut / Orchis purpurea
Pyramidenorchis / Anacamptis pyramidalis

Queller (einjährig) / Salicornia sp.
Queller (mehrjährig) / Sarcocornia sp.

Ravennagras / Erianthus ravennae
Roberts Mastorchis, Riesenknabenkraut / Barlia robertiana
Roberts Steinkresse / Alyssum robertianum
Robinie / Robinia pseudoacacia
Rosenlauch, korsischer / Allium roseum insulare
Rosmarin / Rosmarinus officinalis
Rotbuche / Fagus sylvatica
Roter Fingerhut / Digitalis purpurea
Rundblättriges Zwergedelweiß / Evax rotundata
Rutenkraut (Riesenfenchel) / Ferula communis

Salbeiblättrige Zistrose / Cistus salviifolius
Salzmanns Ginster / Genista salzmannii
Sardischer Aronstab / Arum pictum
Sardischer Milchstern / Ornithogalum sandalioticum
Sardischer Wacholder / Juniperus communis nano
Sardisches Heiligenkraut / Santolina insularis
Scheinkrokus / Romulea sp.
Schilf / Phragmites australis (Phr. communis)
Schirmpinie s. Pinie
Schmalblättrige (Französische) Zistrose / Cistus monspelliensis
Schmalblättrige Lupine / Lupinus angustifolius
Schmetterlings-Knabenkraut / Orchis papilionacea
Schneeweiße Strandfilzblume / Otanthus maritimus
Schopfige Traubenhyazinte / Leopoldia (Muscari) comosum
Schopfiger Lavendel / Lavandula stoechas
Schwalbenwurz / Vincetoxicum hirundinaria

Schwalbenwurzenzian / Gentiana asclepiadea
Schwarze Kopfbinse / Schoenus nigricans
Schwarzerle / Alnus glutinosa
Schwarzrote Skabiose / Sixalis atropurpurea
Silbrige Mauermiere / Paronychia argentum
Sodomsapfel / Solanum sodomaeum
Sommerwurz / Orobanche sp.
Sonnentau / Drosera sp.
Spanische Golddistel / Scolymus hispanicus
Spanisches Rohr / Arundo donax
Spitzklette, Dornige / Xanthium spinosum
Spitzklette, Gewöhnliche / Xanthium strumarium
Spritzgurke / Ecballium elaterium
Stachelträubchen / Coris monspeliensis
Starre Stacheldolde / Echinophora spinosa
Stechapfel / Datura stramonium
Stechende Grasnelke / Armeria pungens
Stechpalme / Ilex aquifolium
Stechwacholder (Macchie-Gebirge) / Juniperus oxycedrus oxycedrus
Stechwinde / Smilax aspera
Steinbrech-Felsennelke / Petrorhagia saxifraga gasparrinii
Steineiche / Quercus ilex
Steinkresse, Steinkraut / Alyssum sp.
Steinlinde, Scheinliguster / Phillyrea latifolia
Sternhaarige (Graubehaarte) Zistrose / Cistus creticus var. incanus
Sternkiefer (Seestrandkiefer) / Pinus pinaster
Sternklee / Trifolium stellatum
Stinkfruchtkresse / Lepidum hirtum oxyotum
Strand-Schneckenklee / Medicago marina
Strand-Wolfsmilch / Euphorbia paralias
Strandaster / Aster tripolium
Stranddistel / Eryngium maritimum
Strandflieder / Limonium sp.
Strandhafer / Ammophila arenaria
Standlevkoje / Matthiola sinuata
Strandlilie, Dünen-Trichternarzisse / Pancratium maritimum
Strandwinde / Calystegia soldanella
Strauch-Beifuß / Artemisia arborescens
Strauchpappel, Kretische / Lavatera cretica
Strohblume, Italienische / Helichrysum italicum
Strohblume, Kleinblättrige / Helichrysum italicum microphyllum
Sulcis-Grasnelke / Armeria sulcitana
Sumpfschwertlilie, Wasserschw. / Iris pseudacorus

Tamariske / Tamarix sp.
Tardif-Narzisse / Narcissus serotinus
Tazette, Bukett-Narzisse / Narcissus tazetta
Thymian / Thymus sp.

Valencia-Kronwicke / Coronilla valentina
Venusnabel, Nabelkraut / Umbilicus sp.
Verschiedenfarbige Glockenblume / Campanula versicolor
Vielköpfige Grasnelke, Mufflonkraut / Armeria multiceps

Weichhaariges Schwefelkörbchen / Urospermum dalechampii
Weide / Salix sp.
Weiße Reseda / Reseda alba
Weißer Beifuß / Artemisia gallica dersiflora
Weißes Waldvöglein / Cephalantera damasonium
Weißkopf-Grasnelke / Armeria leucocephala
Weißliche Zistrose / Cistus albidus
Weißtanne / Abies alba
Wespen-Ragwurz / Ophrys tenthredinifera
Windendes Geißblatt / Lonicera implexa

Zistrosenschmarotzer (Zistrosenwürger) / Cytinus hypocistis
Zungenstendel / Serapias sp.
Zweiblütiges Veilchen / Viola biflora
Zwergpalme / Chamaerops humilis
Zypresse (Italienische) / Cupressus sempervirens

Wirbellose

Ameisenlöwe / Myrmeleon sp.

Blaugrüne Mosaikjungfer / Aeshna cyanea
Blaupfeil, Großer / Orthetrum cancellatum
Blaupfeil, Südlicher / Orthetrum brunneum
Blauschwarzer Eisvogel / Limenitis reducta

Distelfalter / Vanessa cardui
Dünen-Sandlaufkäfer / Cicindela hybrida
Dunkelvioletter Seeigel / Sphaerechinus granularis

Eichenbock / Cerambyx cerdo
Einsiedlerkrebs / Pagurus sp.
Eisstern / Marthasterias glacialis
Elefantenschrecke, Ägyptische / Anacridium aegypticum
Erdbeerbaumfalter / Charaxes jasius

Fangschrecke / Empusa pennata; E. fasciata
Felsengarnele / Palaemon elegans
Felsenkrabbe / Pachygrapsus marmoratus
Feuerlibelle / Crocothemis erythraea
Frühe Heidelibelle / Sympetrum fonscolombei

Gebänderte Prachtlibelle / Calopteryx splendens
Geisterlibelle / Boyeria irene
Gelber C-Falter, Glaskrautfalter / Polygonia egea
Gespenstschrecke / Clonopsis gallica, Bacillus rossius
Große Königslibelle / Anax imperator
Gürtelskolopender / Scolopendra cingulatus

Herbst-Mosaikjungfer / Aeschna mixta

Kaisermantel, Silberstrich / Argynnis paphia
Kardinal / Pandoriana pandora
Keilflecklibelle / Anaciaeschna isosceles
Kleiner Feuerfalter / Lycaena phlaeas

Kleiner Monarch / Danaus chrysippus
Klipperassel / Ligia italica
Korsischer Schwalbenschwanz / Papilio hospiton
Korsischer Skolopender / Scolopendra canidens
Kreiselschnecke / Gibbula sp., Monodonta sp.

Laufkäfer / Carabus sp.
Leistenschnecken / Muricidae

Napfschnecke / Patella sp.
Nasenschrecke (Mittelmeer-Turmschrecke) / Acrida ungarica mediterranea
Nashornkäfer / Oryctes nasicornis

Perlmutterfalter / Mesoacidalia aglaja
Pillendreher / Scarabaeus sp.
Postillon / Colias crocea
Purpurrose (Pferdeaktinie) / Actinia equina
Purpurschnecke / Truncułariopsis trunculus

Resedafalter / Pontia daplidice
Röhrenwürmer / Sabellidae, Serpulidae

Sandwespe / Sphex sp., Ammophila sp.
Schabrackenlibelle / Hemianax ephippiger
Schachbrett / Melanargia galathea
Schwalbenschwanz / Papilio machaon
Schwammspinner / Lymantria dispar
Schwarze Witwe (Malmignatte) / Latrodectus tredecimguttatus
Seepocken / Chthamalus sp., Balanus sp.
Seespinne / Maja sp.
Segelfalter / Iphiclides podalirius
Singzikade / Tibicen plebejus
Spitzenfleck / Libellula fulva
Steinseeigel / Paracentrotus lividus
Sternhaarige (Graubehaarte) Zistrose / Cistus creticus var. incanus
Stierkäfer Sardischer / Typhoeus hiostius
Strand-Sandlaufkäfer / Cicindela lunnulata (C. littoralis)
Strandassel / Tylos sardous
Strandgrille / Xya variegata
Strandkrabbe / Carcinus mediterraneus
Südliche Mosaikjungfer / Aeshna affinis
Südlicher Heufalter / Colias australis

Tagpfauenauge / Inachis io
Trauerbock / Morimus funereus

Wespenspinne, (Zebrasp.) / Argiope bruennichi
Wiener (Großes) Nachtpfauenauge / Saturnia pyri

Zwergstrandschnecke / Littorina neritoides

Fische, Amphibien, Reptilien

Aal / Anguilla anguilla

Bachforelle / Salmo trutta fario
Breitrandschildkröte / Testudo marginata

Drachenkopf / Scorpaena sp.

Erzschleiche (Sardinien) / Chalcides chalcides vittatus
Europäische Sumpfschildkröte (Kor-Sard) / Emys orbicularis lanzai
Europäischer Blattfinger / Phyllodactylus europaeus
Europäischer Halbfinger (Halbfingergecko) / Hemidactylus turcicus

Feuersalamander (Korsika) / Salamandra salamandra corsica

Gelbgrüne Zornnatter / Coluber viridiflavus
Goldäsche / Mugil auratus
Goldstrieme / Boops salpa
Griechische Landschildkröte (Kor-Sard) / Testudo hermanni hermanni

Hufeisen-Natter / Coluber hippocrepis

Katzenwels, Zwergwels / Ictalurus nebulosus
Koboldkärpfling / Gambusia affinis
Korsischer Gebirgsmolch / Euproctus montanus
Korsischer Scheibenzüngler / Discoglossus montalentii

Laubfrosch, Sardischer / Hyla arborea sarda
Lippfisch / Labrus sp., Crenilabrus sp.

Mauergecko / Tarentola mauretanica
Maurische Landschildkröte / Testudo graeca
Meerjunker / Coris julis
Meerpfau / Thalassoma pavo
Muräne (Mittelmeer) / Mueraena helena

Pfauenschleimfisch / Lipophrys pavo

Ringelnatter, Sardische / Natrix natrix cettii
Ruineneidechse, Korsische / Podarcis sicula campestris
Ruineneidechse, Sardische / Podarcis sicula cettii

Sardelle / Engraulis encrasicholus
Sardine / Sardina pilchardus
Sardischer Gebirgsmolch (Hechtkopfmolch) / Euproctus platycephalus
Sardischer Scheibenzüngler / Discoglossus sardus
Schattenfisch / Sciaena cirrhosa
Schild-, Bastardmakrele, Stöcker / Trachurus trachurus
Schleimfische / Blennius sp., Parablennius sp., Lipophrys sp.

Schleuderzungensalamander / Speleomantes sp.
Seepferdchen / Hippocampus sp.
Seezunge / Solea solea
Süßwasserschleimfisch / Blennius fluviatilis

Thunfische / Thunnus thynnus, T. alalunga
Tyrrhenische Gebirgseidechse / Archaeolacerta bedriagae
Tyrrhenische Mauereidechse / Podarcis tiliguerta

Unechte Karettschildkröte / Caretta caretta

Vipernatter / Natrix maura

Walzenskink, Sardischer / Chalcides ocellatus tiliguerta
Wasserfrosch / Rana esculenta
Wechselkröte / Bufo viridis

Zwerg-Kieleidechse (Tyrrhenische K.) / Algyroides fitzingeri

Vögel

Alpenbraunelle / Prunella collaris
Alpendohle / Pyrrhocorax graculus
Alpenkrähe / Pyrrhocorax pyrrhocorax
Alpensegler / Apus melba
Alpenstrandläufer / Calidris alpina

Bartgeier / Gypaetus barbatus
Baßtölpel / Sula bassana
Baumfalke / Falco subbuteo
Blenenfresser / Merops apiaster
Blaukehlchen / Luscinia svecica cyanecula
Blaumerle / Monticola solitarius
Blauracke / Coracias garrulus
Brachpieper / Anthus campestris
Brachvogel / Numenius arquata
Brandgans / Tadorna tadorna
Braunkehlchen / Saxicola rubetra
Brillengrasmücke / Sylvia conspicillata
Bruchwasserläufer / Tringa glareola
Buntspecht / Dendrocopos major

Cistensänger / Cisticola juncidis

Drosselrohrsänger / Acrocephalus arundinaceus
Dunkler Wasserläufer / Tringa erythropus
Dünnschnabelmöwe / Larus genei

Eichelhäher (Kor-Sard) / Garrulus glandarius ichnusae
Einfarbstar / Sturnus unicolor
Eisvogel / Alcedo atthis
Eleonorenfalke / Falco eleonorae

Fahlsegler / Apus pallidus
Felsenhuhn / Alectoris barbara
Felsenschwalbe / Hirundo (Ptyonoprogne) rupestris
Felsentaube / Columba livia
Fichtenkreuzschnabel / Loxia curvirosta
Fischadler / Pandion haliaetus
Flamingo / Phoenicopterus ruber
Flußregenpfeifer / Charadrius dubius
Flußseeschwalbe / Sterna hirundo
Flußuferläufer / Actitis hypoleucos

Gänsegeier / Gyps fulvus
Gänsesäger / Mergus merganser
Gelbschnabel-Sturmtaucher / Calonectris diomedea
Goldregenpfeifer / Pluvialis apricaria
Grau-, Fischreiher / Ardea cinerea
Grauammer / Emberiza calandra
Grauschnäpper / Muscicapa striata
Grünschenkel / Tringa nebularia

Habicht (Sardinien) / Accipiter gentilis arrigonii
Habichtsadler / Hieraaetus fasciatus
Halsbandschnäpper / Ficedula albicollis
Hänfling / Acanthis (Carduelis) cannabina
Haubenlerche / Galerida cristata
Haubentaucher / Podiceps cristatus
Hausrotschwanz / Phoenicurus ochruros

Kalanderlerche / Melanocorypha calandra
Kiebitz / Vanellus vanellus
Kiebitzregenpfeifer / Pluvialis squatarola
Kleines Sumpfhuhn / Porzana parva
Knäkente / Anas querquedula
Kolbenente / Netta rufina
Korallenmöwe / Larus audouinii
Kormoran / Phalacrocorax carbo
Kornweihe / Circus cyaneus
Korsenkleiber / Sitta whiteheadi
Korsischer Zitronengirlitz / Serinus citrinella corsicanus
Krähenscharbe (Mittelmeerrasse) / Phalacrocorax aristotelis desmarestii
Kranich / Grus grus
Krickente / Anas crecca
Kuhreiher / Bubulcus ibis
Kurzzehenlerche /Calandrella brachydactyla

Lachmöwe / Larus ridibundus
Lachseeschwalbe / Gelochelidon nilotica
Löffelente / Anas clypeata
Löffler / Platalea leucorodia

Mariskensänger / Acrocephalus melanopogon
Mauerläufer / Tichodroma muraria
Mäusebussard / Buteo buteo
Misteldrossel / Turdus viscivorus
Mittelmeer-Steinschmätzer / Oenanthe hispanica
Mittelmeer-Sturmtaucher / Puffinus yelkouan
Mittelmeermöwe / Larus michahellis
Mittelsäger / Mergus serrator
Mönchsgeier / Aegypius monachus
Moorente / Aythya nyroca

Nachtigall / Luscinia megarhynchos
Nachtreiher / Nycticorax nycticorax
Neuntöter / Lanius collurio

Ortolan / Emberiza hortulana

Papageitaucher / Fratercula arctica
Pfeifente / Anas penelope
Pirol / Oriolus oriolus
Prachttaucher / Gavia arctica
Provencegrasmücke / Sylvia undata
Purpurhuhn / Porphyrio porphyrio
Purpurreiher / Ardea purpurea

Rallenreiher / Ardeola ralloides
Rauchschwalbe / Hirundo rustica
Reiherente / Aythya fuligula
Rohrdommel / Botaurus stellaris
Rohrweihe / Circus aeruginosus
Rostgans / Casarca ferruginea
Rotdrossel / Turdus iliacus
Rotflügel-Brachschwalbe / Glareola pratincola
Rötelfalke / Falco naumanni
Rötelschwalbe / Hirundo daurica
Rotfußfalke / Falco vespertinus
Rothalstaucher / Podiceps grisegena
Rofhuhn / Alectoris rufa
Rotkopfwürger / Lanius senator
Rotmilan, Roter Milan / Milvus milvus
Rotschenkel / Tringa totanus

Säbelschnäbler / Recurvirostra avosetta
Samtente / Melanitta fusca
Samtkopfgrasmücke / Sylvia melanocephala
Sandregenpfeifer / Charadrius hiaticula
Sardengrasmücke / Sylvia sarda
Schellente / Bucephala clangula
Schleiereule (Sardinien) / Tyto alba ernesti
Schnattenente / Anas strepera
Schwanzmeise / Aegithalos caudatus
Schwarzhalstaucher / Podiceps nigricollis
Schwarzkehlchen / Saxicola torquata
Schwarzmilan, Schwarzer Milan / Milvus migrans
Seeadler / Haliaeetus albicilla
Seeregenpfeifer / Charadrius alexandrinus
Seidenreiher / Egretta garzetta
Seidensänger / Cettia cetti
Sichelstrandläufer / Calidris ferruginea
Sichler / Plegadis falcinellus
Silberreiher / Egretta alba
Singdrossel / Turdus philomelos
Sperber (Sardinien) / Accipiter nisus wolferstorffi
Spießente / Anas acuta
Steinadler / Aquila chrysaetos
Steinkauz / Athene noctua
Steinrötel / Monticola saxatilis
Stelzenläufer / Himantopus himantopus
Steppenweihe / Circus macrourus
Stieglitz (Distelfink) / Carduelis carduelis
Sturmschwalbe / Hydrobates pelagicus
Sumpfohreule / Asio flammeus
Sumpfrohrsänger / Acrocephalus palustris

Tafelente / Aythia ferina
Teichhuhn / Gallinula chloropus
Teichrohrsänger / Acrocephalus scirpaceus
Trauerente / Melanitta nigra
Trauerschnäpper / Ficedula hypoleuca
Trauerseeschwalbe / Chlidonias niger
Trauersteinschmätzer / Oenanthe leucura
Triel / Burhinus oedicnemus
Tüpfelsumpfhuhn / Porzana porzana

Uferschnepfe / Limosa limosa
Uferschwalbe / Riparia riparia

Wachtel / Coturnix coturnix
Waldbaumläufer / Certhia familiaris
Waldschnepfe / Scolopax rusticola
Wanderfalke / Falco peregrinus
Wasseramsel / Cinclus cinclus
Wasserpieper / Anthus spinoletta
Wasserralle / Rallus aquaticus
Weißbartgrasmücke / Sylvia cantillans
Weißkopfruderente / Oxyura leucocephala
Wiedehopf / Upupa epops
Wiesenweihe / Circus pygargus

Zaunammer / Emberiza cirlus
Ziegenmelker / Caprimulgus europaeus
Zitronengirlitz (Sardinien) / Serinus citrinella
Zwergdommel / Ixobrychus minutus
Zwergmöwe / Larus minutus
Zwergohreule (Sardinien) / Otus scops vincii
Zwergsäger / Mergellus albellus
Zwergseeschwalbe / Sterna albifrons
Zwergstrandläufer / Calidris minuta
Zwergtaucher / Tachybaptus ruficollis
Zwergtrappe / Tetrax tetrax

Säuger

Damhirsch / Cervus dama (Dama dama)

Fuchs (Kor-Sard.) / Vulpes vulpes ichnusae

Korsischer (Tyrrhenischer) Rothirsch / Cervus elaphus corsicanus

Mittelmeer-Mönchsrobbe / Monachus monachus
Mufflon / Ovis ammon musimon

Siebenschläfer (Sardinien) / Myoxus glis melonii
Streifendelphin / Stenella coeruleoalba

Wildkaninchen / Oryctolagus cuniculus
Wildkatze (Mittelmeerrasse) / Felis sylvestris libyca
Wildschwein (Mittelmeerrasse) / Sus scrofa meridionalis

Register

Fett gedruckte Seitenzahlen verweisen auf Fotos, schräg gedruckte auf Essays (Text beige unterlegt).

Tier- und Pflanzennamen

Orts- und Sachregister

Bildnachweis

Berger/Kautzky: 86
Dalla Via/Kautzky: 55
Hasibeder/Kautzky: 51
Hecker: 26, 32 Mr, 32 ur, 40, 56, 69 u, 100 o, 112
Limbrunner: 136u
Schaub: 98
Schenk: 37
Zeininger: 106
Alle anderen Fotos stammen vom Autor

Grafik S. 14: verändert nach Carmignani
Grafik S. 23: S. Lassnig nach Cognetti (Entwurf J. Dalla Via)

Grafik S. 33: verändert nach Gamisans und Mayer
Grafik S. 35: verändert nach Gamisans

Umschlagfotos: Kautzky (vorne: Blick auf Bonifacio; hinten: Sternhaarige Zistrose, Genueserturm)
Hecker (hinten: Bienenfresser)

Foto Seite 2/3: Tacchi am Arcueri-Paß (Reiseziel 12)